D1718433

FAMILIENDINGE

Udo Gößwald (Hg.)

HEIMATMUSEUM NEUKÖLLN

INHALT

FAMILIENDINGE

Auf die Frage, was kommt nach der Familie, findet die deutsche Sozialwissenschaftlerin Elisabeth Beck-Gernsheim in ihrem gleichnamigen Buch aus dem Jahr 1998 eine lakonische Antwort: die Familie. Ist also die Familie ein Fels in der Brandung unserer sich rapide wandelnden Gesellschaft? Die Antwort lautet wohl: ja und nein. Denn, so weisen zahlreiche Studien nach, die Familie ist zwar in Krisenzeiten oft ein Hafen in den Turbulenzen des Lebens, wie aber dieser Hafen aussieht, hat sich in den letzten dreißig Jahren in starkem Maß verändert. »Während man in der Vergangenheit auf eingespielte Regeln und Rituale zurückgreifen konnte«, schreibt Beck-Gernsheim, »beginnt heute eine Inszenierung des Alltags, eine Akrobatik des Abstimmens und Ausbalancierens. Im Ergebnis wird der Familienverband fragil, ist vom Auseinanderbrechen bedroht, wo die Abstimmungsleistungen nicht gelingen. Zwar leben die Menschen weiter in Bindungen, aber diese Bindungen sind nun anderer Art, was Umfang, Verpflichtungscharakter, Dauer angeht.«[1] Auch früher hat es durch äußere Umstände – denken wir nur an die hohe Sterblichkeitsrate von Frauen im Kindbett im 18. Jahrhundert oder an die Millionen von Toten in den zwei Weltkriegen – instabile Familienverhältnisse gegeben. Heute aber beruhen diese auf bewussten Entscheidungen, die ihren Ausdruck eindeutig in steigenden Scheidungsraten finden.

Für ein regionales Museum mit einem kulturgeschichtlichen und kulturwissenschaftlichen Ansatz war die Frage interessant, welche Bedeutung die Familie vor diesem beschriebenen Hintergrund hat und in welcher Weise sich Veränderungen im kulturellen Selbstverständnis von Familie auch in der Neuköllner Bevölkerung wiederfinden. Wir wählten eine Methode, die sich auf eine enge Zusammenarbeit mit der Neuköllner Bevölkerung stützte, so wie wir es schon bei vielen Projekten in der Vergangenheit getan hatten. Schließlich fanden sich 14 Familien, die bereit waren, mit Mitarbeiter/innen des Museums Interviews zu führen. Oftmals stand am Anfang die Aufforderung: »Erzählen Sie uns doch etwas über Ihre Familie.« Die zum Teil sehr disparaten Informationen, Daten und Geschichten wurden zunächst gesammelt und dann von den Autor/innen für diesen Katalog zu einem Familienporträt verdichtet. In einzelnen Fällen wurden auch ergänzende Archivrecherchen durchgeführt. In der Regel beruhen die Porträts jedoch auf den subjektiven Angaben der Interviewpartner. Dazu kam unser Wunsch, jede Familie möge einige für sie besondere Objekte auswählen, die zur Familiengeschichte gehören. Eine dritte Dimension war für uns das fotografische Porträt der Familie. Alle drei Elemente: Text, Objekte und Fotografie wurden zur Grundlage für die gestalterische Konzeption der Ausstellung.

Natürlich können weder die Ausstellung noch dieser Katalog angemessen die Komplexität der Situation von Familien in Neukölln darstellen. Das war auch nicht beabsichtigt. Uns ging es darum, mit der notwendigen Sensibilität dem Leser und Ausstellungsbesucher einen kleinen Einblick in die Vielfalt der Neuköllner Familienwelten zu geben, um sich selber an der einen oder anderen Stelle wiederzuerkennen. Insofern können wir von einer Art »Museum des Lebens« sprechen. Die in diesem Katalog vorgestellten Beiträge bieten nur eine Perspektive auf die jeweilige Familie, denn viel hängt natürlich davon ab, wessen Sicht auf die Familie im Vordergrund steht. Kinder werden ihre Familie anders sehen als ihre Eltern, die Ehefrau anders als der Ehemann.

Die Objekte und Fotografien der Familien sprechen Sehnsüchte, Wünsche und Erinnerungen an, die tief in unseren frühkindlichen Erfahrungen verwurzelt sind. Es geht um die Dinge des Lebens, um Angelegenheiten, die die Familie im engeren Sinn betrifft, um Familiendinge eben. Vieles muss dabei zwangsläufig im Dunkeln bleiben. Manchmal wird eher beiläufig vom Abbruch des Kontakts zu einem Teil oder einzelnem Mitglied der Familie gesprochen. Dahinter stehen häufig Trennungen, tiefe Verletzungen oder Konflikte, die mit politischen Umbrüchen zu tun haben. Zu den Familiendingen gehört es aber auch, dass sich Familienmitglieder wieder begegnen, neue Ebenen miteinander finden und sich vielleicht enger zusammenschließen als zuvor.

Familiengeschichten sind zugleich ein Stück Sozialgeschichte, die von Ereignissen wie Krieg, Verfolgung und Flucht erzählen. Wir gewinnen durch die Familiengeschichten oftmals neue, differenziertere Perspektiven auf Geschichte, die sich in unserer unmittelbaren Nachbarschaft abgespielt hat. Andererseits erfahren wir aber auch, welchen Einfluss historische und politische Umstände auf Familien haben können, die aus anderen Ländern nach Deutschland emigriert sind. Entscheidend ist, dass diese Dinge bis heute nachwirken. Es sind oftmals blinde Flecken in den Biografien einzelner Familienmitglieder, die immer wieder Anlass zu Spekulationen, Missdeutungen, manchmal aber auch zu lebenslangem Schweigen führen. Das Museum kann hier wie ein Schlüssel wirken, um jene letzte Kammer zu öffnen, von der schon im Märchen die Rede ist und Erinnerungen wieder lebendig werden lassen.

Was anhand der meisten Schilderungen in diesem Buch deutlich wird, ist der Wille und Wunsch, aktiv mitzuwirken an einem neuen, anpassungsfähigen Modell von Familie, das nicht starr an Regeln festhält, sondern Traditionen mit zum Teil unkonventionellen neuen Formen zu verbinden sucht. Nur andeutungsweise konnten wir hier darauf eingehen, dass Familie in einem großstädtischen Milieu, wo Armut, Sozialneid und eine hohe Arbeitslosigkeit herrschen, auch teilweise zum Scheitern verurteilt ist. Das ist die Kehrseite einer modernen Kultur, die Leistung, Individualisierung und ein hohes Maß an Selbständigkeit fordert. Gesellschaft und Staat gemeinsam müssen daran mitwirken, dass nicht nur der Superstar zählt, sondern Werte wie Verständnis, Fürsorge und gegenseitiges Vertrauen mehr an Bedeutung gewinnen. Dann kann Familie all das sein, wo sich diese Werte finden, ein Hafen, von dem aus sich umso leichter in die Welt hinausfahren lässt.

Mein herzlicher Dank gilt allen Familien, die an diesem Projekt mitgewirkt haben und durch ihr großzügiges Vertrauen gegenüber dem Neuköllner Heimatmuseum anderen Mut machen, sich mit ihrer Familiengeschichte intensiver zu beschäftigen. Ein besonderer Dank geht auch an alle Mitarbeiterinnen und Mitarbeiter des Museums sowie an die Autorinnen und Autoren, die sich auf diese Expedition in die Mitte unserer Gesellschaft begeben haben und damit zeigen, dass Museumsarbeit ein unverzichtbarer Bestandteil unserer kulturellen Welt ist. Sicher wäre es nicht möglich gewesen, das Thema in dieser Breite und Differenziertheit zu behandeln, wenn uns nicht über das Kulturnetzwerk Neukölln, die Gesellschaft für soziale Unternehmensberatung und das Arbeitsamt-Süd durch die Bereitstellung von Mitteln der Bundesanstalt für Arbeit zusätzliche Stellen als Beschäftigungsmaßnahmen bewilligt worden wären. Unser Dank gilt auch den Kolleginnen des Jugendamts und des Gesundheitsamts Neukölln für ihre fachliche Beratung.

Udo Gößwald

[1] Elisabeth Beck-Gernsheim: Was kommt nach der Familie? Einblicke in neue Lebensformen, München 1998, S. 20.

VOM FAMILIENGLÜCK UND DER BUCKLIGEN VERWANDTSCHAFT

Ein Essay

Kay Sauerteig

Ein kleines Experiment: Nehmen Sie doch einmal das Stichwort Familie und assoziieren Sie einfach drauflos! Vermutlich ergibt sich dabei ein Kessel Buntes: verliebt, verlobt, verheiratet! Vater, Mutter, Kind; ein Häuschen im Grünen, eine Küche – mag sein, ein bisschen unordentlich –, brodelnde Töpfe auf dem Herd, alle Familienmitglieder um den Esstisch versammelt, vielleicht mit einem Großelternteil dabei oder einem kleinen Hund mit fliegenden Ohren. Kuchen und Feste, Ferien und Fotos kommen einem in den Sinn.

Fällt das Stichwort Familie, werden offenbar Bilder und Zuschreibungen mobilisiert, die manchmal mehr mit den Klischees aus der Werbewelt zu tun haben als mit den eigenen konkreten Wahrnehmungen und Erfahrungen. Selbst wenn bei weiterem Nachdenken gestresste Eltern, dauerfernsehende Kinder, hohes Verarmungsrisiko und steigende Scheidungsraten auftauchen mögen – das erste, das mächtigste Stereotyp scheint doch das von Harmonie und Geborgenheit zu sein. Familie, das funktioniert wie ein Imperativ und will sagen Familien*glück*.

Warum ist das so?

Wenn ein Menschenkind auf die Welt kommt, geht es zugrunde, wenn niemand sich seiner annimmt, es nährt und wärmt und schützt. Und dies gilt so lange, bis es gemäß seiner sich nur langsam entwickelnden Fähigkeiten gelernt hat, aus eigener Kraft für sich zu sorgen. Mit dem abendländischen Prozess der Zivilisation sind die wechselseitigen Ansprüche zwischen Nachwuchs und Erziehenden jedoch gewachsen und ungleich differenzierter geworden. Denn in ähnlicher Weise, wie derzeit die neuen Medien oder auch die Gen- und Reproduktions-Technologien unser Leben durcheinanderwirbeln, ist es erst wenige Generationen her, dass sich unsere heutigen Vorstellungen von Kindheit, Mütterlichkeit und Liebe entwickelt haben und es damit zu bislang ungeahnten Möglichkeiten, aber auch Verpflichtungen im menschlichen Zusammenleben gekommen ist.

Mit dem Siegeszug der Industrialisierung in Deutschland spätestens seit Beginn des 19. Jahrhunderts und im Klima von Aufklärung und Romantik konnte sich die bürgerliche Klein- oder Kernfamilie allmählich durchsetzen. Die Trennung in eine männliche Welt des Erwerbs in der rauen Wirklichkeit draußen und in eine weibliche Welt von Haushalt und Kinderstube, die das gefühlvolle Innen markierte, verfestigte sich. Auch wenn das Gros der Bevölkerung mangels materieller Möglichkeiten diesen Entwurf zunächst nicht verwirklichen konnte, orientierte es sich an ihm als Ideal. Er besetzte die allgemeine Vorstellung von gesellschaftlichem Aufstieg und Wohlstand, von einem besseren Leben, wenn nicht für einen selbst, dann wenigstens für die Zukunft der Kinder.

In diesem historisch neuen Spielraum von Privatheit und Emotionalität wird ein Kind zugleich mit der Kultur vernäht, der dieses Familienlaboratorium entstammt. Dort soll es lernen, den Gesetzen seiner Kultur gewachsen zu sein und Folge zu leisten. Dies geschieht nicht zuletzt mittels der Abhängigkeitsbeziehungen, die zugleich Bande der Liebe sind – oder doch sein sollten. Das heißt, für die meisten Menschen geht es in der Regel nicht mehr nur ums nackte Überleben, sondern darum, ob sie genügend geliebt, gefördert und in ihrer Besonderheit anerkannt werden. Dieser fundamentale kindliche Wunsch nach einer in diesem Sinne heilen Welt scheint sich zu regen, sobald von Familie die Rede ist.

Nicht immer wird ein kleiner Neuankömmling von Mama und Papa (in der Regel immer noch von viel Mama und von nicht so viel Papa) in Empfang genommen: Wer auch immer sich ihm verantwortlich zuwendet, wird entscheidenden Einfluss auf sein Dasein ausüben. Wie auch immer dieser Mensch oder diese Menschen ihn empfangen und versorgen, nicht nur mit dem, dessen er leiblich bedarf, sondern mit allem, was sie selber sind, mit ihren Einstellungen und Haltungen, besonderen Qualitäten und Eigenarten, sie fungieren als seine ersten Vorbilder und sind von existenzieller Wichtigkeit für sein weiteres Leben. Ein Familienname erwartet ihn und ein eigens für ihn gewählter Vorname, eine ganze Familientradition und -geschichte mit schon toten und noch lebenden Vorfahren, dann ausgesuchte Kleidung und Spielsachen, eine Hautfarbe, eine Gesellschaftsklasse und vielleicht eine Religion. Er wird in ein Bettchen gepackt, gewogen und fotografiert, auf verwandtschaftliche Ähnlichkeiten hin gemustert und mit den unterschiedlichsten persönlichen Erwartungen gespickt.

Familie sammelt und ordnet, nämlich lauter Einzelne, aus denen jede Familie besteht. Sie grenzt sich ab gegen außen: Wir im trauten Heim und ihr dort draußen, Angehörige und Außenstehende, Vertrautes und Fremdes, Eigenes und Anderes. Wie alle Systeme kann auch die Familie entgleisen, und dann heißt es unter Umständen nur noch *unser* Hab und Gut, *unser* Wohl und Wehe, *unser* Ein und Alles, wird das Heimliche gegenübergestellt dem Un-Heimlichen, der feindlichen Welt, den übelwollenden Nachbarn.

Ohnehin sortiert Familie auch und gerade in ihrem Inneren. Schon zu Kinderzeiten, während unserer Lehrjahre in Sachen Familie, stoßen wir in der Welt der Märchen auf gleichgültige kalte Eltern, böse Stiefmütter oder neidische und missgünstige Geschwister. Weitere Bearbeitung erfahren – bevorzugt spektakuläre – Familienkonflikte und -ängste immer wieder neu in Büchern und Filmen. Und ganz selbstverständlich werden in Biografien Familienmuster als Schlüssel für Charakterliches gesucht und gedeutet oder – in der Kriminalgeschichte wie im Boulevardjournalismus – als Familiengeheimnis, gar Familienfluch aufgespürt, wo eine Existenz tragisch gescheitert oder gewalttätig eskaliert ist. Uns leuchtet ein, dass eine früh verstorbene Mutter, ein herrischer, unnahbarer Vater oder ein »böser Onkel« ruinöse Verstrickungen erzeugen oder Wunden schlagen können.

Familie ist so gesehen Schicksal, denn niemand kann sich aussuchen, in welcher Familie er zur Welt kommt. Zwar sind bei uns die Zeiten so gut wie vorbei, in denen – zumal für Frauen – Familienstand plus so genannter Anstand, zum Beispiel in Gestalt der alten Jungfer, des Fräuleins mit Kind, der allzu lustigen Witwe, der Ehebrecherin usw., die entscheidende Rolle für das gesellschaftliche Ansehen spielten. Aber Ungleichheit, Konkurrenz und Ausgrenzung sind damit keineswegs aus der Welt. Wo es eine Lieblingstochter gibt, gibt es auch eine weniger geliebte, die Rabenmutter fällt vielleicht nicht mehr der allgemeinen Ächtung anheim, dafür hat sie mit Schuldgefühlen zu kämpfen, das Muttersöhnchen beschwört Verachtung für sein Am-Rockzipfel-hängen herauf, der vormalige Hagestolz läuft nunmehr unter Single, moderne Mädchen sind nicht mehr gefallene, sondern essgestörte, das schwarze Schaf von ehedem reüssiert als Sorgenkind, das therapiert gehört und von den Medien so dankbar wie emsig ausgeschlachtet wird. Fast

in jeder Familie lassen sich Mitglieder finden, die nicht spuren, die »aus der Art schlagen«, deren Unarten nicht gelitten werden oder die von sich aus ihre Familie nicht ertragen können oder wollen.

Erst nach und nach stellen wir fest, dass es auch andere Familien mit ganz anderen Beziehungen, Gewohnheiten, Möglichkeiten und Tücken gibt, so dass wir abrücken können von unserer Herkunftsfamilie und beurteilen, was sie ausmacht. Und meist noch später – wenn wir selbst zu Zwischengliedern in der Generationenkette als Eltern werden – kommen frappierende Ähnlichkeiten zu Bewusstsein und auch, dass ihnen nicht so ohne weiteres zu entrinnen ist.

Und dann drängt sich noch die Frage auf, wie es um die weiteren Perspektiven des modernen, immer komplexer zusammengesetzten Familienlebens in all seiner Vielfalt bestellt sein könnte. Die härter werdenden Lebensbedingungen bescheren vermutlich den traditionellen Familienvarianten einen Aufschwung. Vor allem in gesellschaftlichen wie persönlichen Krisenzeiten scheint Verwandtschaft als verlässliches Bezugssystem zu funktionieren und dementsprechend wiederentdeckt und wertgeschätzt zu werden.

Dennoch sieht es nicht so aus, als würden die zuletzt von der Studenten- und Frauenbewegung ins Leben gerufenen Entwürfe deswegen wieder eingestampft. Vor- und nichteheliches Zusammenleben, Jugend-, Studenten- oder Alten-Wohngemeinschaften, allein erziehende Elternteile, homosexuelle Lebensgemeinschaften und andere mehr gelten mittlerweile als gleichberechtigte Alternativen zum herkömmlichen Vater-Mutter-Kind der Kernfamilie. Es existiert also ein breit gefächertes Nebeneinander, zuweilen gar ein böses Durcheinander, das die persönlichen Verhältnisse nicht eben einfacher macht. Ist die Vierzigjährige mit Kinderwagen eine späte Erstgebärende oder eine frühe Großmutter? Hat das Paar auf dem Standesamt vor, sich zu lieben und zu ehren oder ist es nur darauf aus, Steuern zu sparen? Beim Suchen und Versuchen kann es durchaus so gehen, dass beispielsweise eine junge Frau zunächst als Single lebt, in dieser Phase eine Abtreibung hat, dann doch ein Kind bekommt, von dessen Erzeuger verlassen wird, für eine Weile sich allein erziehend durchschlägt, währenddessen ihre Eltern das Kind vielleicht mitversorgen, ein Intermezzo in einer Wohngemeinschaft einschiebt, die Beziehung mit einer anderen Frau erprobt, sich dann doch neuerlich mit einem Mann liiert, der eventuell seinerseits Kinder mit in die Beziehung bringt; dann wird ein weiteres gemeinsam gezeugt, woraufhin sie zusammenziehen und heiraten und die diversen anhängigen Kinder und deren leibliche Elternteile bzw. die eigenen Ex-Partner plus deren aktuelle Lebensgefährten bzw. Stiefeltern wochenends oder feiertags oder sonstwie ins Familienleben zu integrieren versuchen, bis es wiederum zur Trennung kommt ....

Solch unübersichtliche und – wahrscheinlich zusätzlich verunsichernd – weitgehend vorbildlose Verhältnisse lassen sich je nach Temperament und Lebenslage als offen, als Herausforderung und Bereicherung begreifen und gestalten, sie können einem aber auch arg zusetzen. Jedenfalls bringen sie für nicht wenige Menschen eine Art unternehmerisches Risiko mit sich, darin den Anforderungen der modernen Erwerbswelt nicht unähnlich.

Was sich gleicht in den Zumutungen – Organisationsgenie und Krisenmanagement zeichnet moderne Elternteile ebenso aus wie die viel beschworenen flexiblen Arbeitskräfte – muss ansonsten noch lange nicht zueinander passen. Arbeitnehmerische »Tugenden« wie Verfügbarkeit, Mobilität, Einsatz- und Leistungsbereitschaft liegen in ihren Auswirkungen zuweilen quer zum »Privatmenschen« mit seinen Sehnsüchten und Bedürfnissen, zu denen zum Beispiel zweckfreie Geselligkeit, Muße, Selbstsorge und die Fürsorge für andere zählen. Damit zeichnet sich ab, dass Gelingen oder Misslingen familiären Miteinanders sich nicht allein auf der Ebene von Beziehungsdynamik – Liebe, Triebe, Hiebe – entscheidet. Lebensgemeinschaften zwischen Erwachsenen und von Erwachsenen mit Kindern sind selbstverständlich auch deren persönliche Angelegenheiten. Der Umbau von Familie betrifft aber immer auch die Gesellschaft, so wie der Umbau von Gesellschaft auf die Familie zurückschlägt. Familienordnungen sind sogar von höchstem staatlichen Interesse und werden permanent politisch modelliert und reguliert. Im politischen Raum, nicht in den eigenen vier Wänden, werden die Bedingungen erstritten, in deren Rahmen sich das Verlangen nach konstruktiven Lösungen orientieren und verwirklichen kann, dort fallen die Entscheidungen zum Beispiel darüber, wie widerstreitende familiäre und berufliche Bedürfnisse und Anforderungen aufeinander abgestimmt werden können.

Die teils enorme Spannung zwischen allseits hochgezüchteten Erwartungen an ein familiäres Idyll und der allzu oft störrisch davon abweichenden Wirklichkeit lähmt insbesondere diejenigen, die Familien- und Arbeitsleben miteinander zu vereinbaren haben und dabei zu spüren bekommen, dass ihre Vorräte an Zeit und Aufmerksamkeit begrenzt – und umkämpft – sind.

Ein weiteres zukünftiges Konfliktfeld zeichnet sich im Zusammenhang mit den veränderten Beziehungen zwischen den Geschlechtern und Generationen ab. Zunehmend heikel wird es nämlich bezüglich der Versorgung der Kinder, die noch nicht, und der Alten, die nicht mehr selbständig leben können. Die mehrfach belasteten und vielfach »bedienten« Frauen allein schaffen es kaum noch, »nebenher« die Kinder zu betreuen und die Alten zu pflegen. Ob der Familienrat die Männer vom naheliegenden Schluss überzeugen kann, dass sie mehr zu Haushalt und Familienarbeit beitragen müssen?

Es knirscht im Gebälk der Familie. Krisen beunruhigen. Sie sind aber auch eine Chance, sich mit Selbstbewusstsein zu vergegenwärtigen, welch reichen Erfahrungsschatz an familiären Lebensformen und Werten wir erben – von den Humanisten, den Bürgerlichen, den Revolutionären und den Antiautoritären. Wenn Staat und Gesellschaft heute akzeptieren, dass verstärkt an neuen Lösungsvorschlägen für familiäres Zusammenleben gearbeitet werden muss, wäre das nicht das Schlechteste für uns und die ganze bucklige Verwandtschaft samt ihren unterschiedlichen Hausfreunden und Hausfreundinnen.

Literatur
Elisabeth Beck-Gernsheim: Was kommt nach der Familie? Einblicke in neue Lebensformen, München 1998.
Andreas Gestrich: Geschichte der Familie im 19. und 20. Jahrhundert, Band 50 der Enzyklopädie deutscher Geschichte, München 1999.

1 »In der Zaubermacht der Familie beruht die Hauptstärke Deutschlands« (Konrad Telmann, 1886).

FAMILIENPOLITIK NACH DER VEREINIGUNG – EINE DEUTSCHE GESCHICHTE[1]

Michael Opielka

Die heutige Familie ist politisch. Die Familienpolitik gestaltet unterdessen das konkrete Familienleben. Seit der deutschen Vereinigung wird dies immer mehr Menschen bewusst. Nie zuvor war Familienpolitik in Deutschland so sehr politisch umstritten.

Im Folgenden soll zunächst auf jene drei Stationen der deutschen Familienpolitik zurückgeblickt werden, die in dieser Zuspitzung weltweit einzigartig sind: jener familienpolitische Sonderweg vom Mütterlichkeitskult der Nationalsozialisten, über die Dualität aus konservativer Familienidylle der Bundesrepublik und sozialistischer Arbeitsreligion der DDR, hin zur nachholenden Modernisierung des wiedervereinigten Deutschland. Im zweiten Schritt wird die deutsche familienpolitische Gemengelage ein Jahrzehnt nach der deutschen Einheit untersucht und in den Kontext einer Neubestimmung des Wohlfahrtsstaats gestellt: Die Arbeit in der Erwerbssphäre und die Arbeit in der Familiensphäre werden darin als gleichwertig behandelt.

Familienlaboratorium Deutschland

Man liest häufig, dass das Leitbild der Hausfrauenehe in Deutschland erst durch die Politik des nationalsozialistischen Regimes durchgesetzt wurde. »Dagegen lässt sich allerdings einwenden«, so Birgit Pfau-Effinger, »dass die Hausfrauenehe [...] schon deutlich früher in das Zentrum des Geschlechterarrangements gerückt war« (Pfau-Effinger 2000, S. 114). In der Tat argumentierten seit der zweiten Hälfte des 19. Jahrhunderts praktisch alle gesellschaftlichen Gruppen (nicht nur) in Deutschland für das Familienmodell der Versorgerehe.

»Den ersten, besten und ihr gemäßen Platz hat die Frau in der Familie«, so schwärmte Joseph Goebbels in seiner Eröffnungsrede anlässlich der Ausstellung »Die Frau« im März 1933 (zit. nach Mühlfeld/Schönweiss 1989, S. 61). Dennoch: Der familienpolitische Sonderweg der Nationalsozialisten lag weniger in einer Verdrängung der Frauen aus der Erwerbssphäre. Zwar wurde durch eine Vielzahl politischer Maßnahmen die Vollhausfrau gefördert, typisch war jedoch eine Paradoxie: Frauen sollten als Hausfrau und Mutter gestärkt werden und abrufbar sein für außerhäusliche Arbeit, zugleich wurde ihre traditionelle rechtliche Stellung in Ehe und

Familie erschüttert. Die rassistische Zielsetzung des Regimes unterwarf die Frauen Eheeignungstests und Zwangssterilisationen, vor allem aber reduzierte sie die Männer auf ihre biologische Fortpflanzungsfunktion und förderte die sexuelle und soziale Verantwortungslosigkeit von Männern als Vätern. Die Ehe wurde staatlich funktionalisiert, das bürgerlich-private Leitbild abgelehnt. Mutterschaft wurde zur nationalen und rassenideologischen Pflicht.

Von der NS-Familienpolitik blieb ein kulturelles Problem: die Hausfrauenehe und noch allgemeiner: Die Anerkennung der mütterlichen (Arbeits-)Leistung galt vor allem nach 1968 für viele kritische Intellektuelle als ein Produkt der faschistischen Mutterideologie. Mütterlichkeit stand nun unter politischem Verdacht.

In der sowjetischen Besatzungszone wurde die Frauenpolitik unter dem Einfluss der sowjetischen Militäradministration bewusst und radikal von derjenigen der Nationalsozialisten abgegrenzt. Man propagierte unter Bezug auf die marxistischen Traditionen der deutschen Arbeiterbewegung ein neues Frauenbild, das mit mehrfachen Modifikationen bis zum Ende der DDR erhalten blieb (vgl. Bast/Ostner 1992). Die »Frauenfrage« sei als soziales Problem nur mit der Aufhebung des Privateigentums zu lösen. Die Gleichheit der Geschlechter könne nur erreicht werden, wenn die Frau aus der familiären Versklavung und der ökonomischen Abhängigkeit vom Mann geführt und als eigenständiges ökonomisches Subjekt in die gesellschaftliche Produktion einbezogen werde. Im Zentrum stand deshalb zunächst die formale Gleichstellung der Frauen in der Arbeitswelt: »Die weitgehende rechtlich-politische Abstinenz in Bezug auf die Familie bedeutete jedoch, dass am Status quo der Zuständigkeit der Frauen für die Familie nicht gerüttelt wurde; ihre Gleichberechtigung sollte über die Erwerbsbeteiligung erreicht werden, ohne dass ihre familialen Verpflichtungen Berücksichtigung fanden« (Schäfgen 2000, S. 93). Mit der Einführung eines neuen Familiengesetzbuches (1965) und dem VII. Parteitag der SED im Jahr 1967 wurde nun die Familie selbst zum Gegenstand politischer Interventionen. Beide Ehepartner wurden formal-rechtlich für Erziehung der Kinder und Hausarbeit zuständig. In Wirklichkeit änderte sich wenig.

Das große Ziel der DDR-Sozialpolitik war die Absicherung der weiblichen Vollzeit-Erwerbstätigkeit um der angesichts der Arbeitskräfteknappheit als bedrohlich erlebten Zunahme weiblicher Teilzeitarbeit zu begegnen. Ab 1976 wurden ab dem zweiten Kind ein Babyjahr eingeführt und weitere Leistungen für Mütter verbessert, um eine Steigerung der Geburtenzahlen zu erreichen. Frauen wurden aus betrieblicher Sicht zu Risikofaktoren und folglich karrierestrategisch benachteiligt. Den Widerspruch zwischen Gleichstellungspostulat und faktischer Diskriminierung beantworteten die Frauen (auch) in der DDR mit Reproduktionsverzicht. Seit Beginn der 1980er Jahre wurde verstärkt das Leitbild der Familie mit drei Kindern propagiert, ab 1986 konnte bereits mit der Geburt des ersten Kindes ein Babyjahr in Anspruch genommen werden, das nach der Geburt des dritten Kindes auf 18 Monate verlängert wurde.

Die Geburtenrate sank trotz dieser Maßnahmen auch in der DDR in den 1980er Jahren von 1,94 (1980) auf 1,57 (1989) (Wendt 1997, S. 119) und näherte sich dadurch den stets noch niedrigeren Raten der Bundesrepublik an. Kinder und Ehe gehörten in der DDR zur Normalexistenz, die Familie spielte eine zentrale Rolle. Wendt spricht von der »standardisierten Familie« und einer »standardisierten Mutterschaft« insoweit, als Lebensmodelle neben der Doppelerwerbsehe sozial und rechtlich diskriminiert wurden. Zusammenfassend lässt sich die Politik der Vereinbarkeit von Familie und Beruf in der DDR mit Hildegard Nickel als »Kombinations-Arrangement« bezeichnen: Doppelerwerbstätigkeit beider Partner wurde mit staatlicher Kinderbetreuung kombiniert, die Idee der vollen Arbeitsmarktintegration von Frauen wurde mit ihrer primären Zuständigkeit für Haushalt und Kinderbetreuung verknüpft. In den neuen Bundesländern versuchen die Frauen bis heute nach diesem Modell zu leben (vgl. Pfau-Effinger 2000, S. 128).

Die Politik in der Bundesrepublik Deutschland knüpfte, anders als im östlichen Teil, unmittelbar am bürgerlichen Familienmodell der Hausfrauenehe an, das seit Anfang des 20. Jahrhunderts kulturell das Zentrum des Geschlechter-Arrangements gebildet hatte. Nun, in den 1950er Jahren, wurde es erstmals tatsächlich auch auf breiter Basis praktiziert. Nicht erwerbstätig zu sein, wurde von und für Ehefrauen als ein Ausdruck von Wohlstand und Privilegien

gedeutet (vgl. Kolinsky 1989, S. 24). In der Folge konzentrierte sich im Adenauer-Deutschland die Familienpolitik auf die Absicherung der Hausfrauenehe (Ehegattensplitting, Kindergeld, Mutterschutz u. a.), was »geringfügige« Teilzeitarbeit durchaus einschloss, so dass Frauen mit dem Selbstverständnis als Hausfrau unter dem materiellen Schutz der Versorgerehe ein geringes zusätzliches Einkommen erzielen konnten. Für die Töchtergeneration der 1980er und 1990er Jahre bildet die Erwerbstätigkeit hingegen einen zentralen Kern ihres Biografieentwurfs. Birgit Pfau-Effinger erklärt den Wandel in der Orientierung von westdeutschen Frauen gegenüber der Erwerbsarbeit vor allem dadurch, dass es auf der kulturellen Ebene zu einer Vertiefung des Widerspruchs kam zwischen allgemeinen Bürgerrechten einerseits und den tradierten Mustern von Ungleichheit in der Ehe andererseits. Zudem verloren die Werte von Fürsorge, Aufopferung und Selbstlosigkeit, die an die Hausfrauenrolle geknüpft waren, in den Zeiten der Individualisierung und des Hedonismus immer mehr Aktualität. Der entscheidende Wendepunkt lag in den 1970er Jahren: Diejenigen Frauen, die sich ganz ihrer Familie widmeten, wurden nun, in einer Zeit, die Individuen nach ihrer Stellung in der beruflichen Hierarchie klassifiziert, als »Nicht-Arbeitende« abqualifiziert (vgl. Pfau-Effinger 2000, S. 121).

Mit der christlich-liberalen Koalition ab 1982 erfolgte eine rhetorische Wende, die gegenüber der sozialliberalen Koalition weniger die partnerschaftliche Aufgabenteilung in der Familie fokussierte, vielmehr auf familiale Werte abhob und unter der Signatur einer »neuen Partnerschaft zwischen Frau und Mann« mit dem 33. Bundesparteitag der CDU (1985) nicht mehr auf die Gleichberechtigung der Partner (auch zur Erwerbsarbeit), sondern auf die Gleichwertigkeit von Hausarbeit und außerhäuslicher Erwerbsarbeit zielte. Konsequent wurde 1986 das Erziehungsurlaubs- und Bundeserziehungsgeldgesetz verabschiedet, wobei die Zahlungen von Anfang an so niedrig (und zudem nicht indexiert) waren, dass sie fast ausschließlich von Frauen in Anspruch genommen wurden.

Trotz der Plausibilität frauenpolitischer Kritik an einer im europäischen Maßstab eher konservativen bundesrepublikanischen Familienpolitik scheint sie zumindest nicht an den Bedürfnissen der Bürgerinnen und Bürger vorbei gehandelt zu haben. Für westdeutsche Frauen kennzeichnend war nämlich auch noch in den 1990er Jahren ein Vereinbarkeitsmodell auf der Grundlage zeitlich reduzierter Beteiligung am Erwerbsleben: Einer Repräsentativbefragung von Allensbach im Jahr 1996 zufolge würden 46 Prozent der Frauen am liebsten Mutter und in Teilzeit berufstätig, immerhin 33 Prozent möchten am liebsten ausschließlich Hausfrau und Mutter sein, wobei letzteres bei Frauen der älteren Generation bevorzugt wird, eine Abnahme jenes Leitbildes also wahrscheinlich ist. Nur acht Prozent der westdeutschen Frauen wollen eine vollberufstätige Mutter und neun Prozent eine kinderlose Karrierefrau werden oder bleiben (vgl. Pfau-Effinger 2000, S. 126). Diese Einstellungen sind keineswegs unrealistisch. Denn die westdeutschen Männer haben sich – ähnlich wie ihre ostdeutschen Kollegen – nur in sehr begrenztem Umfang verstärkt auf ihre Kinder und insbesondere die Kinderbetreuung eingelassen. Zwar spielt eine partnerschaftliche Beteiligung ihrer Männer an Hausarbeit und Kinderbetreuung für viele Frauen eine wichtige Rolle. Hier kommt es auch zu vielen häuslichen Konflikten. Gleichzeitig wird anscheinend aber die Norm der Vollzeitbeschäftigung, die Rolle des männlichen »Familienernährers«, die Versorgerehe und das Modell der »Eineinhalb-Erwerbstätigkeit« in der Phase aktiver Elternschaft auch von den Frauen der jüngsten Generation kaum in Frage gestellt.

Mit der deutschen Einheit prallten zunächst die geschlechterpolitischen Unterschiede zwischen Ost und West aufeinander. Bis heute unterscheiden sich die Orientierungen von Frauen zur Vollzeiterwerbstätigkeit zwischen den alten und den neuen Bundesländern, allerdings mit einer gewissen Konvergenz in Richtung der westlichen Leitbilder der »Gleichheit in Differenz«.

Die Parteien zwischen Frauenerwerb und Familiengeld

Nachdem die Familienpolitik lange Zeit eine Randexistenz führte, scheint sie mittlerweile vitalisiert. Andere Länder, vor allem die skandinavischen Staaten und Frankreich, aber auch die Benelux-Staaten leisten teils in allen, teils in einigen Bereichen deutlich mehr für die jungen Familien (vgl. BMFSFJ 1998). Es ist deshalb nicht verwunderlich, dass – sicher begünstigt durch einige weitreichende Entscheidungen des Bundesverfassungsgerichts – die deut-

Schaubild: Typologie familienpolitischer Leitbilder in Deutschland

Leitbild	Frau	Mann	Familienpolitik	Geschlechter-Arrangement	Historische Dominanz in Deutschland
Natalismus (L1)	Mutter (»rassenrein«)	Patriarchat	demografische Orientierung, Selektivität	Differenz	NS (1933–1945)
Doppelverdienerehe (L2)	Vollerwerbstätigkeit + Mutter	Vollerwerbstätigkeit + Freizeitvater	öffentliche Kinderbetreuung + Frauenförderung	Gleichheit	DDR
Versorgerehe (L3)	Hausfrau + Mutter, geringfügige Erwerbstätigkeit	Familienernährer, moderates Patriarchat	ehe- und unterhaltszentriert	Moderate Differenz	BRD
Partnerfamilie (L4)	Vereinbarkeit von Familie und Beruf		öffentliche Kinderbetreuung + »Elterngehalt«	Teilhabe bzw. Partizipation	1989 ff.

schen Parteien unterdessen in eine Art Wettstreit über die beste Familienpolitik getreten sind.

In breit angelegten Programmen haben sich die beiden großen deutschen Parteien, SPD wie CDU, neuerdings um die Familie bemüht. Dabei musste die SPD das größere Stück Wegs zurücklegen. Seit Jahrzehnten diskutierte sie das Thema Familie unter der Signatur der Frauenförderung. Es ist vor allem der heutigen Familienministerin Renate Schmidt zu verdanken, dass sich das änderte. Bemerkenswert ist die Abkehr von allen Anklängen des feministischen Antifamilialismus, man stellt realitätsnah fest: »Familie in der klassischen Form als Kernfamilie, erwachsenes Paar mit leiblichen Kindern, erweist sich [...] beständiger als vermutet [...]. Scheidung und Trennung finden zum größeren Teil bei kinderlosen Paaren statt [...]« usw. (SPD-Parteivorstand 2001, S. 4). Zugleich wird eine »zunehmende Spaltung der Gesellschaft [...] in einen Familien- und einen Nicht-Familiensektor« beklagt. Als Ursache dafür, dass

2

heit« der Geschlechter. Da sich Männer jedoch mit einer Angleichung an weibliche Lebensmodelle Zeit lassen, besteht die Lösung in der Vergesellschaftung der Familienarbeit und in einer Sicherung der Kontinuität von (den männlichen nachgebildeten) weiblichen Erwerbsverläufen. Im Unterschied zur DDR-Sozialpolitik bejaht die SPD (unterdessen) Teilzeitregelungen und Arbeitszeitflexibilisierung und schließt damit an entsprechende Erfahrungen der skandinavischen Familienpolitik der 1990er Jahre an. Nun zeigen diese Erfahrungen, dass sich die Verhaltensmuster der Männer kaum oder zumindest extrem langsam ändern. Die »Vereinbarkeit von Familie und Beruf« bleibt also auch im SPD-Programm bis auf weiteres ein Projekt für Mütter, die allerdings deutlich mehr gesellschaftliche Unterstützung erwarten dürfen.

Die rot-grüne Koalition hat seit 1998 insbesondere mit dem Elternurlaubsgesetz, das Anfang 2001 in Kraft trat, weitere Schritte in Richtung einer »kulturellen Modernisierung der Versorgerehe« unternommen, indem Elternurlaub und Erziehungsgeldanspruch mit Teilzeitbeschäftigung von bis zu 30 Stunden verbunden werden können, ein Jahr des Elternurlaubs bis zum Ende des achten Lebensjahrs des Kindes aufgeschoben werden kann, Väter und Mütter gleichzeitig Elternurlaub nehmen können, vor allem aber ein Rechtsanspruch auf Teilzeitarbeit zumindest in Betrieben ab 15 Beschäftigten eingeräumt wird. Elternschaft wird damit einen weiteren Schritt aus der allein privaten Sphäre zum gesellschaftlichen Verantwortungszusammenhang machen.

Mit dem Verlust der langjährigen Regierungsverantwortung im Jahr 1998 wurde auch in der CDU die Pluralität von familialen Lebensformen als politisch kaum beeinflussbare Tatsache anerkannt: »Deshalb sehen wir Familie überall dort, wo Eltern für Kinder und Kinder für Eltern Verantwortung tragen« (CDU-Bundesvorstand 2001, S. 39 f.). Auch die CDU erkennt in der Vereinbarkeit von Familie und Beruf eine »Schlüsselfrage« der Kinderfreundlichkeit einer Gesellschaft. Die Problemlösungsstrategie unterscheidet sich allerdings erheblich von derjenigen der SPD. Den Unterschied zeigt ein Blick auf die Diagnose: »Die gleichzeitige Berufstätigkeit beider Partner ist das heute mehrheitlich gewünschte LebensentwurfModell. Nach wie vor gibt es aber auch eine Vielzahl von Frauen, die

der Wunsch nach Kindern und seine Realisierung auseinander fallen, identifiziert man die ungelöste Vereinbarkeit von Familie und Beruf.

Vor allem zwei Maßnahmenpakete werden vorgeschlagen: eine »Ganztagsbetreuungsinfrastruktur für Kinder aller Altersgruppen« (ebd., S. 13) und zweitens eine Weiterentwicklung des Familienleistungsausgleichs in Richtung auf eine Änderung des Erziehungsgeldes dahingehend, dass es »für die Dauer von einem Jahr Lohnersatzfunktion erhalten kann« (ebd., S. 15). Damit wird die Hoffnung verbunden, Väter stärker in der Kleinkindphase zu engagieren, »die heute, weil sie mehr verdienen als die Mütter und für die ökonomische Sicherheit der Familie sorgen wollen, auf diese Chance weitgehend verzichten« (ebd., S. 16).

Beide Instrumente – Ganztagsbetreuung und Erziehungsgeld als Lohnersatz – entstammen dem Baukasten der skandinavischen und auch der DDR-Familienpolitik. Deren Leitidee ist die »Gleich

sich ausschließlich der Familie und der Erziehungsarbeit widmen möchten. Dies muss auch in Zukunft möglich sein; die CDU vertritt das Prinzip der Wahlfreiheit« (ebd., S. 39).

Während die SPD eine »Ganztagsinfrastruktur« zur Kinderbetreuung fordert, klingt das CDU-Pendant »bedarfsgerechter Aufbau von Ganztagsschulen« (CDU-Bundestagsfraktion 2001, S. 7) verhaltener, in der Sache jedoch ähnlich. Die Differenz findet sich im Familienleistungsausgleich. Während die SPD – mit dem Argument der Erwerbsintegration von Frauen und dem Exit-Anreiz für Väter – auf eine Verkopplung von Erwerbs- und Transfersystem setzt, möchte die CDU ein »Familiengeld« einführen, das das bisherige Kindergeld und Erziehungsgeld ersetzt, steuer- und sozialabgabenfrei und unabhängig von Umfang der Erwerbsarbeit und der Höhe des sonstigen Einkommens sein soll. Als Größenordnung wird ein Betrag von ca. 613 Euro monatlich für jedes Kind unter drei Jahren, von ca. 307 Euro für jedes Kind zwischen drei und siebzehn, und ca. 154 Euro für ältere, in Ausbildung befindliche Kinder genannt. Wie ist die Maßnahme des »Familiengeldes« zu bewerten? Ein Blick auf das Konzept »Erziehungsgehalt 2000« (Leipert/Opielka 1998) kann dabei helfen. Jenes Konzept unterschied sich zwar in einigen Variablen des Niveaus und der Ausgestaltung vom neuen Modell der CDU (so betrug beispielsweise der Vorschlag des Erziehungsgehalts ca. 1.000 Euro monatlich, für weitere Kinder sollten jedoch nur – geringere – Zuschläge gezahlt, das Erziehungsgehalt sollte nicht steuerfrei, sondern wie jedes Einkommen zu versteuern sein). Gemeinsam ist beiden Konzepten aber die Unabhängigkeit des Anspruchs von der jeweiligen Erwerbstätigkeit und die fehlende Anrechnung sonstiger Einkommen.

Während über Jahrzehnte eine Aufwertung der Familienarbeit letztlich nur politisch abgeleitet, vor allem durch Unterhaltsarrangements, und als Problem der Frauen verhandelt wurde, scheint sich nun eine grundlegende Neubewertung der Familienarbeit zumindest als Möglichkeit abzuzeichnen (vgl. Netzler/Opielka 1998, Krebs 2002). Die Familie spielt bei der Bildung von Sozial- bzw. Humankapital eine absolut zentrale Rolle, die mit Hilfe von repräsentativen Zeitbudgetstudien des Statistischen Bundesamts unterdessen die nötige Wahrnehmung erfährt: »Es ist also realistisch, davon auszugehen, dass der Gesamtwert der in die Sozialprodukterhebungen nicht eingehenden Hausarbeit mehr als die Hälfte des Sozialprodukts ausmacht«, fasst Kaufmann den Stand der Forschung zusammen (Kaufmann 1995, S. 75).

Im Zentrum der Familienpolitik stehen freilich nicht nur die Eltern und ihre Arbeit, sondern zunehmend auch die Kinder. Darauf macht die dritte der deutschen Parteien aufmerksam, die eine eigene familienpolitische Programmatik entwickelt haben, die Grünen. Zwar orientieren sie sich überwiegend an der frauenpolitischen SPD-Position der Gleichheit und tun sich schwer mit einer Anerkennung der Familienarbeit als gesellschaftlicher Arbeit. Die Grünen betonen jedoch die Position der Kinder, sie fordern eine existenzsichernde Kindergrundsicherung und bestehen darauf, dass es nicht nur auf eine Kinderbetreuung ankommt, die vor allem den Müttern die Erwerbsarbeit ermöglicht. Kinderrechte schließen für sie auch das Recht auf kindgemäße, qualitativ hochwertige Bildung ein.

Familienpolitik nach der deutschen Einheit zielt somit in das Herz der Gesellschaft, in die Verteilung und Bewertung der Arbeit innerhalb und außerhalb der Familie, in das Verhältnis von Frau und Mann als gleichberechtigte Bürger und auf die Würde der Kinder als die schwächsten Glieder der Gesellschaft, die zugleich ihre Zukunft und der Grund für Familie sind.

[1] Für eine erweiterte Fassung der hier nur knapp skizzierten historischen und politischen Entwicklung siehe vom Verfasser: »Familie, Beruf und Familienpolitik«. In: Forum Familie der SPD (Hrsg.), Mit Kindern leben (Schriftenreihe Zukunft Familie, Heft 2), Berlin: SPD-Bundesvorstand 2002, S. 104–120, sowie »Familie und Beruf. Eine deutsche Geschichte«. In: Aus Politik und Zeitgeschichte, B 22–23, 2002, S. 20–30.

1 Vater mit Kindern, um 1975.
2 Familie beim Frühstück in Neukölln, 1990.

Literatur

Bast, Kerstin; Ostner, Ilona: Ehe und Familie in der Sozialpolitik der DDR und BRD – ein Vergleich. In: Schmähl, Winfried (Hrsg.), Sozialpolitik im Prozeß der deutschen Vereinigung, Frankfurt/New York 1992, S. 228–270.

Bundesministerium für Familie, Senioren, Frauen und Jugend/BMFSFJ (Hrsg.): Übersicht über die gesetzlichen Maßnahmen in den EU-Ländern bei der Erziehung von Kleinkindern, Stuttgart u.a. 1998.

CDU/CSU-Bundestagsfraktion: Faire Politik für Familien. Eckpunkte einer neuen Politik für Familien, Eltern und Kinder, Berlin 2001.

CDU-Bundesvorstand: Freie Menschen. Starkes Land. Antrag des Bundesvorstands an den Dresdner Parteitag im Dezember 2001, Berlin 2001.

Kaufmann, Franz-Xaver: Zukunft der Familie im vereinten Deutschland, München 1995.

Kolinsky, Eva: Women in West Germany. Life, Work and Politics, Oxford u.a. 1989.

Krebs, Angelika: Arbeit und Liebe. Die philosophischen Grundlagen sozialer Gerechtigkeit, Frankfurt 2002.

Leipert, Christian; Opielka, Michael: Erziehungsgehalt 2000. Ein Weg zur Aufwertung der Erziehungsarbeit, Institut für Sozialökologie, Bonn 1998.

Mühlfeld, Claus; Schönweiss, Friedrich: Nationalsozialistische Familienpolitik, Stuttgart 1989.

Netzler, Andreas; Opielka, Michael (Hrsg.): Neubewertung der Familienarbeit in der Sozial-politik, Opladen 1998.

Opielka, Michael: Familie und Familienpolitik. In: Konrad, Franz-Michael (Hrsg.), Kindheit und Familie. Beiträge aus interdisziplinärer und kulturvergleichender Sicht, Münster 2001, S. 227–247.

Pfau-Effinger, Birgit: Kultur und Frauenerwerbstätigkeit in Europa. Theorie und Empirie des internationalen Vergleichs, Opladen 2000.

Schäfgen, Katrin: Die Verdopplung der Ungleichheit. Sozialstruktur und Geschlechter verhältnisse in der Bundesrepublik und in der DDR, Opladen 2000.

SPD-Parteivorstand: Kinder – Familie – Zukunft. Antrag F1, SPD-Bundesparteitag Nürnberg, November 2001, Berlin 2001.

Wendt, Hartmut: The Former German Democratic Republic: the Standardized Family. In: Kaufmann, Franz-Xaver u.a. (Hrsg.), Family Life and Family Policies in Europe, Vol. I, Oxford 1997, pp. 114–154.

»IT'S A FAMILY AFFAIR« – FAMILIENSERIEN UND KEIN ENDE

Jörg Beier

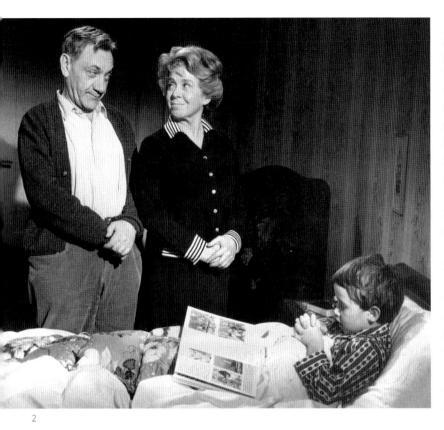

2

Das Thema Familie war von zentraler Bedeutung für das deutsche Nachkriegsfernsehen. Bereits 1954 eröffneten in der Bundesrepublik *Die Schölermanns* die Ära der Familienserien unter Papa Schölermanns Motto: »Das Menschenherz, die Erde schwankt, die Seele, die Gesellschaft krankt. Nur eins steht fest in Sturm und Graus: Die Familie! Das Zuhaus!« Bis 1960 wurden im zweiwöchentlichen Turnus immerhin 111 Folgen gezeigt, in denen väterliche Autorität und fürsorgliche Mütterlichkeit als Inbegriff einer heilen Welt verkauft wurden. Privates und Öffentliches waren hier noch strikt getrennt, die Welt endete an den eigenen vier Wänden. Im Gegensatz zu den amerikanischen Folgen, die meist in der High Society spielten, zeigten die deutschen Serien von Beginn an das »einfache Leben«.

Das Wirtschaftswunder ließ die Zahl der Fernseher und Zuschauer stark ansteigen, so dass die *Hesselbachs* (1960–1967) bereits zu einem populären Bestandteil bundesdeutscher Unterhaltung wurden. Im Zentrum der Familie standen hier eindeutig Vater und Sohn, die Vorherrschaft des traditionellen Familienbildes widerspiegelnd. Die Trennung von Familie und Beruf löste sich insofern auf, als die Hesselbachs nun zur gleichnamigen Firma wurden. Damit war der Grundstein für den TV-Familienbetrieb gelegt, der die bundesdeutschen Serien der 1960er Jahre bestimmen sollte. »Das ganze Leben ist eine Folge von Episoden«, sagt Willi Hesselbach zur Sekretärin Helga, »so ist jedes Ende einer Episode eine Art neu geschenktes Leben.«

Erst mit der »Mutter der Nation«, Inge Meysel, in den *Unverbesserlichen* trat eine Frau als Retterin des familiären Zusammenhalts in den Vordergrund. Ihr Ausspruch: »Ich lasse mir meine Familie nicht kaputtmachen« enthielt in Kürze ihre Lebensphilosophie. Bezeichnenderweise wurden alle sieben Folgen jeweils am Muttertag ausgestrahlt (1965–1971). Allerdings deuteten sich hier erste Anzeichen von Sozialkritik an: Verarmungsgefahr und ein uneheliches Kind drückten ein Abrücken von der herkömmlichen Idylle aus. Die *Unverbesserlichen* artikulierten auf teilweise beklemmende Art und Weise die als bedrohlich empfundenen Zerfallserscheinungen der kleinbürgerlichen Familie.

Es sollte bis 1972 dauern, bis mit *8 Stunden sind kein Tag* von

Rainer Werner Faßbinder serienmäßig eine Arbeiterfamilie auf den Plan trat. Fassbinder wollte eine Proletarierfamilie zeigen, die ihre Konflikte austrägt, statt sie zu harmonisieren. Dieser gesellschaftskritische Ansatz wurde trotz Einschaltquoten von bis zu 65 Prozent nach fünf Folgen als angeblich unpopulär wieder abgesetzt. Offensichtlich waren für die Programmgestalter hier die Grenzen sozialliberaler Toleranz erreicht.

Sehr erfolgreich war seit Mitte der 1970er Jahre *Ein Herz und eine Seele* mit dem brillanten Heinz Schubert als Ekel Alfred. Hier wurde die reaktionäre Dominanz von Vater Alfred karikiert, wenn auch noch kein Ausweg aus dem Familiengefängnis absehbar war: Miteinander zu leben ging genauso wenig wie ohne einander. Ansatzweise finden sich solche kritischen Tendenzen noch heute in der *Lindenstraße* wieder.

In der DDR gab es seit den 1960er Jahren Familienserien, die jedoch anfangs mit sozialistischer Ideologie überfrachtet waren und deren Zentrum die Arbeitsbrigade war. Nach einer längeren Produktionspause, die durch Importe osteuropäischer Serien überbrückt wurde, rückte in den 1970er Jahren das Privatleben in den Vordergrund. Im Gegensatz zu den westdeutschen Sendungen wurden über die Verwandtschaft hinaus auch andere familienähnliche Zusammenhänge vorgestellt. So trat in *Zimmer mit Ausblick* (sieben Folgen 1978) ein anfangs fremder Untermieter in die Rolle eines Ersatzvaters für ein sechsjähriges Waisenkind. Trotz zunehmend komplizierter werdender Probleme blieben positive Helden bis ans Ende der DDR für diese Serien unverzichtbar. Sowohl in den *Geschichten über'n Gartenzaun* als auch bei *Familie Neumann* gaben je ein patriarchaler Vater sowie eine gutmütige Mutter vorbildliche Charaktere ab. Obwohl in den 1980er Jahren keine idealen Sozialisten mehr gezeigt wurden, beherrschten zumindest diese Hauptfiguren ihr Leben, waren großzügig, konnten verzeihen, waren fleißig, arbeitsam und immer hilfsbereit.

In der Bundesrepublik sahen noch 1980 15 Millionen (!) Zuschauer einen Heimatfilm wie »Grün ist die Heide«. Allerdings erzielten kurz darauf auch die neuen US-Importe »Dallas« und »Denver« sehr hohe Einschaltquoten. In Kombination mit der Zulassung des Privatfernsehens stand dem Siegeszug der Seifen-

3

opern nichts mehr im Wege. Bald darauf entstand mit der *Lindenstraße* eine Weekly Soap (1985), die auch jenseits des Familienmythos soziale Entwicklungen widerspiegelte. Hier war ein Forum geschaffen, in dem tagespolitische Kontroversen und alternative Lebensformen Platz fanden. Allerdings hat die Serie insofern ihren Zenit überschritten, als die Einschaltquoten von teilweise 13 Millionen inzwischen wieder auf fünf Millionen Zuschauer zurückgegangen sind. In Gestalt der *Lindenstraße* war eine Vorstufe für das 1992 einsetzende Zeitalter der Daily Soaps in Deutschland geschaffen. *Gute Zeiten, schlechte Zeiten* stehen seitdem beispielhaft für konsumorientierten Jugendkult sowie fatalistische Schicksalsgläubigkeit. Ähnliches gilt für *Verbotene Liebe* und *Unter uns*, lediglich der *Marienhof* bewahrt unter den Fließbandproduktionen noch Elemente pädagogischer Moral.

4

Aber erschöpft sich die Bedeutung der Soaps in solch unkritischer Wiedergabe herrschenden Bewusstseins? Keineswegs, denn nicht weniger spiegeln sie auch progressive gesellschaftliche Entwicklungen wider. Zwar ist auch Mutter Beimer aus der *Lindenstraße* noch kochende Hausfrau; dafür trennt sie sich aber von ihrem Mann, was noch Mutter Scholz alias Inge Meysel unvorstellbar schien. Spätestens mit den Daily Soaps der 1990er Jahre verliert die traditionelle Kernfamilie stark an Bedeutung. Während die Frauenrollen mittlerweile ökonomisch selbständig sind und oft auch sexuell die Initiative ergreifen, tritt die Kindererziehung eher in den Hintergrund. Dagegen wandelt sich die Vaterrolle vom Familienboss zum kumpelhaften und oft erfolglosen Charakter.

Drehte sich in den ersten Jahrzehnten der Familienserien meist alles um den bedrohten Zusammenhalt, so artikulieren die Soaps Lockerungen der Familienbande. »Die Eltern erziehen nicht mehr allein die Kinder, sondern die Kinder erziehen auch die Eltern, die Kinder erziehen sich gegenseitig, und am Ende erzieht jeder jeden« (Georg Seeßlen, S. 279). Zwar ist die postmoderne Fernsehfamilie weiterhin recht bieder, hat sich aber auch um homosexuelle Facetten sowie offenere Wohnformen bereichert. Lediglich die Weekly Soap *Lindenstraße* hebt sich durch multikulturelle Hauptrollen

sowie die Darstellung des Widerspruchs von Egoismus versus politischer Korrektheit ab. Hier hat sich die Kernfamilie irreversibel aufgelöst, während die unausgegorenen Ansätze neuer sozialer Beziehungen beleuchtet werden. Im Gegensatz zur zwanghaften Konstruktion von Mütterlichkeit bei den Privaten läuft diese in der *Lindenstraße* meist ins Leere. Ironisch auf die Spitze getrieben wird dies etwa in der Schilderung von Valeries Kinderwunsch, der in den völlig fehlgeschlagenen Versuch mündet, ein Kind aus der Klinik zu stehlen.

Die Daily Soaps setzen da an, wo die alte Familienserie endete: beim Zerfall der klassischen Familie und der Suche nach Alternativen. Dies geschieht durch dramatische Zuspitzung der damit einhergehenden Emotionen. Rauschende Feste werden ebenso zelebriert wie Scheidungen und Beerdigungen. Gerade die permanent inszenierten Schicksalsschläge berühren den Halt suchenden Zuschauer der Postmoderne. Zwar beschränken sich die Antworten der Soaps weitgehend auf den Rückhalt einer stilorientierten Community, bieten aber dem verunsicherten Publikum doch auch einen gewissen Trost.

Fazit: Obwohl die Soaps von Anfang an mit kommerziellen Interessen verknüpft waren und sind, vermitteln sie darüber hinaus für die Zuschauenden ein hohes Maß an Identifikation. Auch wenn dabei oft gesellschaftliche Rollenbilder wiederholt werden, bleibt doch Raum für fortschrittliche Experimente. Die Funktion eines elektronischen Lagerfeuers werden die Seifenopern weiterhin erfüllen, ob sich davor nun die Verwandtschaft oder die Peergroup einfinden mag.

Literatur
Georg Seeßlen: Der Tag, an dem Mutter Beimer starb, Berlin 2001.

1 »Die Unverbesserlichen« (Inge Meysel und Josef Offenbach) in Sorge um die Familie, 1960er Jahre.
2 »Wir lassen uns unsere Familie nicht kaputtmachen«, Inge Meysel in den »Unverbesserlichen«.
3 »Ein Herz und eine Seele« sind Else und »Ekel Alfred« (Elisabeth Wiedemann, Heinz Schubert), 1973.
4 Helga und Hans Beimer (Joachim Hermann Luger, Marie-Luise Marjan) aus der »Lindenstraße« in vertrauter Runde.
5 Schauspieler der Serie »Gute Zeiten, schlechte Zeiten«, die seit dem 11. Mai 1992 ausgestrahlt wird.

5

FAMILIENPORTRÄTS

Fotografien von Hernrik Drescher und Sabine Schründer

Von links: Kerstin Moritz, Brigitte Klose, geb. Hellmuth, Dr. jur. Klaus Hellmuth,
Gerda Hellmuth, geb. Nielsch, Ingrid Niemetz, geb. Selle, Bärbel Moritz, geb. Hellmuth,
und Dackel Max in der Wohnung von Bärbel Moritz im Langschanweg, 2003

Text Seite 72–77

Sitzend von links: Dr. Petra Herz, Frederick Herz, Hanns-Peter Herz, Dr. Holger Krühne mit Björn-Hendrik Herz
Stehend von links: Judith Ewert, geb. Herz, Uta Herz, geb. Ryll, in der
Wohnung von Hanns-Peter Herz in der Fritz-Reuter-Allee, 2003

Text Seite 89–96

Karin Ullrich, geb. Adler, mit ihrer Mutter Erna Adler in der Wohnung der Mutter in der Pintschallee, 2002

Text Seite 105–111

Dela und Essy Agboli-Gomado in ihrer Wohnung
in der Kopfstraße, 2003

Text Seite 140–145

Sitzend von links: Harald Grund, Janine Grund, Martyn Maszkiewitz, Natalie Nya
Stehend von links: Yasmin Grund, Alexander Siegmund, Marcell Grund, Sascha Grund,
Kalbna Joshi, Artur Orlak, Patrick Rölke in ihrer Wohnung am Wildenbruchplatz, 2003

Text Seite 134–139

Rita von Wangenheim, geb. Trieglaff, in ihrer Wohnung
in der Sonnenallee, 2003

Text Seite 120–128

Von links: Susanne, Lea, Heidi, Ilja, Malte mit Jakob auf dem
Schoß am Esstisch im Gemeinschaftsraum der Fabriketage
in der Karl-Marx-Straße, 2003

Text 129–133

Jugendliche in einer betreuten Wohngemeinschaft im Efeuweg, 2003

Text Seite 169–173

Von links: Frank Vogel, Peggy Vogel mit Baby Fabian, Jessica Haase, Ingrid Vogel, geb. Fenner, Sabine Haase, geb. Vogel, Lutz Haase, Renate Schobba, geb. Vogel, Jürgen Schobba, Karin Böttcher, geb. Fenner, Franz Vogel
Vorn sitzend: Franziska Vogel in der Wohnung in Groß-Ziethen, Am Schulzenpfuhl, 2003

Text Seite 97–104

Brigitta Polinna in ihrer Wohnung in der Kirchgasse, 2003

Text Seite 78–81

Anna Kalitzidou, Niki Sountoulidou und Nikos Sountoulidis
in der Wohnung Peter-Anders-Straße, 2003

Text Seite 146–151

Von links: Inge Leyke, Olympia Semler (stehend), Judica Semler und Freund, Inge Borck,
1. Zwilling Sophie, Silke Baer, Jörn Gündel, Sebastian Semler und 2. Zwilling Sanja, Jürgen Borck,
Peter Semler (halbgebeugt), Renate Semler, 2003

Text Seite 82–88

Astrid Herm und ihr Mann Klaus Herm mit Foxterrier Lucky
in ihrer Wohnung in der Olympischen Straße, 2003

Text Seite 112–119

Ingeburg Detert mit Enkelsohn Marc
in ihrer Wohnung Wilhelm-Busch-Straße, 2003

Text Seite 105–111

Werner Mette mit seiner Lebensgefährtin Lucy Rauen und ihrem gemeinsamen Sohn Martin in der Wohnung am Buckower Damm, 2003

Text Seite 62–71

FAMILIENFESTE

Fotografien von Claudia Charlotte Burchard

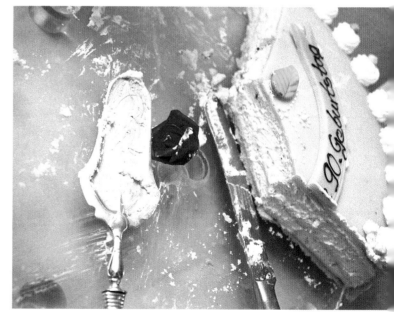

Fest zum 90. Geburtstag von Else Gedan am 11. Januar 2003, Text Seite 48–55.

Fest zum 60. Geburtstag von Birgit Gollnick am 25. November 2002, Text Seite 48–55.

Fest zum 40. Geburtstag von Cornelia Kortmann am 21. Dezember 2002, Text Seite 48–55.

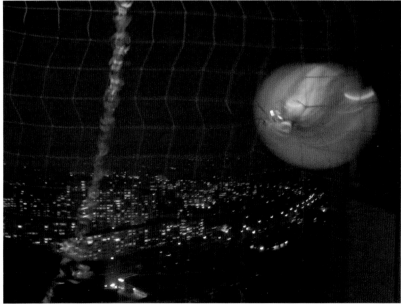

1

»ES SOLL EIN MEGA-EVENT WERDEN« – FAMILIENFESTE IN NEUKÖLLN

Christiane Necker

An welches Familienfest erinnert man sich? Blättert man in Fotoalben, finden sich strahlende Kindergesichter beim Auspacken ihrer Geschenke, Geburtstage der Eltern und Großeltern, Garten-, Hof- und Hausfeste mit Grill und Lampions, religiöse Feierlichkeiten. Auf einem Hochzeitsfoto schneidet das Brautpaar die Torte an und lächelt glücklich in die Kamera. Essen und Trinken, Tanzen und Lachen und zwischendurch auch ein ernster Gesichtsausdruck. Die Familie ist versammelt. Diese Bilder haften im Gedächtnis. Sie kreisen um die eigene Beziehung zur Familie, zu der sich der Einzelne positioniert, unterschiedlich stark hingezogen fühlt oder zu der er ein eher zwiespältiges Verhältnis hat.

Die Festkultur gibt einen besonderen Einblick in eine Familie – in ihre Traditionen, ihr Beziehungsnetz, ihre kulturellen Wurzeln und Praktiken. Familienfeste erlebt und gestaltet die familiäre Gemeinschaft oft als herausragendes Ereignis. Auf Fotos, in Filmen, Anekdoten und Erinnerungen werden sie Teil des kollektiven Familiengedächtnisses, hin und wieder mit einer romantisierenden und auch wehmütigen Note, manchmal mit einer amüsanten. Nicht immer sind die Beziehungen entspannt und unkompliziert, manchmal sind sie distanziert und konfliktgeladen. Ob es ein weit verzweigter Familienkreis ist, der zu diesem Fest sogar anreist, ob sich ein kleiner Kreis von Verwandten trifft oder der Kontakt abgebrochen ist und das Fest ohne die Verwandtschaft gefeiert wird – ein Familienfest ist eine Momentaufnahme der jeweiligen Familie mit ihren emotionalen und verwandtschaftlichen Bindungen, ihren Widersprüchen und ihrer Lebendigkeit. Familienfeste sind nicht immer reine Verwandtentreffen. Inzwischen hat sich der Familienkreis bei Festen auf den Freundeskreis aus verschiedenen Lebensstationen und dem Wirkungskreis der Gastgeber erweitert: Kindheit, Schule, Jugend, Freizeit und Beruf.

Das tägliche Einerlei. Sind Familienfeste lediglich eine Abwechslung vom Alltagstrott? Gehören sie nicht vielmehr zum Regelwerk des Alltags? Das Weihnachtsfest, das »alle Jahre wieder« mit unterschiedlicher Intensität und Aufwand im Familienkreis gefeiert wird, ist ein Beispiel für viele andere Festlichkeiten, die dauerhaft im Jahreszyklus verankert sind. Die Vielfalt von Daten und Zeiträumen in einem Festkalender zeigt, wie festgelegt und strukturiert ein Jahr durch den Rhythmus der Feste ist – vielleicht auch ein Lebenslauf? Individuelle Anlässe wie Hochzeiten, Geburtstage und Jubiläen können Höhepunkte im Leben eines Menschen und einen Übergang in eine neue Lebensphase markieren. Der Einzelne steht aus diesem Anlass im Mittelpunkt. Für ihn soll es rote Rosen regnen. Das vergisst man nie.

Einladungskarten, einfallsreiche Tischdekorationen, stimmungsvolle Unterhaltungsmusik – für Familienfeste wird die Familie kreativ, sie schafft eine Atmosphäre, in der sich die Gäste wohl fühlen, das Programm wird glanzvoll gestaltet. Einen besonderen Stellenwert nimmt die Bewirtung ein. Oft wird Tage vorher gebacken, gekocht, manchmal ist auch eine »Spezialität des Hauses« dabei. Zur Unterhaltung werden Tanz- und Musikeinlagen eingeübt und an originellen Gedichten gefeilt. Welche Überraschungen denken sich Gastgeber und oft auch ihre Gäste aus? Wer hält eine Rede oder trägt ein Lied vor? Passt die Dekoration zum Anlass? Wann wird die Torte angeschnitten?

Wie auf Neuköllner Familienfesten gefeiert wird, habe ich bei drei verschiedenen Geburtstagsfesten miterlebt. Zwei von ihnen fanden im Haus der Familie Gollnick in der Hermannstraße 138 statt: der 60. Geburtstag von Birgit Gollnick am 25. November 2002, und zwei Monate später der 90. Geburtstag ihrer Mutter Else Gedan. Der 40. Geburtstag von Cornelia Kortmann wurde in der Gropiusstadt gefeiert.

Festkultur hat in der Familie Gollnick Tradition: Familienfeiern und Geschäftsjubiläen, alljährliche Hoffeste, Lesungen, Modenschauen und andere Präsentationen werden von ihr veranstaltet. Zu den beiden Geburtstagsfesten sind hauptsächlich Bekannte und langjährige Freunde eingeladen, die verwandtschaftlichen Kontakte zur restlichen Familie Gedan sind nach einen Erbstreit abgebrochen. »Familie hat man – Freunde kann man sich aussuchen«, bemerkt Karl-Heinz Gollnick, der Ehemann von Birgit.

Der dritte Geburtstag wird kurz vor Weihnachten in der Gropiusstadt gefeiert. Er ist der erste, den Cornelia Kortmann in einem großen Rahmen feiern will. Schließlich ist es ihr 40. Geburtstag und der ist für sie etwas ganz Besonderes – ein Einschnitt im Leben, der sie dazu veranlasst, für einen Moment innezuhalten. Sie möchte diesen Tag so gestalten, dass er allen in Erinnerung bleibt und die Menschen, die sie die ganzen Jahre über begleitet haben, an diesem Abend zusammenbringen. Ein Geburtstagsfest mit Freunden – ist das ein Familienfest? Für Cornelia schon. »Ich selbst habe keine Kinder, bin geschieden, habe keine Verwandten außer meinen Eltern. Mein soziales Umfeld sind meine Freunde und meine Freunde sind für mich meine Familie.«

»Zum zweitenmal 30« – Ein Familienfest zu Hause

Die Familie Gollnick begeht Familienfeste immer zu Hause. Auch das Fest zum 60. Geburtstag von Birgit Gollnick wird im Wohnzimmer der Familie gefeiert. Seit dem Vormittag treffen die ersten Gratulationen und Blumen ein. Für den Abend sind 60 Gäste geladen. Ein großes Fest mit Essen und Programm ist vorbereitet, Wochen vorher schon wurden die Einladungskarten dazu verschickt. Sie verraten auch die Dekoration, die für diesen Abend ausgewählt wurde: die Farbe Orange. In Orange sind die Tische in Wohnzimmer und Flur ausgeschmückt, im Schlafzimmer sind die Möbel ausgeräumt und die Schränke mit orangefarbigen Tüchern verhängt. Hier ist das Büfett aufgebaut. Das edle Kaffeeservice steht in einer Reihe bereit und die Geburtstagstorte sieht verlockend aus.

Das Essen duftet – die Kerzen werden gleich angezündet – die Gäste stehen vor der Tür. Alles bereit?

Gute Laune an der Wohnungstür – Birgit Gollnick, festlich in eine goldene Seidenbluse gekleidet, empfängt ihre Gäste mit einem Glas Champagner. Sie ist Mittelpunkt des Abends – um sie dreht sich heute die Welt. Immer mehr Blumen und Geschenke werden überreicht. Glückwünsche, Umarmungen, ein herzliches Wiedersehen mit langjährigen Freunden. Das Wohnzimmer mit den gedeckten Tischen füllt sich allmählich. Neben den engsten Familienangehörigen – Ehemann Karl-Heinz, Tochter Nicole und Mutter Else Gedan – sind langjährige Freunde gekommen, Nachbarn, Geschäftsfreunde, Stadträte und der frühere Bezirksbürgermeister. Der Freundeskreis aus Hamburg und die Schulfreundin Brigitte aus Porta Westfalica sind extra nach Berlin gereist.

Die Küche ist die Schaltzentrale des Festes, hier laufen die Fäden für die Bewirtung der Gäste zusammen, hier wird den ganzen Abend über gekocht und zubereitet, von hier aus serviert das für den heutigen Tag engagierte Personal die Getränke und den ersten Gang: »Möchten Sie Hummercreme- oder Markklößchensuppe?«

Die Geräuschkulisse im Wohnzimmer wird lauter, ein Teil der Gäste kennt sich, tauscht Neuigkeiten aus. Es gibt viel zu erzählen, denn man trifft sich nicht jeden Tag. Im Hintergrund spielt ein Musiker an der Orgel Schlager zum Mitsingen. Die Gastgeberin Birgit Gollnick greift sich das Mikrofon, begrüßt ihre Gäste und eröffnet das Büfett. Die Gäste singen ihr im Chor ein Geburtstagsständchen: »Hoch soll sie leben – dreimal hoch ...«

Nach der Suppe tritt auch Herr Gollnick ans Mikrofon. Er erinnert an die »Zweimal 30«, die an diesem Abend gefeiert werden, und erinnert auch an die Zeit, als er seine Frau kennen gelernt hat – vor 45 Jahren, da war sie fünfzehn Jahre alt. Sein Rückblick ruft auch den Urahn, Hermann Gedan, ins Gedächtnis, der den Grundstein des Hauses gelegt hat, in dessen Wohnzimmer das Fest heute gefeiert wird.

Nun wird das Büfett erobert. Birgit Gollnick führt eine Polonaise ins umgeräumte Schlafzimmer an, wo die Speisen dekorativ arrangiert sind. Zur Vorspeise gibt es Fischvariationen und Lachspastete. Für das warme Essen stehen zur Auswahl: Kalbsgeschnetzeltes, Filet Wellington, Rehrücken auf Pfifferlingen und verschiedene Beilagen. Die Stimmung lockert sich, Tischgespräche erfüllen den Raum. Familie Gollnick kümmert sich um ihre Gäste, geht von Tisch zu Tisch, greift Gesprächsfäden auf und achtet auf eine gute Bewirtung. Sie dirigiert das Personal und hält die Fäden in der Hand. Fehlt etwas – noch etwas zu Trinken? Herr Gollnick macht als Kenner für Backwaren auf die Besonderheit der Brötchen aufmerksam: »Echte Milchknüppel!«

Die Schulfreundin Brigitte, die im Rundfunk gesungen hat, wie Frau Gollnick mir erzählt, greift zum Mikrofon und erzählt Anekdoten. Wie sie und Birgit in der Schule nebeneinander saßen, von der Zeit, als sie sich die schönen Schuhe von Birgit ausgeliehen hat, die leider zu klein waren und drückten, wie die Rechen- und Deutschaufgaben untereinander ausgetauscht wurden. Dass beide viel gemeinsam erlebt und zur gleichen Zeit ihre Männer kennen gelernt und geheiratet haben. Sie fährt mit einem besinnlichen Text fort – über das Leben und wie es vergeht –, einem Text aus dem 17. Jahrhundert. Mit einem lustigen Rätselgedicht über ein Geschenk, das sehr vielfältig zu verwenden ist, wird wieder Stimmung gemacht. Die Auflösung führt zu allgemeiner Heiterkeit: Es ist eine Tüte »Haribo«.

Die Atmosphäre wird intimer und geselliger, als der große Kristall-Leuchter ausgeschaltet und bei Kerzenlicht getanzt wird: »Wenn bei Capri die rote Sonne im Meer versinkt.« Hochprozentiges wird angeboten. Herr Gollnick geht mit einem Tablett von Tisch zu Tisch. Für den nächsten Programmpunkt rücken die Gäste zusammen. Für den Überraschungsgast, die Kabarettistin Marga Bach, wird Platz gemacht. Mit Berliner Schnauze und viel Selbstironie trägt sie Lieder und Sketche über Ehe, Frauen und Männer, Schönheit, Liebe und Erotik vor. Sie ist die Stimmungskanone des Abends. Die Gäste gehen mit, amüsieren sich über ihre Witze und lachen ausgelassen. Zum Schluss tritt eine Sängerin auf. Schlager und Evergreens bringen die Gäste in Stimmung. In Flur und Wohnzimmer wird getanzt. Süßer Abschluss des Abends ist eine Geburtstagstorte. Es ist 22 Uhr. Birgit Gollnick teilt die Tortenstücke aus, dazu gibt es Kaffee.

Erst Stunden später ist das Fest zu Ende.

»Königin Mutter« wird 90

Das Fest von Else Gedan am 11. Januar 2003 ist ein besonderes Jubiläum: Sie feiert ihren 90. Geburtstag. Nach Tradition der Familie wird auch dieses Fest zu Hause gefeiert. Kaffee und Kuchen für 30 Gäste stehen im Wohnzimmer bereit, das Abendessen wird bei Gollnicks stattfinden.

Frau Gedan lebt in der Nachbarwohnung von Familie Gollnick und wird liebevoll und fürsorglich von ihrer Familie betreut. Spürbar ist sie in das Familienleben integriert und wird offensichtlich nicht nur an ihrem Geburtstag verwöhnt. Sie ist eine alte Dame, hellwach und lebenslustig. Die Familie kennt ihre Vorliebe für rosa Farbtöne – in diesen Farben ist die Dekoration gehalten. 90 langstielige rosa Nelken stehen in einer eleganten Vase neben dem

Kuchenbüfett. Selbst Frau Gedan hat eine kleine rosa Feder in ihrem grauen Haar.

Die Marzipantorte bringen Freunde aus Hamburg mit. Sie haben extra einen Umweg über Lübeck gemacht, um mit dieser Köstlichkeit aufzuwarten. Bienenstich und Streuselkuchen wurden von Herrn Gollnick für das Fest selbst gebacken. Die muss man probieren! Auf Wunsch von Frau Gedan wurde ein Musiker engagiert, den sie auf einem Hoffest der Familie gehört hatte und der heute mit Orgel und Saxophon den festlichen Rahmen musikalisch untermalt. Später soll auch getanzt werden.

Um drei Uhr nachmittags beginnt die Geburtstagsfeier. Frau Gedan nimmt mit großer Freude Glückwünsche und Geschenke entgegen, zwischendurch klingelt immer wieder das Telefon. Die Familie kümmert sich um die Gäste, schenkt Kaffee nach, bietet Kuchen an, reicht Konfekt. Gespräche erfüllen den Raum, gute Laune ist überall zu spüren. Um halb fünf wird das Kaffeegeschirr abgeräumt und eine Musikeinlage lässt die Gäste aufmerken: Die Enkelin der Hamburger Freundin spielt auf ihrem Cello ein Stück von Vivaldi. Anschließend singen die Gäste dem Geburtstagskind: »Hoch soll sie leben!« Else Gedan packt ihre Geschenke aus: Schmuck, eine Tasse, Diätpralinen, ein neuer Staubsauger und andere Aufmerksamkeiten. Auch flauschige Badezimmermatten sind darunter – Else hat sich eine neue Ausstattung für ihr Bad gewünscht.

In der Zwischenzeit wird das Abendessen in der Küche der Gollnicks zubereitet. Seit dem Vortag wird hier gekocht. Auch Birgit und Nicole Gollnick helfen, damit alles rechtzeitig fertig wird. Um 19 Uhr beginnt das Abendessen. »Möchten Sie Ochsenschwanzsuppe oder Klößchen?« fragt die Serviererin. Ochsenschwanzsuppe ist eine Spezialität von Else Gedan und wurde früher auf jedem Fest vor dem Hauptgericht serviert, erzählt mir Nicole.

Das Wohnzimmer ist in Kerzenlicht getaucht, die rosa- und lilafarbene Tischdekoration mit Federn und dem Goldrandservice unterstreichen den festlichen Anlass. Else Gedan hat sich das »Kleine Schwarze« zum Abend angezogen und thront am Kopfende des Tisches zwischen ihren langjährigen Freunden aus Hamburg, ihrer Tochter und dem Schwiegersohn. Der Musiker hat inzwischen sei-

2

ne Instrumente in der Wohnung der Gollnicks aufgebaut und begleitet musikalisch den Abend. Die Atmosphäre wird feierlicher. Vor dem Hauptgericht spricht die Freundin aus Hamburg einige Worte zu ihrer gemeinsamen Vergangenheit mit Else Gedan. Sie muss das tun, meint sie, weil sie diejenige im Raum ist, die Else am längsten kennt. Sie sind wie Schwestern und haben ihre Jugend gemeinsamen erlebt. Sie erinnert an ein bewegtes Leben, an die schwere Zeit im Krieg, an die Taubenzucht des verstorbenen Ehemanns Alfons Gedan und an das Wiedersehen mit Else, nachdem sie sich einige Zeit aus den Augen verloren hatten. Sie kennt Tochter Birgit von Geburt an und auch die Enkelin Nicole. Else sei immer das Bindeglied der Familie gewesen und habe diese Familie zusammengehalten.

Dann tritt die zweite Generation der Hamburger Freunde auf: die Eltern der Cellospielerin. Sie singen ein scherzhaftes Lied über Else und Alfons Gedan: »Was macht der Lippenstift in Alfons

Unterbett?« Die Zuhörer klatschen den Refrain mit und lachen über die Pointe. Eine Eisbombe aus Vanilleeis und Schokoladensauce, in der Wunderkerzen leuchten und zischen, ist die Überraschung zum Abschluss des Abends. Die Gäste sind in feierlicher Stimmung, schunkeln und singen. Ein Tag, der nicht vergessen wird.

Einige Tage nach Elses 90. feiert Karl-Heinz Gollnick seinen 68. Geburtstag. Birgit und Nicole Gollnick schmückten den Raum diesmal »rustikal« mit Gemüse, Petersilie und andern Kräutern.

Zur Geschichte der Familien Gedan und Gollnick gehört das dreigeschossige Wohnhaus in der Hermannstraße 138 an der Ecke zur Juliusstraße, mit seiner Ladenzeile, dem Gasthaus und der Kegelbahn. Hier liegen ihre Neuköllner Wurzeln, hier befindet sich das Wohnzimmer, in dem die Familienfeste seit drei Generationen stattfinden – das Haus ist Dreh- und Angelpunkt der Familiengeschichte. Es wurde 1905 von Hermann Gedan, dem Urgroßvater von Birgit Gollnick, geplant und begonnen, jedoch verstarb der Bauherr vor Fertigstellung des Gebäudes. Sein Sohn Adolf Gedan vollendete das Bauprojekt und wohnte dort ab 1907 mit seiner Frau Gertrud und den drei Kindern Rosa, Irma und Alfons. Geschäftlich war die Familie im Gemüse- und Pferdehandel aktiv und erhielt 1907 die Schankgenehmigung für den Betrieb der Gaststätte und der Kegelbahn. Alfons, der Erbe des Hauses, wurde im selben Jahr in der neu bezogenen Wohnung geboren. Er heiratete 1937 seine Frau Else, geborene Schmidt, aus Treptow, fünf Jahre später wurde die Tochter Birgit geboren.

Das Wohnhaus wurde 1943 durch einen Bombenangriff stark beschädigt. Vor allem der bis zur Straßenecke reichende Teil des Hauses wurde bis auf das Erdgeschoss zerstört. In der Nachkriegszeit erfolgte sukzessive der Wiederaufbau des Eckhauses, angefangen 1947/1948 mit einem provisorischen Flachbau. Nach der Heirat von Tochter Birgit 1964 übernahm vor allem der Schwiegersohn Karl-Heinz Gollnick den Aufbau der weiteren Geschosse. Er ist Bäcker- und Konditormeister und lernte sein Handwerk in der Bäckerei seiner Eltern in der Nogatstraße. Die gemeinsame Tochter Nicole wurde 1969 geboren. Else Gedan, seit 1978 verwitwet, lebt heute mit der Familie Gollnick im ersten Stock des Hauses. Nach dem Tod Alfons Gedans zerbrachen durch Erbstreitigkeiten die verwandtschaftlichen Beziehungen zum Rest der Familie Gedan.

In der Ladenzeile zur Hermannstraße gründete die Familie in der Nachkriegszeit ihre geschäftliche Existenz neu. Angefangen wurde in einem Geschäft mit An- und Verkauf, daraus entstand ein Eisenwarengeschäft, das nach der Heirat der Tochter Birgit von den Gollnicks auf Haushaltswaren erweitert und später zu einem Spezialgeschäft für Edelporzellan und Geschenkwaren ausgebaut wurde, heute: Porzellan Gedan.

»Mit 40 ist die Hälfte rum« – Das Geburtstagsfest von Cornelia Kortmann

»Es ist ja nicht wie früher, als man unbedingt einen Mann haben musste, der einen ernährt. Es gibt das Lebensmodell, dass man ein Kind und Familie hat. Aber wenn es sich nun mal im Leben nicht ergibt, dann gibt es noch tausend andere Möglichkeiten, trotzdem Familie zu gestalten« (Cornelia Kortmann am 24. Oktober 2002).

Cornelia ist vor einigen Jahren wieder in die Gropiusstadt gezogen. Hier verbrachte sie einen Teil ihrer Kindheit, die Eltern Günter und Ursula Schmidt leben in ihrer alten Wohnung ganz in der Nähe. Auch Cornelias Geburtstagsfest soll hier stattfinden – im 30. Stockwerk des IDEAL-Hochhauses, dem höchsten Gebäude der Gropiusstadt; dort befindet sich ein Partyraum für Mitglieder der Baugenossenschaft mit einem herrlichen Ausblick über Berlin.

Die Vorbereitungen nehmen Cornelia bis zum Fest ziemlich in Anspruch. Sie plant die Einladungen, die Organisation des Raums, das Essen für 50 geladene Gäste, die Dekoration und das Unterhaltungsprogramm. Auf der Gästeliste sind alle Generationen vertreten, von Kindern bis zu einer 92-Jährigen. Auch Gustel, Cornelias Hund, wird bei dem Ereignis nicht fehlen. Sehr wichtig ist das Essen. Cornelia vergleicht die Angebote. Mitte November entscheidet sie, das Essen selbst vorzubereiten, um sicher zu gehen, dass es schmeckt. Die Gäste sollen verwöhnt werden. Nur das Spanferkel wird der Fleischer liefern. Für das musikalische Programm engagiert Cornelia zwei Frauen, die Musik auflegen. Auch für die älteren Gäste soll Musik dabei sein. Sie möchte, dass getanzt wird.

Die Dekoration des Raums hat einen hohen Stellenwert, damit der Geburtstag in einem festlichen Rahmen stattfindet. Soll sie dazu Bildmaterial aus ihrer Kindheit präsentieren? Eine Diashow vielleicht oder Erinnerungsstücke, zum Beispiel ihre Schulmappe? Wichtig ist Cornelia eine Zeittafel, die als Collage ihre Freundschaft zu den einzelnen Gästen und die Dauer der Beziehung zeigt. Die Zeit der ersten Begegnung sollen Fotos dokumentieren, die von den Gästen mitgebracht werden. Nach all den Festvorbereitungen ist schließlich noch ein Problem zu lösen: Cornelia sucht nach einer passenden Garderobe. Sie verabredet sich mit ihrer Freundin zum Einkaufsbummel.

Endlich ist es so weit.

Im 30. Stock weisen Luftballons den Weg zum Partyraum. Der Ausblick über die Gropiusstadt ist fantastisch. An drei Seiten bietet die Fensterfront einen Panoramablick über die Stadt. Eine Schrankwand mit Geschirr begrenzt den Raum zur gut ausgestatteten Küche. Davor liegt die Tanzfläche. Kinder- und Familienfotos verzieren die Wände. Einige davon zeigen Urlaubsmotive aus den Bergen, die Familie Schmidt beim Wandern und Bergsteigen, dazu passend die Lederhose des Vaters, die Teil der Dekoration geworden ist. An der Schrankwand hängt die Collage, an der jeder Gast sein Foto anbringen wird. Die Kaffeetafel ist festlich vorbereitet. Teller, Tassen, Blumengestecke und Kerzen sind sorgfältig arrangiert. Und immer wieder die Zahl 40: auf Servietten, auf den Tischen, auf bunten Luftballons, die über den Tischen hängen oder schweben. Ein »Kindertisch« ist liebevoll gedeckt, hier steht ein Teller mit Mini-Schokoküssen zum Aufessen bereit. Vor einer Fensterfront ist das Kuchen-Büfett mit verschiedenen Sorten Kuchen und Torten aufgebaut und mit Blumensträußen geschmückt.

Ab 16 Uhr treffen die Gäste ein und das Fest beginnt mit Gratulationen und Geschenken. Die Gäste kommen allein, in kleinen Gruppen oder als Familien mit ihren Kindern. Einige haben sich lange nicht mehr gesehen und sind überrascht, sich hier zu treffen. Unter die Gespräche mischen sich Geräusche aus der Küche und leise Gitarrenmusik aus den Lautsprechern. Die Kinder laufen durch den Raum und sind sehr aufgeweckt. Auch der Hund Gustel, dem zur Feier des Tages eine rote Schleife um den Hals gebunden wurde, freut sich über den Trubel und beschnuppert jeden Neuankömmling. Die Gäste schauen sich erst einmal um, stehen plaudernd zusammen – vor allem die Zeittafel mit der Fotocollage

3

bietet viel Gesprächsstoff. Am Familientisch sitzt Cornelia mit ihren Eltern, älteren Gästen und Schulfreundinnen. Hier hat auch die 92-jährige Frau Mertens Platz genommen. Sie kennt Cornelia und ihre Mutter von Geburt an. Seit fast 30 Jahren lebt sie in der Gropiusstadt.

Die Kollegen Cornelias vom Bezirksamt Kreuzberg nehmen zusammen an einem Tisch Platz. Auch ehemalige Nachbarn und die Hausgemeinschaft fehlen nicht. Unter den Gästen ist auch ein 81 Jahre alter Bekannter Cornelias, der später mit ihr tanzen wird. Cornelias langjährige Schulfreundin Birgit ist mit Ehemann und Kindern aus Hamburg angereist. Sie ist die Freundin aus der ersten Klasse und beide Frauen unternehmen bis heute gemeinsam Urlaubsreisen. Und Cornelias Freundin Sylvie ist gekommen, zu der sie seit Jahren ein inniges schwesterliches Verhältnis hat. Auch ihr Ex-Freund Thomas wurde eingeladen. Der geschiedene Ehemann dagegen erschien zwar aus Rücksicht auf die ehemaligen Schwiegereltern nicht auf dem Fest, hat ihr aber bei der Vorbereitung des Festes tatkräftig geholfen.

Ab 16.30 Uhr beginnt das Kaffeetrinken mit einer Überraschung: Eine Geburtstagstorte mit 40 Kerzen wird auf einem Teetisch hereingerollt. Cornelia bläst unter viel Applaus die Kerzen aus. Was sie sich wohl gewünscht hat ... Nach dem Kaffee wird Cornelia aufgefordert, ihre Geschenke zu öffnen: Bücher, Schmuck, Parfüm, Musik und liebevolle Aufmerksamkeiten werden auf der Tanzfläche mit Spannung ausgepackt. Das voluminöseste Geschenk, ein meterhoher eingepackter Karton, erregt großes Aufsehen. Neugierig beobachten vor allem die Kinder, wie Cornelia das Paket öffnet: Luftballons, Konfetti und Kosmetikproben, aufgereiht an einer Schnur und Anspielung auf die erreichten »40«, werden nacheinander hervorgeholt. Auch eine CD mit einem Geburtstagslied ist im Paket versteckt. Die Kinder haben großen Spaß, kriechen ins Paket und suchen nach weiteren Geschenken. Konfetti und Luftballons liegen auf dem Boden verstreut. Der Hund tapst über die Tanzfläche. Cornelia sitzt mit den Kindern am Boden, die Kette mit Kosmetikproben um den Hals und genießt es, im Mittelpunkt zu stehen.

Nach dem Abendessen treten die Freundinnen der Hausgemeinschaft mit einem Sketch auf und übergeben, durch Verse begleitet, drei witzige Geschenke – »Was Frauen mit 40 so brauchen«. Eine Schürze, ein Strickzeug und Faltencreme. Geschenk Nummer vier ist eine Konzertkarte für die Popgruppe »Modern Talking«. Volltreffer! Cornelia freut sich so sehr, dass sie sofort begeistert tanzt, als ein Song der Gruppe aufgelegt wird.

Wer weiß etwas über den Menschen Cornelia Kortmann? Ihre Augenfarbe, ihre Lieblingsbeschäftigung, ihr Lieblingstier? Wer kennt sie am besten? Vor dem Abendessen findet ein Quiz statt, bei dem attraktive Preise zu gewinnen sind: Eine Vitamin-Gesundheits-Kur, ein italienisches Spezialitätenessen, eine exotische Obstschale und vieles mehr. Zehn Preise locken. Wer hat richtige oder originelle Antworten? Die Spannung steigt! Cornelias Arbeitskollege Erhard moderiert die Preisverleihung. Der erste Preis geht an Freundin Syvie. Sie gewinnt »Ein schönes Wochenende für zwei Personen« und bekommt zur Überraschung eine Illustrierte mit dem Titel »Schönes Wochenend«. Die »Schlossbesichtigung für zwei Personen« nehmen Cornelias Eltern in Empfang: ein Vorhängeschloss mit Schlüssel. Die Preisträger treten vor und erhalten unter viel Applaus ihre Gewinne. Alle amüsieren sich köstlich.

Das Büfett mit Hähnchen, Käseplatte, Spargel in Schinken, verschiedenen Broten und Salaten ist bereit. Um 19 Uhr wird das Spanferkel geliefert und fachgerecht vom Fleischer zerteilt. Von der knusprigen Haut bietet Cornelia jedem Gast ein Stück an. Mit der Aufforderung »Essen!« eröffnet sie das Büfett. Gemächlich bildet sich eine Schlange vor den kulinarischen Köstlichkeiten, während einige Freunde weiter in der Küche beschäftigt sind. Es herrscht eine harmonische Stimmung.

Gegen 21 Uhr, die Teller sind bereits weggeräumt, beginnt der zweite Teil des Festes. Schlager- und Popmusik ertönt, Gäste tanzen, Kinder toben mit roten Wangen im Raum. Songs wie »Ich will keine Schokolade, ich will lieber einen Mann!« oder das »Knallrote Gummiboot« wechseln mit Disco-Hits der 1980er Jahre.

Um drei Uhr morgens verlassen die letzten Gäste das Fest. Cornelia ist glücklich und erschöpft. Ein gelungener Geburtstag. Er war so, wie sie es sich gewünscht und vorgestellt hat. Doch für sie ist er noch nicht zu Ende – am nächsten Tag wird sie den Raum wieder in Ordnung bringen. Die Hausgemeinschaft hilft ihr dabei.

1 Hochzeitsfeier von Birgit, geb. Gedan, und Karl-Heinz Gollnick am 28. November 1964 im Haus Hermannstraße 138; unter dem Kronleuchter wird heute noch getanzt.
2 Hochzeitsgesellschaft von Else, geb. Schmidt, und Alfons Gedan, 6. März 1937; neben der Braut sitzen Adolf und Gertrud Gedan, die Bräutigamseltern.
3 Ursula und Günter Schmidt mit Cornelia im Ötztal, 1969; das Foto diente als Dekoration auf dem Fest zum 40. Geburtstag Cornelias.

Fotos der Feste befinden sich auf Seite 40–47.

FAMILIENBILDER

Katja Döhnel

»Familie ist der Kern unserer Gesellschaft, sagen Optimisten. Realisten sagen: Der Kern unserer Gesellschaft ist die Kuchenplatte. Oder warum steht sie so oft im Mittelpunkt der bildnerischen Darstellung? Wie ein Altar. Dank ihrer sieht unsere Vergangenheit im wesentlichen schwarzwälderkirschfarben aus.«[1]

Ein Großteil unserer Erinnerungen an vergangene Ereignisse oder verstorbene Familienmitglieder, an schöne Stunden innerhalb der Familie lebt durch Bilder immer wieder auf und lässt uns nicht vergessen. Ein Bild ist der Versuch, die Gegenwart, ein augenblickliches Ereignis, das zukünftig nur noch Vergangenheit sein wird, festzuhalten. Nichts erzählt eine Familiengeschichte für die Beteiligten besser als ein gemütlicher Nachmittag mit Fotos, Dias oder mit einem Videofilm. Gleichzeitig ist aber auch nichts langweiliger für Außenstehende, die mit den abgebildeten Personen nichts oder wenig zu tun haben, wie eine Sammlung von Familienbildern ohne die dazugehörigen Geschichten, die Erklärung, wann und warum das Bild entstand und wer die darauf Abgebildeten sind. Familienbilder und ihre Entstehungsgeschichten gehören also untrennbar zusammen. Bilder ohne Geschichte sind, meist auch für Historiker, wertlos.

Die sich ab 1840 entwickelnde Fotografie übernahm die Funktion, ein Abbild der Familie zu schaffen, von der Bildenden Kunst. Anders als ein Gemälde zeigt eine Fotografie die detailgetreue und schonungslose Abbildung der Porträtierten ohne Rücksicht auf Ansehen und Stand. Der Anlass für die Abbildung ist meist das Festhalten glücklicher Momente innerhalb einer Familie. Doch das Foto kann nur einen kleinen Ausschnitt der abgelichteten Familie zeigen. Es verbirgt in der Regel mehr als es zeigt. »Der Generationenkonflikt wird beispielsweise nicht abgebildet. Wer hat schon ein Foto gemacht von dem Theater, als die Tochter zum ersten Mal verbotswidrig später als Mitternacht nach Hause kam. [...] keiner hat die Tränen des Liebeskummers fotografiert, niemand befand die Niederlagen des Alltags für wichtig genug. [...] alles keine Themen in den Fotoalben.«[2] Familienfotos zeigen eine Familie weniger, »wie sie ist«, sondern wie sie sein möchte, wie sie sich gegenüber der Öffentlichkeit darstellen will. Das Familienleben wird für die Foto-

2

grafie inszeniert, mal bewusst, mal unbewusst.

Diese Inszenierungen zeigen sich deutlich auf den Familienfotos, die sich im Archiv des Heimatmuseums Neukölln befinden. Die meisten dieser Fotografien erzählen nicht nur die Geschichten einer Familie; gerade die alten Bilder zeigen dem Betrachter etwas über eine Zeit, als er noch nicht geboren war. Sie zeigen die damalige Kleidung und den Geschmack von damals, sie sagen etwas über die Konstellationen innerhalb der Familie aus.

Die ersten Familienfotografien waren Atelieraufnahmen, die sich nur begüterte Familien leisten konnten. Die Wahl des Hintergrunds, ein Naturmotiv vielleicht oder die Andeutung eines Raums mit Vorhängen und Teppich, sollten den Geschmack und den Stand der jeweiligen Familie widerspiegeln. Bei der Gruppierung der Personen kann man feststellen, dass fast immer einer der beiden Ehepartner sitzt, während der andere hinter ihm steht, wobei es auffällt, das weitaus häufiger die Frauen den sitzenden Part innehatten.

3

4

5

6

7

8

9

10

11

Die Kleidung war dem besonderen Anlass des Fotografiertwerdens angemessen: Die Eheleute und ihre Kinder trugen ihre Sonntagsanzüge, denn mit so einem Foto wollte man repräsentieren. Beigaben, wie beispielweise Bücher, sollten zeigen, wie gebildet und belesen die Familie war. In späteren Jahren fanden diese Aufnahmen immer häufiger auch im häuslichen und erweiterten Rahmen statt: Nun sieht man auf dem Foto nicht nur die klassische Kleinfamilie mit Vater, Mutter und Kindern, sondern auch Großeltern und Nichten, Neffen und Cousinen sind auf den Bildern wiederzufinden. Gern wurden der Vater oder der erwachsene Sohn auch in Uniform abgelichtet, was den hohen Stellenwert und das Ansehen des deutschen Militärs bis zum Zweiten Weltkrieg verdeutlicht.

Auffällig in der Sammlung des Heimatmuseums ist die große Anzahl von Fotos, auf denen nur die Mutter mit ihren Kindern zu sehen ist. Über die Gründe für das Fehlen des Vaters kann man nur spekulieren. Entweder ist er verstorben, wie uns das Bild mit dem leeren Stuhl vielleicht andeuten will, oder er war von seiner Familie getrennt. Vielleicht sollte auch das besondere Verhältnis zwischen Mutter und Kind unterstrichen werden, denn die meisten dieser Bilder drücken eine intensive Zuneigung aus. Interessant sind auch Bilder, auf denen mehrere Müttergenerationen versammelt sind: Urgroßmutter, Großmutter, Mutter und Kinder, wie auf einem Bild aus dem Jahr 1924. Vergleichsweise selten sind dagegen Fotografien, auf denen sich der Vater mit seinen Kindern ablichten ließ. Diese Diskrepanz lässt vermuten, dass das Mutter-Kind-Verhältnis auch seinerzeit als etwas Besonderes angesehen wurde.

Ähnliche Familiendarstellungen finden sich auch zu den klassischen Festen der Familie wie Weihnachten. Diese sind jedoch immer im häuslichen Umfeld entstanden. Die Bilder zeigen den für die deutsche Familie nach wie vor typischen Weihnachtsbaum, den Gabentisch und die Geschenke, die die Kinder erhalten haben. Sie spiegeln die große Bedeutung solcher Feiertage für die Familie wider. Auch heute noch sind solche Feste meist Anlass für ein Familienfoto.

Mit der Weiterentwicklung der fotografischen Technik war es auch möglich, die Aufnahmen aus dem Atelier oder der Wohnstube ins Freie zu verlegen, wie uns ein monumentales Familienbild von 1900 zeigt. Obwohl die Bildsprache der Freilichtaufnahmen zunächst denen der Atelierbilder folgte, lösten sich diese Konventionen bald auf und es wurde möglich, die Familie locker um eine Kaffeetafel zu gruppieren oder sogar eine einfache Bauernfamilie auf ihrem Hof zu porträtieren.

Weitere Anlässe für Familienfotografien neben kirchlichen Feiertagen waren Hochzeiten. Außer dem klassischen Paarbild bei der Trauung oder einer Atelieraufnahme tauchen in den Fotosammlungen auch immer wieder Bilder auf, bei denen sich die gesamte Familie um das Brautpaar herum gruppiert. Meist wurden diese Fotografien im Freien gemacht, da der Platz in den Räumen für solche Aufnahmen nicht ausreichte. Heute sind diese Fotos seltener geworden, da man diesen Tag nicht mehr nur im engen Familienkreis, sondern auch gemeinsam mit Freunden und Bekannten begeht und diese dann auf verschiedenen Fotos in unterschiedlichen Gruppen und Konstellationen auftauchen. Damit kann man diese Bilder nicht mehr als klassische Familienbilder bezeichnen.

Auch Geburtstagsfeiern waren immer wieder ein Anlass, die ganze Familie um sich zu scharen und dieses Ereignis auf Fotopapier zu bannen.

Das größte Konvolut von Familienfotos des Heimatmuseums ist zweifelsohne unter der Rubrik Gartenkolonien zu finden. Dies ist der Stadtrandlage des heutigen Bezirks Neukölln mit seinen vielen Kolonien und der Begeisterung der Berliner Bevölkerung für diese Art von »Landleben« zu verdanken. Die ersten Fotos dieser Art lassen sich bereits auf den Beginn des 20. Jahrhunderts datieren. Der Inhalt der Bilder hat sich mit den Jahren so gut wie nicht verändert.

Eine kleine Gruppe von Familienbildern im Fotoarchiv des Heimatmuseums machen Ausflugs- oder Urlaubsfotos aus. Sie zeigen die Familie in entspannter Atmosphäre beim sonntäglichen Besuch eines Ausflugslokals oder auch im Urlaub an der See.

Zum Schluss ein kleiner Exkurs in die heutige Familie. Diese Bilder wirken weniger inszeniert als noch vor dem Zweiten Weltkrieg. Die private Fotografie nimmt einen festen Platz im Leben der meisten Familien ein, eine wahre Bilderflut belegt dies. Die Fotos zeigen mehr und mehr auch alltägliche Geschehnisse. Trotz der großen Fotomenge, die heute jede Familie von sich besitzt, haben die meisten Fotos jüngeren Datums den Weg in die Archive noch nicht gefunden. Dafür sind sie noch nicht alt genug. Ins Museum kommen die Fotos erst dann, wenn der Betrachter des Bildes zur abgebildeten Person seiner eigenen Familie keine Verbindung mehr aufbauen kann, weil zu viele Generationen dazwischen liegen und die Geschichten verlorengegangen sind. Erst dann wird aus einem sehr persönlichen Gegenstand wie einem Familienfoto eine Nummer in der Sammlung eines Museums.

Familienbilder gehören zu den privatesten Dingen der Menschen. Sie geben Fremden Einblick in die Familiengeschichte und gestatten ihnen, die Familie kennen zu lernen. Unsere Familienbilder sind Dokumente, um unser eigenes Leben und das unserer Vorfahren zu betrachten und es uns in Erinnerung zu rufen. Wir erlauben nicht jedem, einen Blick in unser Familienalbum zu werfen. Demjenigen, dem wir unsere Bilder zeigen, schenken wir großes Vertrauen.

12

[1] Jan Weiler: Familienbilder. In: Familienbild. Ansichten von und über Familie, Ausstellungskatalog, NGBK Berlin, Berlin 2001.
[2] Ebenda.

1 Familienporträt, aufgenommen im Atelier Herold, Rixdorf-Berlin, in der Hermannstraße 211, o. J.
2 Familienporträt, um 1900.
3 Familientreffen bei Großvater Hohlfeld in der Wohnung Bergstraße 84, um 1920.
4 Väter und Söhne ließen sich gern in Uniform fotografieren, was das damalige hohe Ansehen des deutschen Militärs verdeutlicht, April 1916.
5 Auf Familienporträts fehlte oftmals der Vater; der leere Stuhl mag dessen Tod andeuten, o. J.
6 Mutter und Tochter, aufgenommen im Atelier Paul Purschke, Rixdorf-Berlin, Richardstraße 116, o. J.
7 Vier Generationen vereint: Urgroßmutter, Großmutter, Mutter und die Kinder, 1. Juli 1924.
8 Familientreffen in der Richardstraße 35, um 1900.
9 Familie in der Laubenkolonie am Innplatz, 13. September 1885.
10 Familie Schirmeister in der Richardstraße, 1916.
11 Hochzeit von Otto und Elisabeth Hafermalz, geb. Mette; links unten außen Agnes Mette, geb. Barta, die Mutter der Braut; oben dritter von rechts der Bruder der Braut, Carl Mette; rechts dritte Reihe von oben Carl und Lisbeth Laborenz, davor die Eltern Hafermalz; Berlin-Britz, 1. September 1928.
12 Familie in der Kleingartenkolonie »Ost-Elbien«, um 1900.

»JEDER STAMMT VON ROHRBECK AB«
DIE BAUERNGESCHLECHTER METTE UND ROHRBECK

Rainer Pomp

1

Betrachten wir Neuköllner Familien und ihre Geschichte, so darf eine Gruppe nicht fehlen: die Bauern. Diese spielten zumindest für das südliche Neukölln noch bis in die 1960er Jahre hinein eine bedeutende Rolle. Für die historische Betrachtung eignet sich ein alteingesessenes Bauerngeschlecht, etwa die Massantes, Mettes oder Rohrbecks. Aber gibt es noch Zeugnisse von Bauern in Neukölln, gibt es sie selbst überhaupt noch?

Ganz wenige gibt es noch und unter diesen auch einen Mette. Werner Mette aus Buckow ist vielen Berlinern bekannt, jährlich erscheinen ein bis zwei Artikel über ihn in der Presse und seit einigen Jahren veranstaltet er im August ein Strohballenfest in Buckow, im September ein Erntefest in Groß-Ziethen, das von tausenden Städtern besucht wird.

Bauer Mette ist Vollerwerbsbauer mit einer ausgesprochen weit gefächerten Wirtschaftsweise. Er hat Rinder, Schweine, Ziegen und Schafe auf seinen Wiesen und Weiden stehen, auf seinen Feldern sieht man Getreide, Sonnenblumen, ja Kürbisse. Dabei besitzt er kein Land, er bearbeitet es bloß: In Buckow, Rudow, Britz und Mariendorf oder in den südlich davon gelegenen Dörfern Groß-Ziethen, Klein-Ziethen und Waßmannsdorf hat er Felder, die ihm unterschiedliche Eigentümer, sei es durch Pacht oder andere Nutzungsverträge, überlassen haben.

Die Ausbreitung der Stadt führte zur Verdrängung landwirtschaftlicher Nutzflächen, verschlechterte die Bedingungen der landwirtschaftlichen Produktion und viele Bauernschaften verschwanden. Doch es blieben Nischen: Hier ein Stück Land, das nicht bebaut, dort eins, das nicht langfristig verpachtet werden konnte, weil der Bau von Wohnungen oder Ansiedlung von Gewerbe demnächst zu erwarten war. Noch eins bietet die nahe Stadt: Käufer. Bauer Mette verkauft seine Produkte direkt ab Hof – und das innerhalb von Berlin! Sein Hof liegt am Buckower Damm 205/207. Sein Hof? Nein! Der Hof gehört seiner Mutter Elsa Mette. Elsa Mette ist eine geborene Rohrbeck, gehört also zu dem berühmten Buckower Bauerngeschlecht. Der Hof selbst ist Rohrbeck'sches Erbe. Damit war klar, dass auch die Rohrbecks zu untersuchen sind.

Werner Mette bewirtschaftet den Hof nicht allein, sondern mitsamt seiner Familie, es ist ein bäuerlicher Familienbetrieb. Seine

2

Familie besteht zunächst aus den auf dem Hof lebenden Mitgliedern: seiner Mutter, seiner Lebensgefährtin Lucy Rauen und ihrem gemeinsamen zweijährigen Sohn Martin Mette. Wir sehen also eine recht moderne Familie, unverheiratete Lebenspartner mit Kind, die Mutter unter demselben Dach, aber in eigenem Haushalt lebend.

3

4

Bestimmendes Element dieser Familie ist aber der Hof und damit die landwirtschaftliche Arbeit, bei der alle Mitglieder (noch ohne den kleinen Martin) mit anfassen. Wenn Erntezeit ist, muss auch Jürgen, der Bruder Werner Mettes, der einen städtischen Beruf hat, Traktor fahren. Er oder weitläufigere Familienmitglieder werden zu Arbeiten mit eingespannt.

Die beiden Brüder sind auf dem Hof groß geworden, aber der ältere Jürgen wollte nicht Bauer werden. Auch Werner Mette machte zunächst eine Ausbildung zum Kfz-Mechaniker. Denn ob Landwirtschaft in den 1970er Jahren überhaupt noch in Buckow möglich sein würde, war schwer abzuschätzen. Der Irrwitz der Berliner Insellage nahm der Landwirtschaft immer mehr Land weg, das nicht durch das Umland ausgeglichen werden konnte. Nur weil andere Landwirte ihre Wirtschaft aufgaben, konnten sich die Mettes halten. Seit dem 1. April 1989 arbeitete Werner Mette voll im elterlichen Betrieb und gab seine Stellung als Kfz-Mechaniker auf.

Mit dem Fall der Mauer änderte sich sehr viel. Zum einen endeten die Ackergrenzen nun nicht mehr an der Mauer, sondern auch Land der nahen brandenburgischen Dörfer kam hinzu. Für Mettes bedeutete die Wende jedoch viel mehr: Sie eröffnete vermeintlich die Chance, den jahrhundertealten Familienbesitz in Waßmannsdorf zurückzuerhalten. Der Prozess der Rückübertragung des Hofs in Waßmannsdorf zog sich einige Jahre hin. Besonders schmerzlich und Kräfte zehrend war dies für Werners Vater Martin Mette, der sich als Sohn des letzten Mette-Besitzers auch als Erbe des Guts sah. Als mitverantwortlich für den frühen Tod des Vaters 1995 mit nur 62 Jahren sieht Werner Mette die Aufregungen um diesen Prozess, »der ihn Jahre des Lebens gekostet hat«. Die erhoffte Rückübertragung des Eigentums gelang nicht.

1942 erbte Werners Großvater, Otto Mette, den Hof in Waßmannsdorf. Otto Mette war 1928 in die NSDAP eingetreten und gründete noch im gleichen Jahr eine NSDAP-Gruppe in Waßmannsdorf. 1930 wurde er zum Kreisleiter des »Agrarpolitischen Apparates der NSDAP« und nach der Machtergreifung 1933 zum Kreisbauernführer der nationalsozialistischen Reichsnährstandsorganisation im Kreis Teltow ernannt. Ende 1945 wurde Otto Mette aufgrund der Bodenreformverordnung der Brandenburgischen Provinzialverwaltung in der Sowjetischen Besatzungszone enteignet. Als Enteignungsgrund benannte die per Verordnung gegründete Provinzialbodenreformkommission sowohl den Artikel II Absatz 2a (»Kriegsschuldiger«) als auch Absatz 2b (»führender Nationalsozialist«) dieser Verordnung.

Zum Zeitpunkt der Enteignung war Otto Mette in sowjetischer Kriegsgefangenschaft. Als er von dort zurückkehrte, war die Tragödie für die Familie schon passiert: Seine Frau und die vier Kinder waren vom Hof vertrieben und bei Verwandten in Waßmannsdorf untergebracht worden. Die Enteignung, die der damals vierzehnjährige Martin Mette miterlebte, war für ihn dramatisch.

1954 zog Otto Mette nach Kladow, später nach Spandau und dann nach Rudow. Martin Mette fand zunächst in Lichtenrade eine Stellung, 1957 dann eine Anstellung beim Bauern Karl Rohrbeck in Buckow. Entscheidend dafür war sicher die Haltung der ältesten der beiden Töchter Karl Rohrbecks, Elsa. Diese hatte Martin schon vor seiner Anstellung kennen gelernt. Als sie dann 1959 heirateten, war es die Hochzeit eines Bauernsohns ohne Hof mit einer Bauerntochter mit Hof. Für Martin Mette brachte diese Heirat einen lang ersehnten Hof, für Elsa eine große Entlastung.

Denn leicht hatte sie es nicht auf dem väterlichen Hof. Ihre Eltern hatten keinen Sohn, sondern »nur« zwei Töchter. Da sie die Älteste war, musste sie wie ein Bauernsohn arbeiten. Mehr noch: Ihr Vater war seit einem Unfall in der Kindheit gehbehindert. Deswegen musste sie schon recht früh als Kind mehr arbeiten als andere (Bauern-)Kinder. Kam sie von der Schule nach Hause, wartete oft der Vater auf sie, um mit ihr aufs Feld zu gehen oder schwere Arbeit auf dem Hof zu verrichten. 1956 wurde der erste Traktor angeschafft: ein Lanz-Bulldog (er steht noch heute auf dem Hof). Elsa musste extra eine Fahrprüfung ablegen und sie war die einzige, die ihn damals fuhr. Es gab wohl nur wenige Bauerntöchter, die in diese Männerdomäne eingebrochen sind. Mit ihrem Mann Martin Mette wurde zwar vieles leichter – aber Arbeit blieb noch genug. Mit ihren zwei Kindern Jürgen und Werner kam zusätzlich Arbeit ins Haus. 1969 wurden deswegen auch die Milchkühe abgeschafft und die weniger arbeitsintensive Bullenmast begonnen. Martin Mette stellte seine Bullen regelmäßig auf der »Grünen Woche« aus und gewann viele Preise mit ihnen, eine Tradition, die sein Sohn Werner fortsetzte, allerdings mit Schweinen.

Ein Bauernhof heißt für die Familie, an den Hof gebunden sein. Der erste Familienurlaub fand 1973 statt, natürlich zeitig im Jahr. Bauernhof heißt, von Frühjahr bis Herbst Feldarbeit verrichten. Das kann auch Spaß machen. Welches Kind kann schon mit seinen Eltern zur Arbeit gehen, dort mitarbeiten? Welches Kind hat so viele Tiere um sich, kann reiten lernen wie die Mette-Jungen? Wo gibt es zu Hause so viele Möglichkeiten zu spielen und zu toben? Nicht umsonst kommen heute noch die vier Söhne Jürgen Mettes oft auf den Hof der Großmutter. Der große Hof wird aber auch zu Familienfesten genutzt und für Feiern, bei denen mehrere hundert Menschen beisammen sind, so zum Erntefest, zum Eisbeinessen und ähnlichem. Die Familie präsentiert sich hier der Öffentlichkeit, früher dem Dorf, heute auch den Städtern. Auch die Begräbnisse des Vaters Martin Mette oder des Großvaters Karl Rohrbeck waren große Ereignisse mit einem prunkvollen, von Pferden gezogenen Leichenwagen aus Gustav Schönes Fuhrunternehmen am Richardplatz. Sie präsentierten bäuerliche Traditionen, auch wenn Werner Mette heute eine moderne Lebensgemeinschaft mit einer Partnerin

5

hat, die nicht mehr aus einem Bauerngeschlecht stammt. Das Interesse an der Familienvergangenheit ist lebendig und sein Sohn Martin Mette trägt nicht nur den Vornamen des Großvaters, sondern den vieler Ahnen. Dass Werner Mette seinem neugeborenen Sohn die »Mette-Straße« in Schöneberg gezeigt hat, verweist auf den Stolz auf das eigene Geschlecht, auch wenn die Straße nicht nach einem direkten Vorfahren von Werner Mette, wohl aber von einem anderen Zweig der selben Familie benannt worden ist.

Die Abstammung von Werner Mette lässt sich zunächst am Ahnenbuch seines Vaters erkennen. Das Ahnenbuch wurde im Dritten Reich erstellt und diente als so genannter Ariernachweis. Otto Mette hat diesen gleich für seinen Sohn ausstellen lassen. Grundlage hierfür waren die Kirchenbücher (Tauf-, Begräbnis- und Heiratsregister). Die Abstammung der Familie lässt sich bis ins 17. Jahrhundert hinein nachweisen. Dieser Zweig der Mettes lebte zwar seit über 200 Jahren in Waßmannsdorf, doch die Vorfahren waren Rudower Bauern. Der erste nachweisbare Vorfahre war der 1610 geborene Jakobus Metke, Dorfschulze (entspricht einem Gemeindevorsteher) von Rudow. Dieser war möglicherweise Nachfahre eines Mette, der den Hof bereits um 1530 besaß. Angeblich sollen Mettes schon im 13./14. Jahrhundert in Danzig ansässig gewesen sein oder, früher noch, aus Westfalen stammen. Die Jakobus folgenden Generationen von Mettes waren ebenfalls Erbschulzen von Rudow: Hans (1652–1735), Martin (1691–1743) und Martin (1724–1789). Der älteste Sohn des letztgenannten Martins, Christian Friedrich, wurde Schulze in Mariendorf und begründete den Mariendorfer Zweig der Familie. Der zweitgeborene Sohn Martin blieb ebenfalls nicht in Rudow, sondern wurde Bauer in Waßmannsdorf – er ist der Vorfahre von Werner Mette. Erst der sieben Jahre jüngere Bruder Friedrich Ludwig erbte den Hof und das Schulzenamt in Rudow. Auch weitere Mettes aus Rudow zogen fort nach Ragow, Johannisthal, Berlin und anderen Orten der Umgebung.

Als der eben erwähnte zweite Sohn des Rudower Schulzen Martin (1748–1814) im Jahre 1766 Dorothea Sophia Körner heiratete, war er schon Bauer in Waßmannsdorf. Sein Hof wurde nun über Generationen vom Vater auf den Sohn vererbt: Christian Friedrich (1773–1819), Johann Gottfried (1807–1865), Carl August (1844–1894) und Carl August (1873–1951). Erst mit dessen Sohn Otto endete der fast 200-jährige Mette-Besitz 1946 durch die Enteignung.

Bei den Vorfahren Mettes fällt einem sofort auf, dass viele Vornamen sich wiederholen. Neben Martin sind bei den Mettes gehäuft Carl, Otto, Christian, Johann, Friedrich und Ludwig zu finden. Weiter fällt auf, dass die Söhne oft Töchter von Bauern oder Kossäten (Bauern mit weniger Land und Abgaben) und die Töchter oft Bauern oder Kossäten – bzw. zukünftige – heirateten. Diese standesgemäßen Eheschließungen brachten es mit sich, dass die meisten Bauernfamilien mehrfach verwandtschaftlich miteinander verknüpft waren und die Höfe innerhalb der Familien den Besitzer wechselten. Auch viele heute nicht mehr gebräuchliche Sitten sind zu entdecken: Als der Bauer Christian Friedrich Mette 1819 starb, heiratete seine 39-jährige Witwe Dorothea Sophia geborene Schulze (Bauerstochter aus Waßmannsdorf) im Jahr darauf den 26-jährigen Kossätensohn August Wilhelm Teltow. Dass Bauernwitwen jüngere Bauernsöhne heirateten, war üblich, bei den Rohrbecks in Buckow gab es mehrere Fälle, es diente zur Sicherung des Besitzes.

Die Geschwister des 1873 geborenen Carl August Mette waren alle mit Bauernnachfahren aus Waßmannsdorf verheiratet. Anna heiratete Bauer Schulze, Emma Bauer Stippekohl und Pauline Bauer Kuhlmei. Der einzige Bruder Otto heiratete die Tochter des Bauern Teltow – da dieser ohne männlichen Erben war, fiel der Besitz der Familie Mette zu und ein Nachfahre, Karl, hat den Hof noch heute. Unter den Vorfahren Mettes finden wir viele bekannte Bauerngeschlechter aus Rudow, Buckow, Waßmannsdorf und Umgebung. Neben Schulze, Kiekebusch, Liesegang, Dähne und anderen taucht als verwandtschaftlicher Vorfahr in Rudow auch Massante auf, und zwar mehrmals. Schließlich haben Massantes durch Heirat den alten, in Mettebesitz befindlichen Schulzenhof bekommen.

Sehr früh lässt sich auch der Name Rohrbeck finden. Zur Verlobung von Elsa Rohrbeck und Martin Mette schrieb der Familienforscher Richard Grußdorf, dass schon 1789 Mettes und Rohrbecks zusammenkamen: Bei der Taufe eines Michael Rohrbecks in Tempelhof war unter den Taufpaten der Schulze Mette. In den Rudower Kirchenbüchern finden sich aber schon viel eher Verbindungen von Rohrbecks und Mettes: Bei der Taufe von Johannes Mette, Sohn des Krügers Jacob, ist 1682 unter den Taufpaten der Ackermann Gürge Rohrbeck eingetragen. Als dessen Sohn 1683 getauft wurde, finden wir unter den Paten den Pensionär Erasmus Mette, den Krüger Jacob Mette und den Schulzen Hans Mette (der Urahn der Waßmansdorfer Linie). Immer wieder tauchen unter Taufpaten wechselseitig Mettes und Rohrbecks auf. Die Taufpaten, zwischen drei und zehn, sind Familienmitglieder oder Nachbarn, die meisten von ihnen verwandtschaftlich miteinander verknüpft. Doch auch Ehen wurden geschlossen. 1707 heiratet ein Rhorbeck (die andere Schreibweise kann bedeuten, dass er mit den Rohrbecks nichts zu tun hat) eine Ursula Metten. 1754 heiratet Friedrich Ludewig Metten eine Catharina Rohrbeck. Es gab also schon früh Verbindungen Rohrbeck–Mette, allerdings ist nicht eindeutig klar, welche Verbindung die Rudower mit den Buckower Rohrbecks haben.

Die Rohrbecks sind in Buckow ein Begriff. Berühmt und reich waren allerdings weniger die direkten Vorfahren der Elsa Mette, sondern die Männer anderer Familienzweige. Zum Ende des Kaiserreichs besaßen die Rohrbecks etwa ein Viertel des Buckower

Grundbesitzes. Drei der sechs großen, schon im 16. Jahrhundert existierenden Bauerngüter waren in ihrem Besitz! Wir finden unter ihnen Dorfschulzen, Kreisdeputierte, gar einen Oberförster Georg, der angeblich mit dem Kronprinzen durch die Wüste Gobi gezogen, aber gleich zu Beginn des Weltkriegs gefallen ist. Wenn der reichste Rohrbeck, Max Erhard (1879–1934), mit seinem Pferd in die Wirtschaft geritten kam, mussten die Knechte zur Seite springen. Doch bei allem Reichtum, mit dem sie auch protzten, und aller Präsenz nach außen, der Besitz kam doch von denen, die eher das Haus hüteten: den Frauen.

Elsa Mette meint, die reicheren Rohrbecks wären nicht mit ihr verwandt. Doch nur für Hermann Rohrbeck, der 1903 aus Rixdorf kam und den Lindengarten kaufte, lässt sich eine verwandtschaftliche Beziehung nicht nachweisen. Für die anderen Buckower Rohrbecks aber gilt: Sie stammen alle von einem gemeinsamen Vorfahren ab. Im Folgenden soll versucht werden, verwandtschaftliche Beziehungen und Besitzwechsel aufzuzeigen. Die Stammtafel (S. 68) soll dabei illustrieren, wie der Besitz bei den Buckower Rohrbecks geerbt und vererbt wurde. Grundlage waren die Aufzeichnungen des schon erwähnten Familienforschers Richard Grußdorf, der, »sobald in Buckow ein Familienmitglied geboren oder gestorben war, mit Stift und Büchlein auftauchte und Namen und Daten notierte«, und des ehemaligen Buckower Dorflehrers Ernst Arndt, der die Geschichte der Buckower Höfe nachgezeichnet hat. Um die Übersicht zu vereinfachen, wurden nicht alle Buckower Rohrbeck-Nachfahren erwähnt, Geschwister und Nebenzweige wurden außer Acht gelassen. Interessant wäre das jedoch gewesen, um zu zeigen, dass die (weiblichen) Rohrbecks in fast jedes Buckower Hofgeschlecht eingeheiratet haben. In einer (nicht identifizierbaren) Illustrierten heißt es in der Ausgabe vom 13. Januar 1952: »Jeder stammt von Rohrbeck ab«. Das gilt auf alle Fälle für die Buckower Bauern und sicherlich auch für einen Teil der in den umliegenden Dörfern bestehenden Bauernschaften. Auch wird bei den Besitzwechseln in diesem Fall nicht berücksichtigt, dass die Witwen noch lange den Hof führten. Schließlich war es üblich, dass die Höfe von den erbenden Söhnen und Töchtern vor dem Tod der Eltern gekauft und in den Kaufverträgen meist auch Regelungen für die verkaufenden Eltern (Altenteilrechte wie Wohnrecht, Versorgung mit Holz und Lebensmitteln) aufgenommen wurden.

Einen ersten Nachweis von Rohrbecks in Buckow gibt es aus dem 17. Jahrhundert. Zwei Brüder treten hier in Erscheinung: Joachim (1638–1719) und Jürgen (Gürge; seine Lebensdaten konnten nicht ermittelt werden). Woher diese stammten, Rudow, Marienfelde, Berlin oder sonst woher ist genauso unbekannt wie die Frage, ob sie Besitz hatten. Vermutlich waren sie besitzlose Ackerknechte.

Die zwei Stammlinien der beiden Brüder kamen in den Besitz der Nachbarhöfe Hab 10, 11 und 12, den dem Dorfteich gegenüberliegenden Hof Hab 5 (alle im Dorfkern des heutigen Alt-Buckow) und dem Hab 43 (Buckower Damm 205/207), dem Hof von Elsa Mette. Hab ist die alte Bezeichnung der Höfe. Wie aus dem Stammbaum ersichtlich, sind drei der Höfe durch Witwen-Heirat in den Besitz der Rohrbecks gekommen: Hab 12, 11 und 5. Zweimal gab es einen Besitzwechsel von der »Joachim-Stammlinie« zur »Jürgen-Stammlinie« durch Heirat: Hab 12 und Hab 10.

Hab 11 blieb mehrere Generationen lang im Besitz der »Jürgen-Linie«. Der vorletzte Rohrbeck-Besitzer war Wilhelm, der recht aktive Gemeindeschulze, der in seinen Lebenserinnerungen sein politisches Wirken, seine Familie und dörfliche Hochzeitsbräuche beschrieben hat (leider nur noch in Teilabschriften vorhanden). Von seinen beiden Söhnen war einer der schon erwähnte Oberförster Georg Rohrbeck. Der andere, Max Ernst , erhielt den Hof. Doch er war ein Spieler – genannt der »wilde Max« – und verspielte sein ganzes Vermögen. Der Hof wurde 1920 an die Stadt Berlin verkauft.

Hab 10 und 12 kamen durch Linienwechsel zur »Jürgen-Linie« und hier gemeinsam in den Besitz des Ehepaars Max Erhard Rohrbeck und Käthe, geborene Hoeft.

Hab 12 ging an den Sohn Siegmund über. Dieser war ein Lebemann: Während der Wirtschaftskrise Ende der 1920er Jahre, als viele Bauern in finanziellen Nöten waren, genoss er das Leben in der Großstadt Berlin. Mit seinem Mercedes fuhr er zum Hotel Adlon und anderen Vergnügungsstätten. Seine Frau lernte er 1925 in einem Britzer Vergnügungslokal kennen. Diese war nicht »standesgemäß«, sondern stammte von armen sächsischen Einwanderern ab und war Arbeiterin in der Großwäscherei Testorp (vgl. Artikel zu

Die Familie Rohrbeck und ihr Besitz in Buckow (Vereinfachte Stammtafel)

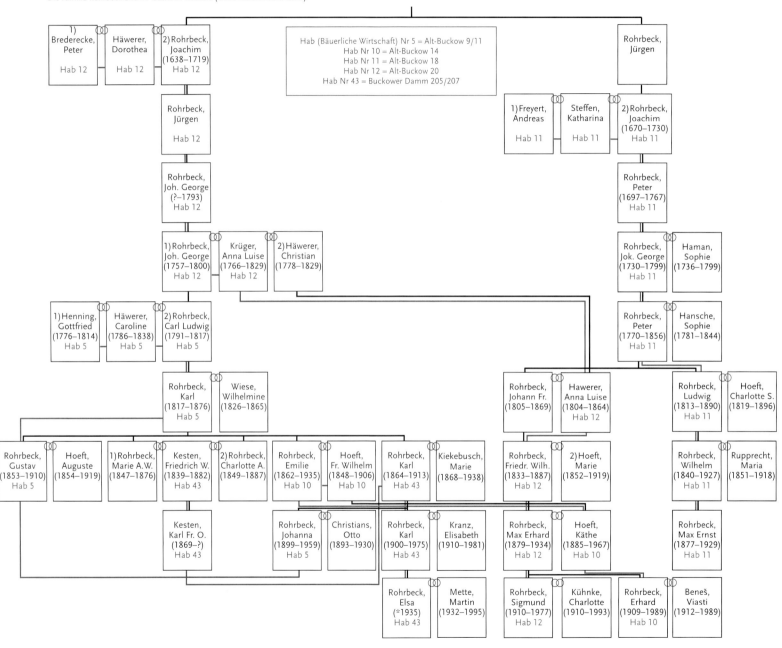

7

Der Hof Hab 5 ging vom kinderlosen Gustav Rohrbeck (mit kurzem Umweg über Emilie Rohrbeck, verheiratete Hoeft) an die Tochter von Karl Rohrbeck. Durch Heirat verlor dieser Besitz den Familiennamen.

Interessant ist noch die Entwicklung des Besitzes Hab 43, der einzige noch heute existierende Hof. Der erste Besitzer war Friedrich Wilhelm Kesten, der die zweite und nach deren Tod die dritte Tochter von Karl Rohrbeck und Wilhelmine Wiese geheiratet hatte. Die erste Tochter der beiden, Marie Luise Auguste, heiratete den älteren Kesten-Bruder Wilhelm Friedrich, dem Erbe des Hab 9. Vor dem Erbe aber wurde von Hab 9 ein Teil abgezweigt – der Hab 43 für Friedrich Wilhelm. Dieser hat auch den jetzigen Hof 1870 gebaut. Sein Sohn Karl Kesten lebte nicht lange und so kam der Hof an den Schwager von Friedrich Wilhelm: Karl Rohrbeck.

Die verwandtschaftlichen Beziehungen von Elsa Mette und den reicheren Ehrhard und Siegmund waren sogar enger als zum gemeinsamen Rohrbeck-Vorfahren im 17. Jahrhundert. Der Vater von Elsa war der Cousin der Hoeft-Mutter Ehrhards und Siegmunds.

Die vielen Eheschließungen der Bauern untereinander, insbesondere auch der Rohrbecks und Hoefts, hatten fast schon den Charakter von Inzucht. Jedoch gab es immer wieder auch nicht standesgemäße Ehen. Es war auch nicht alles nur eng und rückständig. Wenn ein Pfarrer anlässlich der Heirat eines Rohrbecks in Rudow im Jahre 1731 die Bemerkung im Kirchenbuch dazuschreibt: »Haben schon vorher in Unzucht gelebt«, so zeigt das doch nur, dass die kirchliche Moral nicht überall durchgesetzt war. In den Kirchenbüchern finden wir eine Caroline Friderike Mette, die von dem Rudower Bauernsohn Carl Friedrich Müller 1823 ein uneheliches Kind zur Welt bringt. 1825 wird das nächste uneheliche Kind geboren. Bevor aber im August 1827 das dritte Kind zur Welt kam, haben sie im Dezember 1826 geheiratet. Womöglich war dies für kurze Zeit eine »moderne Familie«.

Testorp). Erst nach dem Tod des Vaters Max konnte diese Ehe geschlossen werden. Als Siegmund während des Zweiten Weltkriegs in französische Kriegsgefangenschaft geriet und miterleben musste, wie selbst kräftige westfälische Bauernsöhne elendig zugrunde gingen, schwor er sich, nie wieder Landwirtschaft zu betreiben. So hielt er es dann auch. Nach dem Krieg lebte er davon, dass er Land verkaufte, verpachtete und mit Häusern bebaute.

Sein Bruder Ehrhard heiratete eine Bürgerliche tschechischer Abstammung. Gemeinsam verbrachten die beiden Paare viel Zeit, unternahmen Ausflüge oder machten Urlaub in den Ostseebädern Binz und Ahlbeck. Erhard allerdings blieb der Landwirtschaft treu. Auf seinem von der Mutter übertragenen Hof Hab 10 begann er sich 1928 zu spezialisieren. Er baute eine Hühnerzuchtfarm auf. Gerade die Aufzucht der Rhodeländer Rasse brachte ihm viele Preise, auch auf der »Grünen Woche«, und viele Kunden ein. Doch der Bau der Mauer trennte ihn vom Großteil seiner Abnehmer: den brandenburgischen Landwirtschaftsbetrieben. 1963 gab er die Hühnerfarm auf. Die Kinder von Ehrhard und Siegmund haben noch einiges an Land in Buckow als Eigentum, Landwirtschaft betreiben sie aber nicht mehr.

Der Artikel basiert auf Gesprächen mit Elsa und Werner Mette, Lucy Rauen, Hans-Joachim Rohrbeck. Weitere Hinweise stammen von Ingrid Schröter, geb. Rohrbeck, Karl Mette, Horst Kaiser, Prof. Bodo Mangold, Frau Wiese sowie aus gedrucktem und ungedrucktem Material von Ernst Arndt und Richard Grußdorf. Wichtige Quellen konnten im Brandenburgischen Landeshauptarchiv und im Evangelischen Landeskirchenarchiv genutzt werden.

8

1 Friedrich Wilhelm Rohrbeck mit seiner ersten Frau Maria Sophia, geb. Hoeft, und Sohn Max
  Erhard, vermutlich 1880.
2 Das Wohnhaus der Familie Mette am Buckower Damm 206/207.
3 Martin Mette bei der Getreideernte in Buckow, im Hintergrund die Berliner Mauer mit Wach-
  turm,1982.
4 Martin Mette vor der Schule in Waßmannsdorf, um 1944.
5 Elsa Mette, damals noch Rohrbeck, auf dem Lanz-Bulldog, Februar 1958.
6 Hochzeit von Siegmund Rohrbeck und Charlotte Kühnke, 1. November 1938; vorne rechts
  die Eltern der Braut, links der Braut Bräutigammutter Käthe, geb. Hoeft, links neben ihr
  Erhard Rohrbeck und Ehefrau Vlasti, geb. Beneš.
7 Ausflug der Brüder Erhard und Siegmund Rohrbeck mit ihren Ehefrauen, 1930er Jahre.
8 Käthe Rohrbeck, geb. Hoeft, Vlasti Rohrbeck, geb. Beneš, mit dem früh verstorbenen Sohn
  Peter, Charlotte Rohrbeck, geb. Kühnke, und Siegmund Rohrbeck, 1938.

Ein Porträt von Martin Mette mit seiner Familie befindet sich auf Seite 39.

1

»ER HATTE WEITBLICK ... «
DIE BÖHMISCHE FAMILIE
NIEMETZ

Katja Döhnel

2   3

Wer im ältesten Stadtteil Neuköllns, im ehemaligen Rixdorf, häufiger zu Fuß unterwegs ist, kennt bestimmt die Niemetzstraße. Sie beginnt am Böhmischen Platz und zieht sich bis zur Ecke Lahnstraße / Neuköllnische Allee. Benannt ist diese Straße nach einem Mann, der sich lange Jahre für das Wohl Rixdorfs engagiert hat. Sein Name war Daniel Benjamin Niemetz. Aber wer war er und woher kam seine Familie?

George Němec oder Nemetz (»Deutscher«) stammte ursprünglich aus Jilowitz bei Neustadt in Böhmen und gehörte zu den böhmischen Einwanderern, die im 18. Jahrhundert aufgrund ihres protestantischen Glaubens aus Böhmen fliehen mussten. Auf Erlass des preußischen Königs Friedrich Wilhelm I. durften sie sich in Böhmisch-Rixdorf niederlassen. Der Soldatenkönig wies den Exulanten neun Doppelgrundstücke in der heutigen Richardstraße zu, auf denen 83 Familien Platz finden mussten. 18 Familien bauten Häuser in der vorderen Hofreihe, die restlichen verteilten sich auf so genannte Einliegerwohnungen und Scheunen. So auch George Němec, der 1744 beschloss, der Enge zu entfliehen und seinen »Untermieterstatus« kündigte. Er bat die Böhmische Gemeinde um ein »wüstes und sehr schlechtes Stück Land«, das bei der Anle-

4

Grundbesitz am heutigen Richardplatz, dem Kernstück und der Keimzelle des Dorfes Rixdorf, besaß. Diese Familie war ein Beweis dafür, dass es einige der böhmischen Einwandererfamilien in relativ kurzer Zeit und mit viel Fleiß und unternehmerischem Talent in der neuen Heimat zu etwas gebracht hatten.

Etwa einhundert Jahre später, am 25. Juni 1853, wurde Daniel Benjamin Niemetz in Böhmisch-Rixdorf geboren. Er gehörte zur sechsten Generation der Familie in Preußen und war eines von 16 Kindern der Eheleute Christian Wilhelm Niemetz (1818–1881), Gutsbesitzer aus Rixdorf, und Charlotte Wilhelmine, geborene Matschat (1820–1895). Beide gehörten der evangelisch-reformierten Bethlehemsgemeinde in Rixdorf an und Daniel Benjamin wurde am 3. Juli 1853 dort getauft.

Von 1869 bis 1872 machte Daniel Benjamin Niemetz eine Gärtnerlehre in der Kunst- und Handelsgärtnerei von W. Wendt in der Hasenheide und in der Gärtnerei des Kollegen H. Bading. Aus dem Lehrzeugnis geht hervor: »Derselbe [B. Niemetz] ist hinsichtlich seines bescheidenen Wesens, Fleißes und ernsten Willens bestens zu empfehlen. Bitte deshalb meine geehrten Collegen sich denselben mit Interesse anzusehen und somit ein wertvolles Glied unter uns hervorgehen zu sehen.«

Nach Abschluss der Ausbildung schickte ihn sein Vater auf Wanderschaft und Weiterbildung durch Europa, nach Italien, Holland und Dänemark. In einem Dokument, das Daniel Benjamin mit sich nahm, heißt es: »Hiermit erlaube ich meinem Sohne Benjamin Niemetz, gebürtig in Deutsch-Rixdorf bei Berlin, sich in seinem Fache als Gärtnergehilfe auf die Dauer von zwei Jahren in Europa zu vervollkommnen. Deutsch-Rixdorf bei Berlin den 22. April 1872.« Unterschrift Wilhelm Niemetz, Gutsbesitzer.

Während dieser Wanderschaft war Benjamin Niemetz unter anderem von März bis Juni 1873 als »Gärtnereigehilfe in Condition« bei der Samen- und Pflanzenhandlung von Rudolf Abel und Co. in Hietzing beschäftigt. Dort bescheinigte man ihm, dass er »während dieser Zeit stets Treue, Fleiß und Geschicklichkeit bewährte, weswegen derselbe auch allerorts bestens empfohlen werden kann«. Desweiteren lässt sich eine kurze Anstellung in Venedig nachweisen.

gung der Gärten der böhmischen Bauern übrig geblieben war. Dieses lag außerhalb der Böhmischen Kolonie an der Straße nach Königs Wusterhausen. Heute steht dort das Eckhaus »Koffer-Panneck«. In einem Pachtvertrag, den George Němec mit der Böhmischen Gemeinde abschloss, wurde unter anderem ein Erbrecht für seine Kinder verankert. Bis 1795 wohnten die Nachfahren von George Němec an diesem angestammten Platz.

Einige Jahrzehnte später war auch das entgegengesetzte Ende des »Böhmischen Ackers« von einem Nachfahren, der sich jetzt Niemetz schrieb, bewohnt und bereits 1790 gehörte die Familie Niemetz zu den größten Grundbesitzern des Ortes, die auch

Nach dem Ende seiner Wanderzeit kam der 23-jährige Benjamin Niemetz nach Rixdorf zurück, wo er am 1. März 1877 die zwei Jahre jüngere Tochter des Eigentümers Karl Friedrich Bading, Anna Luise Auguste, in der evangelisch-reformierten Bethlehemsgemeinde heiratete. Es war das erste Mal, dass ein Nachfahre böhmischer Einwanderer eine Frau aus einer der alteingesessenen Rixdorfer Familien ehelichte. Anna Luise Auguste schenkte Benjamin vier Kinder: Anna Luise, geboren 1878, Marie Auguste, geboren 1880, Wilhelm Benjamin, geboren 1885 und Wilhelm Christian, geboren 1887. Die zweite Tochter, Marie Auguste, Mieze genannt, verstarb bereits im Alter von 19 Jahren.

Benjamin Niemetz errichtete 1876 einen drei Morgen großen Gartenbaubetrieb, den er aufgrund seiner Lehrzeit und seiner im Ausland gemachten Erfahrungen schnell zu einem rentablen Geschäft ausbauen konnte. Seine erste Gärtnerei lag in der Richardstraße 116/117, dort, wo sich heute der Platz der Stadt Hof befindet. Die Spezialität der Niemetz'schen Gärtnerei waren die Myrtenpflanzen, die ursprünglich aus dem Mittelmeerraum stammten. Wahrscheinlich hatte Benjamin Niemetz sie von seinen Lehrreisen aus dem südlichen Europa nach Deutschland mitgebracht. In der Familie erzählt man sich, er wäre zu dieser Zeit der einzige Myrtenzüchter in ganz Deutschland gewesen. Es war in Deutschland lange Zeit Brauch, dass die Braut zu ihrer Hochzeit einen Myrtenkranz trug. Im Mai 1913 lieferte die Gärtnerei der beiden Söhne von Benjamin Niemetz zur Hochzeit von Prinzessin Viktoria Luise, der Tochter Kaiser Wilhelms II., blühende Myrten für den Brautstrauß und den Brautkranz. Als Dank und Anerkennung dafür wurde ihnen eine kaiserliche Nadel übersandt.

Doch nicht nur Myrtenanbau gab es in der Gärtnerei von Benjamin Niemetz, auch Zyklamen, Hortensien, Pelargonien und Sukkulenten waren zu kaufen, wie aus einem Aufsatz über das gewerbliche Leben im Kreis Teltow aus dem Jahr 1900 zu lesen ist. Der Gärtnereibetrieb Niemetz war zu dieser Zeit auf vielen Gewerbeausstellungen mit seinen Produkten vertreten. Er erhielt unter anderem auf der Gewerbeausstellung 1896 in Berlin eine Silberne Medaille und ein Ehrenzeugnis für seine Produkte.

Neben seiner eigentlichen Arbeit als Gärtnereibesitzer enga-

5

gierte sich Benjamin Niemetz schon früh für das Gemeinwesen seines Geburtsorts Rixdorf. Ab 1885 war er Gemeindeschöffe der 1874 durch Vereinigung von Deutsch- und Böhmisch-Rixdorf hervorgegangenen neuen Gemeinde Rixdorf. Hermann Boddin war zu dieser Zeit Gemeinde- und Amtsvorsteher. Um Rixdorf für den Wohnungs- und Baumarkt lukrativ zu halten, setzte sich Benjamin Niemetz für eine zwar teure, aber zukunftsträchtige Abwasserentsorgung mittels Schwemmkanalisation mit Rieselbetrieb ein. Zusammen mit Hermann Boddin unterschrieb er 1890 den Kaufvertrag für das Rittergut in Waßmannsdorf, einem kleinen Ort südlich von Buckow. Dort wurden die Rieselfelder für die Entsorgung der Rixdorfer Abwässer errichtet. Benjamin Niemetz übernahm die Leitung des Rieselbetriebs. 1899 erhielt die Gemeinde Rixdorf das Stadtrecht und Benjamin Niemetz wurde als unbesoldeter Stadtrat in die städtische Verwaltung übernommen. Dieses Amt füllte er bis 1909 aus, als er aus gesundheitlichen Gründen vorzeitig ausschied. Daneben war er Stellvertretender Vorsitzender des Steuerausschusses und Mitglied der Baudeputation, technischer Beirat in

Angelegenheiten des Feuerlöschwesens, der Straßenreinigung, des Fuhrwesens und der Müllbeseitigung.

In diese Zeit fällt auch der zügige infrastrukturelle Ausbau Rixdorfs, an dessen Verwirklichung Niemetz aktiv beteiligt war. Er sah bereits relativ früh voraus, dass die Einwohnerzahl in Rixdorf weiter steigen würde und dass die Industrieanlagen sowie städtische Gebäude, wie zum Beispiel das Krankenhaus, weiter an den Stadtrand verlegt werden müssten, um Platz für Wohnraum zu schaffen. Er selbst verlagerte seinen Gärtnereibetrieb nach Buckow, in die Rudower Chaussee 6, der ab 1910 als selbständig bewirtschafteter Betrieb galt.

Zusätzlich zu seiner Gärtnerei besaß Daniel Benjamin Niemetz mehrere Liegenschaften und Hausgrundstücke und verfügte laut eines von Hermann Boddin unterzeichneten Schreibens aus dem Jahr 1904 über ein jährliches Einkommen von 35.658 Mark. Niemetz gehörten unter anderem mehrere Mietshäuser in der Innstraße, von denen er jedem seiner drei verbliebenen Kinder eines schenkte. Die Bedingungen für die Schenkung waren eine Wohnung und finanzielle Absicherung des Lebensunterhalts seiner Frau Anna. Er selbst wohnte mit seiner Frau bis zu seinem Tod in einer Etage der Innstraße 19, einem Haus, dass er 1906–1907 hatte bauen lassen.

Am 18. Januar 1906 erhielt die damalige Kanner Straße den Namen Benjamin Niemetz', den sie bis heute, mit kurzer Unterbrechung, trägt. Kurz vor seinem Tod, am 21. Januar 1909, wurde Daniel Benjamin Niemetz in Anerkennung seiner Verdienste um das Wohl der Stadt das Prädikat »Stadtältester« verliehen. Es war dies das erste Mal in der Geschichte Rixdorfs und Benjamin Niemetz war somit der erste Rixdorfer »Stadtälteste«. Im Februar 1909 wurde ihm vom Kaiser der Kronenorden Vierter Klasse verliehen.

Daniel Benjamin Niemetz starb am 9. Mai 1910 im Alter von 56 Jahren und wurde auf dem Kirchhof der Magdalenen-Gemeinde beigesetzt. Das Familiengrab der Familie Niemetz, in dem auch seine Frau und seine Kinder liegen, war bisher ein Ehrengrab der Stadt Berlin, wie es bei allen Berliner »Stadtältesten« üblich ist. Seit Herbst 2002 ist die Grabanlage laut Aussage der Senatsverwaltung für Stadtentwicklung kein Ehrengrab mehr, da Daniel Benjamin Niemetz »nur« Stadtältester von Rixdorf und nicht von Berlin war.

Nach dem Tod des Vaters übernahmen die beiden Söhne den väterlichen Gärtnereibetrieb in Buckow, der bis nach dem Zweiten Weltkrieg noch Bestand hatte. Wilhelm Benjamin heiratete seine Cousine Anna Maria, geborene Niemetz, und bekam einen Sohn, der wiederum Benjamin hieß. Wilhelm Christian ehelichte Käthe

Böhme und bekam mit ihr einen Sohn, Klaus, der später als Arzt eine Praxis im Haus seines Großvaters in der Innstraße 19 eröffnete. Die Tochter von Daniel Benjamin Niemetz heiratete Paul Hellmuth und bekam drei Söhne. Die Kinder und Enkel von Daniel Benjamin hielten weiterhin zusammen. Es war eine große Familie, die immer noch in Neukölln lebte.

Nach dem Zweiten Weltkrieg zog ein Teil der Nachfahren aus der Hellmuth-Linie nach Westdeutschland, die Familie wurde zerrissen. Ein Großteil der Geschichten über den ersten Rixdorfer Stadtältesten gingen so verloren, die Familie hatte nach dem Krieg wichtigere Probleme, als sich mit der Geschichte ihrer Vorfahren auseinander zu setzen.

In der Linie des Sohnes Wilhelm Christian wurde die Familiengeschichte intensiv gepflegt und an die Nachkommen weitergegeben. Die Zugehörigkeit zur evangelisch-reformierten Bethlemensgemeinde war und ist prägend für die Familienzusammengehörigkeit. Bei Gottesdienstbesuchen, Taufen, Konfirmationen und Hochzeiten begegnet man sich. Im Kindergottesdienst und Konfirmandenunterricht wird die junge Generation mit der Geschichte der böhmischen Einwanderer vertraut gemacht. Der regelmäßige Gottesdienstbesuch gehörte zum Sonntag der Vorfahren, die als Glaubensflüchtlinge in Rixdorf angesiedelt wurden. So auch für Daniel Benjamin und seine Nachkommen. Sein Sohn Wilhelm, Enkel Klaus und Urenkel Dr. Klaus Hellmuth wurden als Presbyter in der Gemeinde gewählt.

Seit ein paar Jahren versuchen einige der jüngeren Mitglieder der weit verzweigten Familie Niemetz wieder zusammenzufinden, sich auf ihre Wurzeln zu besinnen. Sie machen sich auf die Suche nach ihrer Vergangenheit, die vor über 300 Jahren in Rixdorf begann und deren Spuren man heute noch dort finden kann.

8

1 Daniel Benjamin Niemetz und seine Frau Anna Luise Auguste, geb. Bading, zwischen 1900 und 1910.
2 Charlotte Wilhelmine Niemetz, geb. Matschat, um 1870.
3 Christian Wilhelm Niemetz, um 1870.
4 Die beiden Töchter Daniel Benjamins: Marie Auguste (l.) und Anna Luise im Alter von ca. 18 Jahren.
5 Das erste Auto von Daniel Benjamin Niemetz auf dem Hof in der Innstraße, zwischen 1906 und 1910.
6 Postkarte von Wilhelm Christian Niemetz an seine zukünftige Ehefrau Käthe Böhme in Schmalkalden; zu sehen sind die Rückfront der Häuser in der Innstraße sowie ein Teil des Gartenbaubetriebs von Daniel Benjamin Niemetz, 1907.
7 Familienausflug, um 1900. Vordere Reihe, sitzend: 1.v.r. Daniel Benjamin Niemetz, links hinter ihm seine Frau Anna Luise Auguste. Hintere Reihe, stehend: 3. und 4.v.l. Tochter Anna Luise mit Ehemann Paul Hellmuth.
8 Eine Kommission der Landwirtschaftskammer und des Reichsverbandes des deutschen Gartenbaus besichtigt die Gärtnerei der Gebrüder Niemetz in Buckow, 14. April 1932.
2.v.l. Wilhelm Benjamin Niemetz, 5.v.l. Wilhelm Christian Niemetz.

Der Artikel basiert auf Gesprächen mit den beiden Urenkeln von Benjamin Niemetz, Bärbel Moritz und Thomas Hellmuth, sowie Ingrid Niemetz, geb. Selle, und eigenen Recherchen.

Ein Porträt der Familie Niemetz befindet sich auf Seite 25.

EINE FAMILIE IN DER BRÜDERGEMEINE

Christa Jancik

1

Im Mittelpunkt steht das Haus in der Kirchgasse, das 1756 in der zweiten Bebauungsphase des Böhmischen Dorfs errichtet wurde. Damals platzte dieser Teil von Rixdorf, 1737 für böhmische Glaubensflüchtlinge angelegt, aus allen Nähten. Für die 83 Familien, die vor der Gegenreformation in Böhmen ins protestantische Preußen geflohen waren, hatte Friedrich Wilhelm I. neun Doppelhäuser auf langen, schmalen Gartengrundstücken anlegen lassen. Der Rest der Einwanderer verteilte sich auf Einliegerwohnungen oder lebte in Scheunen. Die Bevölkerung wuchs, weitere Glaubensflüchtlinge kamen hinzu und so richteten 1748 zwanzig Rixdorfer ein »Gesuch an den König, in den Gärten der Kolonisten Häuser zu bauen«. Nachdem der Bitte stattgegeben worden war, wurden zwanzig Büdnerhäuser gebaut. Das Haus in der Kirchgasse brannte 1849 wie fast das gesamte Böhmische Dorf ab und wurde danach unter Veränderung von Lage und Grundriss wieder aufgebaut.

Die Urgroßeltern von Brigitta Polinna, die noch heute in dem Haus der Kirchgasse wohnt, kamen durch Kauf und Erbe Ende des 19. Jahrhunderts in dessen Besitz. Der Urgroßvater, in Berlin geboren, Landwirt von Beruf, war Mitglied der Herrnhuter Brüdergemeine, aber nicht-böhmischer Herkunft. Er heiratete 1881 Auguste Wilhelmine Schulze aus Rixdorf, eine Nachfahrin jener protestantischen Einwanderer, die im 18. Jahrhundert vor der Verfolgung durch die katholischen Habsburger in Preußen Aufnahme gefunden hatten. Ihre evangelische Glaubensbewegung lässt sich auf die Reformation von Jan Hus zurückführen. Ab 1727 bekannten sie sich zu der von Graf Zinzendorf in Herrnhut in der Oberlausitz entstandenen »Erneuerten Böhmisch-Mährischen Bruderunität«, später auch Herrnhuter Brüdergemeine genannt. Sie sind Mitglied der Evangelischen Landeskirchen, unterscheiden sich jedoch in einigen Gebräuchen von den lutherischen und reformierten Gemeinden.

Die Urgroßeltern hatten sieben Kinder, die älteste Tochter Anna, geboren 1882, heiratete Karl Meissel, ein in Surinam geborenes Missionarskind und Mitglied der Herrnhuter Brüdergemeine. Die in der Mission sehr engagierten Herrnhuter gaben ihre Kinder in deutsche Internate der Gemeine, wo sie eine kostenlose Ausbildung erhielten. Dafür erwartete man, dass sie nach Abschluss der Ausbildung für die Gemeine arbeiteten. So wurde Karl Meissel Leh-

2

rer in der Rixdorfer Brüdergemeine und lernte Anna kennen. Sie hatten zwei Söhne: Einer von ihnen, Erich, lag 1942 im Lazarett von Swinemünde und verliebte sich in die Rotkreuzschwester Elli aus Pommern. Im August 1943 wurde geheiratet, das Hochzeitsfoto zeigt das Brautpaar mit Familie im Garten des Hauses in der Kirchgasse. Danach kehrte Elli nach Rügen zurück und Erich an die Front, wo er 1944 fiel. Seine im März 1944 geborene Tochter Brigitta hat er nie gesehen.

1945 flüchtete Elli Meissel, immer knapp vor den Russen herlaufend, zu ihren Schwiegereltern nach Neukölln, die sie kaum kannte. Brigitta wuchs in der Richardstraße 78 bei den Großeltern auf, in der Kirchgasse wohnte bis 1970 ihre Großtante Lotte, eine Schwester der Großmutter. Hier fanden nicht nur alle Familienfeste wie Goldene Hochzeiten, Konfirmationen und Hochzeiten statt, sondern die Familie traf sich regelmäßig am Wochenende dort. Im Sommer wurde im Garten Boccia gespielt, wobei Alt gegen Jung, Männer gegen Frauen, Väter gegen Söhne antraten. Die Verpflegung wurde mitgebracht, die Familientafel mit der blau bestickten Tischdecke und dem blau gemusterten Geschirr der Großmutter gedeckt. Mit dabei waren durch den Garten tobende Dackel. All dies, einschließlich der Dackel, hat bis heute seinen Platz in der Kirchgasse.

Brigitta erinnert sich mit großem Vergnügen an diese Familientreffen, bei denen jedes Mal skurrile Familiengeschichten zum Besten gegeben wurden und die Großonkel, von denen jeder einer anderen politischen Richtung anhing, fleißig stritten. Natürlich wurde auch über gemeinsame Bekannte und über Nachbarn getratscht, der Vorrat an Geschichten über schrullige Leute war unerschöpflich.

In den Kindheitserinnerungen herrscht die Großmutter vor. Sie brachte dem Kind die Liebe zur Handarbeit und zum Geschichtenerzählen bei. Die Mutter, mit Hausarbeit beschäftigt oder als Begleiterin von Kindertransporten unterwegs, taucht kaum auf.

1950 wurde Brigitta an der Richardschule eingeschult. 1956 wechselte sie auf die Fritz-Karsen-Schule, um 1960 an die Berufsschule für kaufmännische Berufe überzugehen, wo sie die Ausbildung abbrach, um auf der Viktoriafachschule für Kostümbildung mit der Schneiderprüfung abzuschließen. 1965 lernte sie ihren zukünftigen Mann kennen, dem der Beruf einer Schneiderin zu »popelig« erschien und der sie drängte, etwas anderes zu lernen. So kommt es, dass Brigitta heute als Sozialarbeiterin in Neukölln tätig ist. Ihre Liebe gehört jedoch nach wie vor den Stoffen, alten Kleidern, historischem Spielzeug. Schon als Kind bastelte sie ihre Papierpuppen selbst, baute sich Rokokomöbel aus Pappe und bezog sie mit Stoff. Heute betreibt sie neben ihrer Tätigkeit als Sozialarbeiterin eine Puppenklinik.

1970 verstarb die in der Kirchgasse lebende Großtante. Brigitta erbte drei Fünftel der Anteile an dem Haus, die anderen Verwandten hatten keine Lust, das Haus zu übernehmen. So erwarb sie die fehlenden Anteile und bezahlte sie mit ihrem Ehestandsdarlehen – sie hatte 1972 geheiratet, allerdings nur standesamtlich und ohne Hochzeitsfest im Garten, denn der Mann war Katholik.

1980/81 wurde das Haus wieder originalgetreu als Büdnerhaus hergerichtet. Heute steht es unter Denkmalschutz. 1975 und 1979 wurden ihre beiden Töchter geboren. Cordelia studierte Stadt- und Regionalplanung, Julia Produktdesign. Die Familie ist inzwischen geschrumpft. Zu den Familienfesten kommen außer den drei Polinnas (Brigitta ist seit 1990 geschieden) noch wenige Cousins und Cousinen. Zu Pfingsten, Ostern und den Geburtstagen werden Freunde dazugeladen. Cordelia, die heute im Prenzlauer Berg lebt, möchte das Haus niemals aufgeben und irgendwann nach Neukölln zurückkehren. Sie ist mit denselben Märchenbüchern, Spielsachen und Weihnachtsengeln wie ihre Mutter aufgewachsen und ausgesprochen firm, was die Familiengeschichte betrifft.

Neben dem Haus, den von Generation zu Generation vererbten Gegenständen und den Familientraditionen spielt die Einbettung in die Herrnhuter Brüdergemeine für alle Generationen eine große Rolle. Die Urgroßmutter war Saaldienerin und auch Cordelia hat diesen Dienst aushilfsweise versehen. Saaldienerinnen wechseln sich wochenweise in der Gemeine ab: Sie verteilen am Beginn des Gottesdienstes die Gesangbücher, geleiten kränkliche Personen an ihren Platz und tragen bei einer Taufe den Täufling. Bei dem etwa vier Mal im Jahr stattfindenden »Liebesmahl«, bei dem Tee und Brötchen gereicht werden, wird von den Saaldienerinnen auch heute noch die Tracht angelegt, die in verschiedenen Ausfertigungen in der Familie vorhanden ist.

Traditionsgemäß spielt die Musik im Gottesdienst eine große Rolle: Die Großmutter sang in der Gemeine, während der Großvater die Orgel spielte, Vater und Onkel spielten Trompete bzw. Posaune. Brigitta, Cordelia und Julia sangen im Chor. Beide sind bis heute aktiv in der Gemeine: Brigitta im Ältestenrat, wo sie unter anderem ein Haubenseminar zur Geschichte und der Anfertigung der Häubchen der Schwestern (so werden die weiblichen Gemeineglieder genannt) veranstaltet hat. Cordelia, die früher Jugendfreizeiten in verschiedenen Herrnhuter Orten ausgerichtet hat, kommt heute einmal im Monat zum Jugendkreis nach Rixdorf und gehört zur Gruppe »Junge Erwachsene«, die eine Partnerschaft mit jungen Südafrikanern und Südafrikanerinnen unterhält und an einer Konferenz in Kapstadt teilnahm.

In der Brüdergemeine wächst man nach Aussage Cordelias und ihrer Mutter wie zu Hause auf. »Der Saal [gemeint ist der Betsaal] ist die gute Stube der Gemeinde« und keine Kirche im herkömmlichen Sinn. Geselligkeit, Heiterkeit und Ball spielende Kinder auf dem Gelände gehören zu ihrem »Gottesdienst«. Natürlich gibt es in einer so kleinen Gemeinde, wo jeder jeden kennt, auch »konkurrierende« Lager. Das Gefühl der Geborgenheit und der Zusammengehörigkeit überwiegt jedoch.

5

Der Artikel basiert auf Gesprächen mit Brigitta Polinna.

Literatur

Bönisch, Monika: Von Böhmisch-Rixdorf nach Rixdorf. Phasen aus der Siedlungsgeschichte des Böhmischen Dorfes. S. 131–148, hier S. 134. Zit. n. Korthaase, Werner (Hg.): Das Böhmische Dorf in Berlin-Neukölln 1737–1987, Berlin 1987.

1 Carl Daniel und Auguste Wilhelmine Müller, geb. Schulze, die Urgroßeltern von Brigitta Polinna, um 1882.
2 Hochzeit von Anna Auguste Müller und Karl Meissel, den Großeltern Brigitta Polinnas, 1909.
3 Die Urgroßmutter Auguste Wilhelmine feiert im Garten der Kirchgasse ihren 48. Hochzeitstag mit Töchtern und Enkeln, 1929.
4 Hochzeitsgesellschaft von Elli und Erich Meissel, der Eltern von Brigitta Polinna, im Garten der Kirchgasse, 1943; Erich Meissel fiel 1944 an der Front.
5 Brigitta Polinna bei ihrer Hochzeit vor dem Neuköllner Standesamt, 1972.

Ein Porträt von Brigitta Polinna befindet sich auf Seite 34.

Rita Röhr

1

Bürger unter sich

Familiengeschichte lebt von Erinnerung. Man kann Daten über-
prüfen, so sich objektive Quellen finden lassen. Bilder und Fotos
geben Auskunft, am besten eingeklebt in Alben und mit Unter-
schriften versehen. Auch Gegenstände haben ihre Geschichte, verbunden mit den Menschen, denen sie gehörten. Jedoch nur die
Anekdoten, die kleinen Überlieferungen und Erzählungen erhalten
die Menschen in ihren Eigenarten am Leben, erfüllen das Betrachten der Gegenstände und Fotos mit Sinn und wiederum mit Erinnerung. Ohne sie ist Familiengeschichte schlecht zu schreiben.
Fehlen die Erinnerungen, bleibt der Erzählende an anderen Details
hängen – Familien, Traditionen, vermutete Kontinuitäten und Brü-
che werden auf einmal in anderen Zusammenhängen beleuchtet.
Insofern ist das Zusammenbasteln einer Familiengeschichte, egal
wie man es anstellt, ob mit Erinnerungen, ob aus anderen Zusammenhängen oder in der Kombination von beidem, ein subjektives
Konstrukt.

Gustav Adolf Leyke, Sohn des Ferdinand Leyke, war um ca.
1880 Oberhaupt der Familie. Mehr als der Name des Vaters ist zu
seiner Herkunftsfamilie nicht bekannt. Gustav Leyke wurde am 10.
September 1851 in Sittnow (Westpreußen) geboren. 1876 kam er
mit einigem Kapital nach Rixdorf und richtete in der Ziethenstraße
51 (heute: Werbellinstraße) ein Kolonialwaren- und Kohlegeschäft
ein. Seine Heirat mit Anna Wilhelmine Krebs, der Tochter des Woll-
warenfabrikanten C. J. Krebs aus der Berliner Straße (heute Karl-
Marx-Straße), war standesgemäß und verankerte ihn im Rixdorfer
Bürgertum. Mit seiner Frau hatte er drei Kinder: Die älteste Tochter,
Martha, wurde am 16. Juli 1883 geboren. Der Zweitgeborene und
einzige männliche Erbe war Otto, er erblickte am 27. Januar 1885
das Licht der Welt. Zuletzt folgte nochmals eine Tochter, Elisabeth,
geboren am 3. Juni 1889. Das Geschäft, insbesondere der Kohlen-
handel, florierte und 1895 wurde das Grundstück Bergstraße
78–80/Ecke Lahnstraße (heute Karl-Marx-Str. 244–246) erworben
und darauf ein Kohlengroßhandel eröffnet. 1907 erwarb Gustav
Leyke, »schon als sehr reicher Mann«, das 1898 erbaute Bürger-
haus an der Hasenheide 68, mit Garten und eigenem Zugang zum
Wäldchen. Die Kaufsumme von 290.000 Mark konnte er zur Hälfte

selbst aufbringen, 150.000 Mark wurden als Hypothekenkredit bei der
Mecklenburgischen Spar-Bank aufgenommen. Das Haus war äußerst zen-
tral im Innenstadtring und trotzdem
»im Grünen« gelegen. In den 1920er
Jahren führte die Nord-Süd-Achse der
U-Bahn dort entlang und unterstrich
die günstige Lage des Hauses. Allerdings erwarb Gustav Leyke das Haus
nicht unmittelbar zur eigenen Nut-
zung. Die Familie wohnte damals noch
in der Ziethenstraße, später in der
Falkstraße.

Die Familie Leyke war entsprechend ihres Geschäftserfolgs und der
lokalen Familienverankerung äußerst
angesehen. Dies zeigte sich nicht
zuletzt in einer Ämterhäufung auf den
Schultern Gustav Leykes. Zunächst
Gemeindevertreter, war er seit 1892 in

2

der Gemeindeverwaltung von Rixdorf tätig und ab 1899, mit der
Verleihung des Stadtrechts, Stadtrat unter Bürgermeister Hermann
Boddin. Zugleich stand er der Deputation für das städtische Leih-
amt und dem Ausschuss für Materialverwaltung vor. Er war stell-
vertretender Vorsitzender der Armendeputation, der Deputationen
für das Feuerlöschwesen, das Fuhrwesen, die Straßenreinigung,
Müllbeseitigung und vieles mehr, sowie Mitglied der Finanz- und
Kassendeputation und des Vorstandes der städtischen Sparkasse.
So nimmt es nicht Wunder, dass ihm nach seinem plötzlichen Able-
ben während eines Kuraufenthalts an der Ostsee am 28. Juli 1910
zur Beisetzung auf dem Thomasfriedhof die große Mehrheit des
Rixdorfer Bürgertums die letzte Ehre erwies. Neben der Familie
waren Magistrat, Stadtverordnete, der Verein städtischer Beamter,
eine Abordnung des Bankvereins, des Vereins Rixdorfer Grundbe-
sitzer und des Turnvereins »Jahn« versammelt. Ein Jahr nach seinem Tod wurde eine Querstraße der Hermannstraße nach Gustav

Leyke benannt. Diese herausragende Würdigung hat sich in der Erinnerung der Familie erhalten.

Die direkten Hinterbliebenen waren seine Frau Anna Leyke, geborene Krebs, sein Sohn Otto und die beiden Töchter Martha und Elisabeth. Unter ihnen wurde das Erbe aufgeteilt. Alle vier erbten das Haus Hasenheide 68. Die zweite Etage des Hauses, eine 186 m² große Wohnung, bewohnte die älteste Tochter Martha mit ihrem Mann Paul Kriske. Der Handelsvertreter Kriske hatte Martha Leyke im Juli 1905 geheilicht. Mit seinem Beruf blieb er in der Kaufmannstradition der Familie Leyke. Er übernahm auch die Verwaltung des ererbten Hauses. Die jüngere Tochter Elisabeth, genannt Lisbeth, wohnte in der Beletage. Sie gründete keine eigene Familie. Ein Stockwerk unter der schwesterlichen Familie war sie als Tante und später als Großtante in das Familiengeschehen der Kriskes integriert. Elisabeth bestritt einen Teil ihres Lebensunterhalts mit Klavier- und Gesangsstunden. Ihre Wohnung gab vor wie nach dem Zweiten Weltkrieg Raum für Konzerte.

Sohn Otto wohnte trotz seines Anteils in der Erbengemeinschaft nicht in der Hasenheide. Er erbte auch das Grundstück Bergstraße mit der guten Gewinn abwerfenden Kohlenhandlung, deren Geschäftsführung er ohnehin schon 1909 übernommen hatte. Er gründete eine Familie mit Anna Eberle. Die am 4. November 1890 geborene Anna entstammte einer kinderreichen bürgerlichen Familie aus Mannheim. Sie wurde Ziehkind in der verwandten Rixdorfer Familie Weigand, nachdem deren bis dato einziges Kind im Alter von vier Jahren verstorben war. Auch die Familie Weigand gehörte zum angesehenen Rixdorfer Bürgertum. Hermann Weigand war ein Zeitgenosse von Gustav Leyke. Er war am 2. Februar 1854 geboren worden. Seine verdienstvollste Arbeit als Architekt (Städtebau) bestand in der Konzeption und Leitung des Baus der Kanalisation in Rixdorf von 1889 bis 1893. Er war Regierungsbaumeister, Schöffe in der Gemeindeverwaltung und später ebenso wie Gustav Leyke Stadtrat. Später erblickte doch noch ein Nachkomme der Familie Weigand das Licht der Welt. Eva Weigand als geliebte Stiefschwester Annas taucht immer wieder in der Familiengeschichte der Leykes auf. Auch die Heirat Ottos mit Anna Eberle bewegte sich, wie die seines Vaters, im inneren Kreis des Rixdorfer

Bürgertums. Sie hatten zusammen zwei Kinder, die am 11. November 1911 geborene Anne Marie und den am 19. Juli 1914 geborenen Kurt Leyke.

Den Ersten Weltkrieg und die Inflation überlebte die Familie offenbar unbeschadet. Das bürgerliche Leben ging weiter. Man verkaufte Kohlen, spielte Skat zu Hause und kegelte »bei Groepler«. Sommers fuhr man an die Ostsee und des Winters lief man Ski. Prächtige Familienfeste wurden ausgerichtet. Eine eng befreundete Familie aus Neukölln, immer dabei, waren zum Beispiel die Niemetzens (vgl. Aufsatz in diesem Buch). Die Kinder gediehen. Anne Marie wurde mit dem Kaufmann Paul Borck verheiratet. Kurt schlug eine andere Laufbahn ein, als es in der bisherigen Kaufmannstradition der Familie üblich war: Er erhielt im Dritten Reich eine Universitätsausbildung zum Juristen. Kurz vor dem Zweiten Weltkrieg und bevor er zum Reichsarbeitsdienst und danach als Feldwebel zum Kriegsdienst eingezogen wurde, absolvierte er in der Kanzlei von Herrn Arras sein Referendariat zum Rechtsanwalt. Wie aus einem Lied zu »Muttchen« Leykes 80. Geburtstag am 18. Januar 1938 ersichtlich, zollte ihm die Familie ob seiner Aussichten große Anerkennung: »Haus Leyke lebt weiter in Ihrer Person: Drum lebe der würdige Leykesohn!«

Diesen Aufstieg erlebte Vater Otto jedoch nicht mehr. Otto Leyke starb 1928, im Alter von nur 43 Jahren, beim Zahnarzt an einem Herzinfarkt, denn »an einem Zahn stirbt man doch nicht« – wie schon Thomas Mann zum Tod von Thomas Buddenbrook schrieb. Seine Frau Anna führte die Kohlenhandlung in der Bergstaße weiter. Sie fungierte jetzt unter dem Namen Witwe Leyke GmbH Kohlengroßhandel Neukölln. Nach Ottos Tod wurde der Anna zustehende Anteil am Haus Hasenheide wahrscheinlich ausgezahlt, denn sie taucht im Grundbuch als Miteigentümerin nicht auf.

Ihre Schwiegermutter Anna, seit 1910 Witwe von Gustav Leyke, überlebte auch ihren Sohn. Sie war zunächst in der Falkstraße wohnen geblieben. Spätestens Anfang der 1930er Jahre übersiedelte sie zu ihrer jüngeren Tochter in die Hasenheide 68. Die familienlose Elisabeth kümmerte sich um die betagte Mutter. In dem schon erwähnten Lied zu »Muttchens« 80. Geburtstag heißt es: »Die Lisbeth betreut mit Lieb' die Mama, erhebt drum die Gläser zum Sonderhurra!« Muttchen Leyke stellte die graue Familieneminenz dar, bei ihr liefen die Fäden zusammen. Auf den meisten Fotos von Familienfesten ist sie abgebildet. Nach ihrem Tod bricht die Familie – obwohl sich alle kennen – zunehmend in die zwei Stränge der verheirateten Kinder auseinander: die Familie Leyke/Borck und die Familie Kriske. Anna Leyke, geborene Krebs, starb am 17. Februar 1939. Sie wurde neben ihrem Mann auf dem Thomasfriedhof begraben. Es ist ein auffallendes Familiengrab, das bis jetzt aufgrund des Ansehens dieser Familie in Neukölln noch nicht eingeebnet wurde, um Platz zu machen für die Nachgestorbenen. Das letzte Begräbnis unter diesem Grabstein fand 1963 statt, als Elisabeth Leyke hier ihre letzte Ruhestätte fand. Da sie keine eigene Familie gegründet hatte, wurde sie somit nach dem Tod ihren Eltern wieder beigeordnet.

Kinder und Kindeskinder

Über die Familie Otto Leykes ist schon einiges mitgeteilt worden, so wenden wir uns nun erst einmal Martha Kriske, geborene Leyke, zu. Der zehn Jahre ältere Justin Hermann Paul Kriske hatte 1905 mit ihr eine Familie gegründet. Die Hochzeitsreise ging nach Davos. Im nächsten Jahr, am 3. Mai 1906, wurde ihnen eine Tochter geboren, Hertha Kriske. Eine weitere Tochter folgte am 21. April 1910, Ilse Kriske. Die Geburtsanzeige in Form einer kleinen Karte macht die Gepflogenheiten der Zeit deutlich: »Die glückliche Geburt eines zweiten Töchterchen zeigen hocherfreut an – Paul Kriske und Frau.« In kleineren Lettern darunter kann man auch noch zur Kenntnis nehmen, wer diese Frau wohl ist: Martha, geborene Leyke.

Die konservative Familie war wohlsituiert. Paul Kriske unterhielt in der Ritterstraße 59 ein Im- und Export-Geschäft. Die große Wohnung in der Hasenheide war herrschaftlich eingerichtet. Schwarze Täfelung in Linkrusta-Ausführung (teure kunstgewerbliche Tapete) zierte das Wohnzimmer mit den schweren dunklen Möbeln. Großporträts der Ahnen erinnerten an die Familientradition.

Entgegen den damaligen Gepflogenheiten erhielt die ältere Tochter eine solide Ausbildung. Sie diplomierte zur Bibliothekarin und arbeitete zunächst in der Bibliothek der Friedrich-Wilhelms-Universität. Die auf den meisten Fotos fröhlich und aufgeschlossen

schauende Hertha verlobte sich im Mai 1928 mit dem Arzt Dr. Rolf Semler. Ihre Verlobungsanzeige klingt nach heutigen Maßstäben sehr merkwürdig. Die Verlobung wird von den Eltern Herthas und dem Verlobten, Dr. Rolf Semler, zur Kenntnis gebracht. Die Verlobte kommt darin gar nicht vor. Die Heirat erfolgte am 19. Dezember 1929. Rolf Semler war am 3. Juli 1894 geboren worden. Seine Eltern waren Geheimrat Otto Semler und Leonie Semler. Die Mutter Leonie stammte aus der Hugenottenfamilie des früheren Berliner Stadtverordnetenvorstehers Paul Michelet. Sie war klein und zierlich, immer mit Krägelchen bis unter den Hals zugeknöpft, ganz das Gegenteil zur Mutter ihrer Schwiegertochter, einer stattlichen, modern und leger gekleideten Frau. Auch die Neuvermählten waren ein auffallendes Paar – und das nicht nur im Doppel auf dem Ten-

nisplatz: Hertha klein und zierlich, der Mann auch schlank, aber seine Frau um 1 1/2 Köpfe überragend. Seine Schwester Charlotte war ebenfalls groß und hager. Sie arbeitete als Bankkauffrau. Nach dem Krieg war die politisch interessierte, unverheiratete Charlotte Mitarbeiterin bei Augstein in der Berliner »Spiegel«-Redaktion. Charlotte lebte mit der früh verwitweten Mutter zusammen, nach deren Tod in verschiedenen Pensionaten. Sie konnte und wollte aufgrund mangelnder hauswirtschaftlicher Erfahrung und beruflicher Verpflichtungen keinen Haushalt führen, was ihre Schwägerin Ilse Kriske zu der Charakterisierung veranlasste, sie »würde sogar Wasser anbrennen lassen«. In den 1930er Jahren verbrachten die drei jungen Frauen Hertha, Ilse und Charlotte oft ihre Freizeit zusammen. Sie waren gemeinsam im Garten, mit der Familie picknicken oder baden. Die Männer, Paul Kriske und Rolf Semler, spielten gerne Skat. Der dritte im Bunde war häufig Max Hensel, Maschinenfabrikant. In seiner Villa auf Usedom verbrachten die Kriskes/Semlers sommerliche Urlaubstage. Schon 1933 fuhr die Familie ein Auto.

Das erste Kind von Hertha und Rolf Semler, Peter Semler, kam am 8. Mai 1936 zur Welt. Mit dem Kind gab Hertha ihren Beruf auf. Später unterstützte sie ihren Mann bei der Buchhaltung für seine Arztpraxis. Diese lag in einem Eckhaus in der Schöneberger Akazienstraße 31 und war so groß, dass sie nicht nur die Praxis, sondern auch die Wohnung mit einschloss. In der 40 m² großen Diele lernte Sohn Peter Fahrrad fahren. Ein Sommerhaus besaß die Familie in Groß-Glienicke bei Potsdam. Dieses diente im Zweiten Weltkrieg, nachdem die Praxis 1943 ausgebombt worden war, Hertha und Peter Semler sowie Leonie und Charlotte Semler als Ersatzwohnung. Peter Semler ging in Glienicke zur Schule. Im Januar 1944 stellte sich

5

noch einmal Nachwuchs ein. Ein Mädchen, Renate, wurde geboren. Zu der Zeit war Dr. Rolf Semler Oberstabsarzt der Inneren Abteilung des Lazaretts im jetzigen Westend-Klinikum. Zuvor war er im Generalgouvernement im besetzten Polen eingesetzt gewesen.

Ilse Kriske verblieb in der elterlichen Wohnung in Neukölln. Pragmatisch und praktisch veranlagt, war sie sehr am Vater orientiert, der inzwischen zum Handelsgerichtsrat avan-

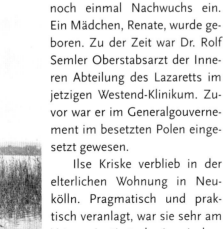

ciert war. »Hart und ihren Mann stehend«, wie Rolf Semler sie nach dem Krieg beschrieb, sollte sie in die Fußstapfen des Vaters treten. Sie besuchte ein Mädchenpensionat in Montreux (französische Schweiz), lernte viele Fremdsprachen und wurde Schritt für Schritt in das väterliche Geschäft eingeführt. Das Geschäft wurde 1944 unter einer Bombe begraben und die Hoffnungen somit auch.

Auch im anderen Zweig der Familie wuchsen Nachkommen heran. Die Cousin-/Cousinengeneration der alten Leyke-Familie kannte sich, spielte auf gemeinsamen Treffen miteinander und

4

behielt die jeweils anderen als Kindheitserinnerung. Anne Marie und Paul Borck hatten in später gescheiterter Ehe drei Kinder, Dieter, geboren am 19. Dezember 1932, Jürgen, geboren am 9. April 1936, und als jüngstes Kind die 1943 geborene Annette. Dieter Borck wurde nach dem Krieg Unternehmensberater und wohnt heute in Westdeutschland. Die Schwester arbeitet im Staatsdienst. Bruder Jürgen trat in die Fußstapfen seines Onkels Kurt Leyke. Er arbeitete als Rechtsanwalt und Notar in der Kanzlei von Kurt Leyke und übernahm diese nach dessen Tod. Die Ehe zwischen Anne Marie und Paul Borck wurde geschieden. Anne Marie heiratete später einen Herrn Bugge und lebte in bescheideneren Verhältnissen.

Ihr Bruder Kurt Leyke heiratete im November 1943 die am 31. Januar 1923 geborene Inge Asmus. Sie ist Tochter des Apothekerehepaars Erich und Erika Asmus, die die Erasmus-Apotheke am Hohenzollerndamm führten. Inge Asmus und ihre Schwester Hanne-Lore erhielten entsprechend der elterlichen Tradition eine Apothekerausbildung, die Schwester Heide wurde Ärztin. Noch heute arbeitet Inge Leyke, fast 80-jährig, in der Erasmus-Apotheke. Das jungvermählte Paar lebte nach dem Krieg zunächst im Wilmersdorfer Apothekenhaus. Nach Anerkennung des Rechtsanwaltspatents fing Kurt Leyke in der Anwaltskanzlei seines früheren Mentors, Herrn Arras, an zu arbeiten. Nach dessen Tod übernahm er diese Kanzlei in der Bleibtreustraße. Die Familie wohnte nun dort. Nachdem die ersten Nachkriegsjahre überstanden waren, stellte sich Nachwuchs ein: Die Leykes hatten zwei Kinder, Klaus und Thomas. Klaus ertrank noch vor seinem Berufseintritt bei einem Segelunfall. Thomas ergriff den Beruf des Vaters und arbeitet zusammen mit seinem Cousin in einer gemeinsam geführten Kanzlei. Seine jetzige Frau ist, und damit schließt sich der Kreis, wiederum Apothekerin in der Erasmus-Apotheke. Auch in der Enkelgeneration finden wir inzwischen eine Apothekerin in nämlicher Apotheke und einen Referendar der Jurisprudenz. Inge Leyke hat als jetzt Familienälteste die Rolle des Familienhüters übernommen. Sie ist in der Geschichte ihres Familienzweigs gut bewandert und kann viele Geschichten erzählen.

Die Mutter von Anne Marie und Kurt, Anna Leyke, geborene Eberle, gab Anfang der 1950er Jahre das Kohlengeschäft auf.

Danach wohnte sie in der Familie ihres Sohnes Kurt, bis sie am 17. September 1972 starb. Sie liegt zusammen mit ihrem Mann in einem Familiengrab auf dem Friedrich Werderschen Kirchhof in der Kreuzberger Bergmannstraße begraben. Inzwischen haben dort noch mehr Familienmitglieder ihre letzte Ruhestätte gefunden: der 1980 ertrunkene Klaus Leyke, die 1987 verstorbene Anne Marie Bugge und zuletzt der 1993 verstorbene Kurt Leyke.

Hasenheide 68: Die Kontinuität des Ortes oder Frauen unter sich

Zu Kriegsende 1945 haben wir in der Familie Kriske folgenden Stand: Martha und Paul Kriske sowie ihre jüngere Tochter Ilse wohnten immer noch in der Hasenheide. Die Lebensgrundlage, das Geschäft in der Ritterstraße, existierte jedoch nicht mehr. Die ältere, in die Familie Semler verheiratete Tochter Hertha wohnte mit beiden Kindern in Groß-Glienicke bei Potsdam. Der Ehemann Rolf Semler arbeitete als Chefarzt der Inneren Abteilung des Westend-Krankenhauses. Um einander besuchen zu können, musste die Familie Semler jeweils die Grenze zwischen dem britischen Sektor Berlins und der sowjetischen Besatzungszone Deutschlands auf halber Strecke zwischen Groß-Glienicke und Kladow passieren. Bei einem solchen Weg Herthas mit ihrem Sohn Peter nach Berlin wurde sie am 5. September 1945 von einem Querschläger eines Schützen der Roten Armee getroffen. Sie erlag noch am Unfallort ihren Verletzungen. Zurück blieben der neunjährige Sohn und die einein-halbjährige Tochter. Mit dem Tod von Hertha Semler, geborene Kriske, entstand ein weiteres Familiengrab, das des Zweiges Kriske/Semler, auf dem Friedrich Werderschen Kirchhof in Kreuzberg, am selben Hauptgang gelegen wie das Leyke-Familiengrab. Der Tochter folgte im April 1950 der Vater, Paul Kriske, nach.

Die Semler-Kinder fanden zunächst Betreuung im großelterlichen Haus. Mit Rücksicht auf die Großeltern und wegen der elterlichen Bindung zog Peter Semler ein Jahr später zu seinem Vater in die Akazienstraße 30, in das Nebenhaus der zerstörten einstigen Wohnung und Arztpraxis. Dort funktionierte wieder eine ärztliche Praxis. Daneben war der Vater Chefarzt der Inneren Abteilung in der Grunewalder Privatklinik Toussaint. So nimmt es nicht Wunder, dass der Sohn später die gleiche Laufbahn wie sein Vater einschlug. Auch er wurde Internist und schließlich für fast 25 Jahre anerkannter Chefarzt im Berliner Wenckebach-Krankenhaus. Hinsichtlich seiner Tochter behielt sich Dr. Rolf Semler Einspruchsrechte bei der Erziehung und Ausbildung vor. Ansonsten wuchs Renate unter den Fittichen von Großmutter Martha und Tante Ilse, die ihr faktisch die Mutter ersetzte, auf. Die Hausverwaltung der Hasenheide 68 oblag Tante Ilse. Ilse Kriske brachte auch das zum Leben notwendige Geld nach Hause. Sie arbeitete als Berliner Handelsvertreterin für die Bayrische Metallwarenfabrik (BMF) mit Hauptsitz in Nürnberg. Die Geschäfte wurden auch in der Hasenheide abgewickelt. Als Geschäftszimmer diente das so genannte Herrenzimmer, Ausstellungsraum war der Salon. Die Wohnung war immer noch in dem Stil erhalten, in dem sie eingerichtet worden war. Die schwarze Täfelung, die schweren Möbel, das »Omazimmer« von Martha Kriske – alles das gab es noch im Original.

Wochenendausflüge und Familientreffen gab es fast »wie in alten Zeiten«. Vor Grenzschließung verbrachte man den Sommer immer noch an der Ostsee, in Bansin »in der Ostzone«. Alle drei Generationen trafen sich regelmäßig zu den gemeinsamen Mahlzeiten, bei denen nicht nur das Tagesgeschehen, sondern auch die »große« Politik heiß diskutiert wurden. Die schon in den 1920er Jahren frauenbewegte Ilse Kriske begrüßte zum Beispiel in den 1960er Jahren das Wirken der damals noch jungen Alice Schwarzer. Renate machte in dieser Umgebung erste politische Erfahrungen. 1963 legte sie das Abitur ab. 1964 ging sie als Au-pair-Mädchen nach England. Soweit wurde ihre »berufliche Entwicklung« vom Vater unterstützt. Die Ausbildung zur Fremdsprachensekretärin 1965/66 war nur noch an einer Privatschule, der SPI, in Dahlem möglich. Ein von Renate erwünschtes Studium schwebte dem Vater nicht vor. Seiner Meinung nach heirateten Frauen früher oder später und müssten sich dann ohnehin um anderes kümmern. Die Frauen in der Hasenheide beschlossen aber, dass gegen ein Studium nichts einzuwenden sei und so studierte Renate zunächst heimlich an der FU Berlin. Im Dezember 1967 starb die Großmutter, Martha Kriske. Es wurde leer in der großen Wohnung. Kurz zuvor, im April 1967, war der Vater gestorben und Renate half bei der Auf-

lösung der Praxis in der Akazienstraße. 1968 konnte sie sich dann auch offiziell zum Studium einschreiben. Das war zur Zeit der Studentenbewegung, die sie weiter prägen sollte. Dispute mit der Tante ob der politischen Richtung waren vorprogrammiert. Sie führten zu einer teilweisen Entfremdung der beiden Frauen und dem Entschluss der Tante, Renate im Testament für ihren Anteil an der Hasenheide 68 nur als Vorerbin einzusetzen. Renate absolvierte am J. F. Kennedy-Institut das Studium der Amerikanistik und belegte als Nebenfächer Politik- und Theaterwissenschaften. 1972 legte sie ihr Examen ab. In einem ihrer Ausbildung adäquaten Beruf im Kulturbereich arbeitet sie heute. Anders als vom Vater prophezeit, hat Renate nicht geheiratet – »des Vaters wegen?«, wie sie selber fragt. Sie lebt mit ihrem Partner schon über 30 Jahre, aber kinderlos, zusammen.

Nachfahren der Semler-Familie gibt es nur vom Bruder. Er heiratete 1966 und hat zwei Kinder. Der 1967 Erstgeborene studierte ebenfalls Medizin, wendet sein Fachwissen jedoch in der Computerbranche an. Er gründete eine Familie und zog in die neu sanierte Wohnung der Kriskes, in die Hasenheide 68. Tante Ilse war dort, in ihrer Geburtswohnung, 1993, das heißt im Alter von 83 Jahren, verstorben. Danach mietete ein Künstler die Wohnung in ihrer kompletten Möblierung und verfremdete sie mit unterschiedlichen Kunstwerken. Ende der 1990er Jahre entschloss Renate sich endgültig, diese Wohnung des alten Stils aufzulösen. Die Wohnung wurde restauriert, nur die Leuchter und Türen im Jugendstil erhalten. Die Wohnung ist jetzt nicht nur groß, sondern auch hell und außerdem immer noch in Familiennutzung – jetzt des Ur-Ur-Enkels und der Ur-Ur-Ur-Enkelinnen von Gustav Leyke.

Der Artikel basiert auf Interviews mit Renate Semler, Peter Semler und Inge Leyke.

1 Anna Leyke, geb. Krebs und Martha Kriske, o. J.
2 Gustav Leyke, um 1900.
3 Hertha und Rolf Semler mit ihrem ersten Auto im Blumenthal, Mai 1933.
4 Badeausflug der Familie Semler am Köthener See; v.l.n.r. Hertha, Charlotte und Rolf Semler mit Freunden, Juni 1934.
5 In Himmelpfort: links Charlotte und Ralf Semler, rechts Hertha Semler und Ilse Kriske, 1935.

Ein Porträt der Familie Semler befindet sich auf Seite 36.

DAS FAMILIENERBE –
DIE FAMILIE HERZ IN BRITZ

Dorothea Kolland

2

An einem düsteren Januar-Nachmittag besuche ich Hanns-Peter Herz in Britz, um mit ihm über seine Familie zu sprechen. Er wohnt dort, wo er die meiste Zeit seines Lebens – wenn auch in unterschiedlichen Gebäuden – gewohnt hat, in der Hufeisensiedlung. Im Jahr ihrer Fertigstellung, 1930, zogen die Eltern Herz mit dem dreijährigen Jungen dort ein: Sicher nicht nur, weil die Wohnungen neu und schön waren, sondern weil die Hufeisensiedlung eines der Wirklichkeit gewordenen Ideale des Weimarer Reformgeistes darstellte und sich als neue Heimstatt für sozialdemokratisches und sozialistisches Milieu anbot. Davon ist bis heute etwas spürbar geblieben.

In der Wohnung empfängt mich Familienidylle: Herzens haben ihr jüngstes Enkelchen, drei Wochen alt, und dessen Mutter zu Besuch; der Stolz der Großeltern auf den kleinen Jungen strahlt aus ihren Augen.

Hanns-Peter Herz und ich durchbrechen die Idylle und ziehen uns zurück; Frau Herz und ihre Tochter – Literaturwissenschaftlerin – sind es gewohnt, dass ihr Ehemann und Vater im öffentlichen Interesse steht und wollen unser Gespräch nicht stören, auch wenn es eines über ihre Familie ist.

Ich kenne Hanns-Peter Herz seit langem: Viele Jahre war er als Stadtrat im Bezirksamt Neukölln, zunächst für Soziales, dann für

Bauwesen zuständig. Vorher arbeitete er an prominenter Stelle beim RIAS Berlin, war Senatssprecher und Chef der Senatskanzlei.

Näher kennen lernte ich Hanns-Peter Herz in unserem Bemühen, die Geschichte von Neuköllnern jüdischer Herkunft zu ergründen. Als Vorsitzender der Gesellschaft für ein Jüdisches Museum half er uns nicht nur, das nötige Geld für das Projekt »Zehn Brüder waren wir gewesen – Spuren jüdischen Lebens in Neukölln« (1988) zur Verfügung gestellt zu bekommen, er erzählte uns auch als Neuköllner jüdischer Herkunft seine Geschichte, die er später, für das Projekt »Immer wieder Fremde – Kirchengeschichte zwischen Herrschaftstreue, Glaubensanspruch und Menschlichkeit« (1994), fortsetzte.

Hanns-Peter Herz stammt aus einem Elternhaus, das unter dem Nazi-Terror doppelt zu leiden hatte: Seine Eltern waren Sozialdemokraten, und sein Vater war jüdischer Herkunft, wenn auch christlich getauft. Damit fiel die Familie unter die Auswirkungen der »Nürnberger Gesetze«. Der Vater verlor Arbeit und Wohnung (Wegzug aus der Hufeisensiedlung!), der kleine Hanns-Peter lernte Ausgrenzung und später existenzielle Bedrohung kennen. Der Vater war von der »Rosenstraßenaktion« betroffen, in der alle jüdischen Partner aus »Mischehen« verhaftet wurden und nach öffentlichem Protest der Familien wieder freigelassen werden mussten. Die Familie erlitt Verfolgung, aber auch Unterstützung.

Diese Erfahrung mit allen ihren Konsequenzen ist zentraler Teil der Familienidentität und des ideellen Familienerbes, das Hanns-Peter Herz an seine beiden Töchter und die Enkel weiterzugeben bestrebt ist.

»Die Bereitschaft zur Offenheit ist ein Erbe aus meiner Familie, das ich gerne weitergeben würde. Das habe ich übernommen von meinen Eltern; mein Vater als Christ jüdischer Herkunft in einer christlichen Gesellschaft, mit einer Christin verheiratetet – das geht nur mit Offenheit. Die Begegnung der Religionen – Christentum, Judentum und Islam – ist ein wichtiges Element für ein Leben in dieser Zeit. Man muss versuchen, die Grenzen zu überwinden, und man muss versuchen, andere daran teilhaben zu lassen. Ich will mich da nicht als besonderes Beispiel hinstellen, aber ich bin so erzogen worden. Als ich erfuhr, dass ich ›jüdisch versippt‹ bin – das

wusste ich ja gar nicht als Kind, das habe ich erst durch die Nazis erfahren – hat mir mein Vater erklärt, dass es uns gar nicht zusteht, Vorurteile gegen andere zu haben. Man kann sich ärgern über andere, dann muss man mit denen reden, dann muss man das austragen. Das ist ein Stück Erbe aus meiner Familie. Die Ehe meiner Mutter mit meinem Vater, der so genannten Arierin mit dem Juden, der Christin mit einem christlichen Juden, das war eine Symbiose, die viel vorausgesetzt, aber auch erbracht hat. Da haben sich auch manche Sachen miteinander geschliffen aus den jeweiligen Bezügen heraus, die beide mitbrachten, aber sie haben eine Symbiose ergeben, ein Stück deutsch-jüdische Symbiose, die wichtig ist für das Zusammenleben. Mein Vater hat eine ungeheure Toleranz mitgebracht, die ich sonst bei kaum jemandem erlebt habe. Er hat sich Zeit genommen für andere, hatte Verständnis für Unsinniges, und er hat sich Zeit zum Erklären genommen. Das hat mich immer beeindruckt – ebenso wie die Spontaneität meiner Mutter, die sofort da war, zugegriffen hat, ohne lange zu zögern, wenn irgendwo etwas zu machen war.«

In vielen Studien, Erzählungen und Romanen hatte ich von der ungeheuren Belastung gelesen, die die »Nürnberger Gesetze« für die Familien bedeuteten, die als »jüdisch versippt« eingestuft worden waren, in denen also ein Eltern- oder Großelternteil jüdischer Herkunft war. Ausgrenzung, Verfemung, Verfolgung traf die ganze Familie. Nicht wenige Ehen und Familien sind daran zerbrochen. Wie war das in der Familie Herz?

»Mein Vater, der bei Ullstein als Journalist gearbeitet hatte, wurde arbeitslos, wir verloren unser Haus und mussten in eine kleinere Wohnung ziehen und schließlich aus der Hufeisensiedlung hinaus. Ich erinnere mich an Probleme, die ich als Kind mit Ausgrenzung hatte, in der Schule, auf dem Spielplatz. Ich war aber nicht wie andere, die sich in meiner Situation befanden, bestrebt, nun unbedingt in die Hitlerjugend hineinzukommen. Ich empfand das nicht als einen Nachteil, dass ich da nicht drin war, weil ich eben ›Mischling ersten Grades‹ war. Wissen Sie, wie die uns genannt haben in der Nazi-Zeit? ›Mampe halb und halb‹. Die Freunde, die man dann hatte und auf die man sich verlassen konnte, waren in einer ähnlichen Situation wie ich, weil ihre Eltern ›rassisch‹ oder

3

politisch für die Nazis nicht in Ordnung waren.

Natürlich brachte die Verfolgung Unsicherheit für die ganze Familie. So versuchten wir auszuwandern, mein Vater und sein Vetter schrieben Briefe über Briefe. Wir konnten aber das Geld für ein Affidavit nicht aufbringen. Aber nie bedeuteten die Nürnberger Gesetze eine Bedrohung für die Beziehung meiner Eltern. Besonders deutlich habe ich das als Kind in einer besonderen Situation erlebt: Da wurde meine Mutter zur Gestapo bestellt und man hat ihr nahegelegt, sich von dem jüdischen Mann scheiden zu lassen. Ich habe selten meine Mutter so wütend gesehen wie damals, als sie von der Vorladung zurück kam. Ich kannte sie ja, sie muss dort genauso wütend gewesen sein. Jedenfalls hat sie denen gesagt, da könnt ihr lange drauf warten, wir sind verheiratet, weil wir uns lieben und so bleibt das, und eine Scheidung kommt überhaupt nicht in Frage. Da wusste ich, die existenzielle Bedrohung ist da. Eine Trennung aber haben sie nie erwogen.

Die Ausgrenzung hatte aber auch die Kehrseite, dass wir durch Eingrenzungen geschützt und unterstützt wurden, zum Beispiel durch den Kreis um Otto Dibelius und die Bekennende Kirche, den Bibelkreis jüdischer Christen der Neuköllner Vikarin Stutkowski, oder durch den Kreis alter Sozialdemokraten im Hufeisen. Nachbarn halfen, darunter auch ein SS-Obersturmbannführer, der meinen Vater vor der Verhaftung warnte. So flüchtete mein Vater in das Dörfchen Beesedau in Sachsen-Anhalt, wo Verwandte meiner Mutter lebten. Auch der Ortsbauernführer war mit uns verwandt wie alle, die da lebten in dem Dorf mit 200 Einwohnern; er brachte uns Lebensmittelkarten und sagte, Milch und Eier könnten wir auch noch bekommen, Vater brauche keine Not zu leiden, man kenne ihn lange genug. Er selbst käme jede Woche einmal zum Skat. Und da kamen dann wirklich der Ortsbauernführer und der Ortsgruppenleiter.

Auch das sind Erfahrungen, die Bindungen geschaffen haben, die man nicht einfach wegwirft. Wir haben uns nach 1945 gefragt: Gehen wir aus Deutschland weg oder gehen wir nicht weg? Wir haben uns entschieden, hier zu bleiben, eben wegen der Menschen, die zu uns gehalten haben, die uns schützend eingegrenzt haben.

Diese Erfahrungen und Erlebnisse spielten eine wichtige Rolle in meiner Familie, meine Töchter wollten alles wissen. Gerade meine jüngste Tochter ist sehr intensiv groß geworden mit den Schilderungen des Verhaltens innerhalb der Bekennenden Kirche, denn ihr verdankt mein Vater teilweise sein Überleben.«

Häufig habe ich bei Menschen jüdischer Herkunft, besonders bei denen, die viele ihrer Verwandten in der Shoah verloren haben, ein Familienbewusstsein für die Großfamilie erlebt, das mir – obwohl auch aus einer großen Familie stammend – fremd ist. Spielt für Hanns-Peter Herz das Gefühl, Glied einer großen Familie Herz zu sein, eine wichtige Rolle? Er überlegt, eher ein wenig skeptisch:

»Ich denke, das spielt bei uns auch eine Rolle, für meinen Vater war es auf jeden Fall wichtig. Ich erinnere mich an eine Geschichte von 1952, meine Eltern waren zur Kur in Bad Orb. Sie haben natürlich auch das Kurmagazin gelesen mit der Gästeliste, und da tauchte der Name Walter Nathan und Frau aus Israel auf. Da hat mein Vater gestutzt und gesagt, Walter Nathan, das ist ein direkter Vetter

von mir. Daraufhin sind sie aufmerksamer spazieren gegangen auf der Kurallee und dann geschah es – er sagte, das ist er da drüben! Und dann ist er hinübergegangen, fragte, Walter? Der guckte und sagte, Hans Herz! Und dann sind sie sich um den Hals gefallen. Dann ist die Tante eingeführt worden, die er inzwischen geheiratet hatte und ich bin kommandiert worden, in dieses Bad Orb zu kommen, um den neuen Onkel und seine Frau kennen zu lernen. Das war ein Stück Wiedergeburt einer Familie.

Mein Vater hat mal zu mir gesagt, du kannst stolz auf unsere Familie sein. Und dann hat er mir aufgezählt: Dein Urgroßvater hat das öffentliche Freibad in Jessnitz in Anhalt an der Mulde finanziert, der hat das und jenes finanziert, war in Jessnitz ein bekannter Mann, und er war im anhaltinischen Landtag Führer der Opposition. Du kannst darauf stolz sein, das sind Dinge, die kann nicht jeder nachweisen.

Und später erfuhr ich noch mehr. Als ich im Rathaus Schöneberg arbeitete, in der Senatskanzlei, da kam eine Kollegin aus dem Bezirksamt Schöneberg zu mir und fragte, ob sie mich mal sprechen dürfte. Natürlich war ich einverstanden. Ich bin eine Herz, eröffnete sie mir. Ich stamme aus der Familien-Seitenlinie Ihres Urgroßvaters Soundso und ich habe eine Familiengeschichte, die Ihr Ur-Urgroßvater aufgeschrieben hat. Mein Vorfahr hat ihm diese Geschichte diktiert, weil er nicht alle Bezüge kannte. Wollen Sie eine Kopie davon haben? Da hab ich natürlich ja gesagt. Das ist wirklich eine Fundgrube, die beweist, was mein Vetter von meines Vaters Seite immer behauptet hatte: Unsere Familie ist schon um 1700 aus der damaligen Slowakei, aus Bratislava nach Deutschland eingewandert. Mein Vetter hat damals aus Jux den ›Judennachweis‹ geführt, nicht den Ariernachweis, und wir sind viel weiter zurückgekommen als fast alle anderen, die ihren Ariernachweis führen mussten, das war für ihn so'n Sport.

Meine Töchter sind auch heute noch sehr eifrig dahinter her, die Bezüge, die in unserer Familie bestanden haben, kennen zu lernen und zu übernehmen. Und ich werde mir die Mühe machen müssen, diese Familiengeschichte, die in Sütterlin geschrieben ist, übertragen zu lassen und für sie lesbar zu machen. Das ist ein Stück Familiengeschichte, das ich gerne den Kindern überlassen möchte.

4

Ein Gefühl für Familie habe ich selbst eigentlich erst, seitdem ich eigene Kinder habe, und es ist verstärkt worden, seitdem die Enkelkinder da sind. Und meine Tochter hat ja nun den Namen behalten, schon um den Familiennamen Herz nicht aussterben zu lassen.«

Was würde Hanns-Peter Herz seinen Nachfahren gerne vererben? Zwei Eigenschaften nennt er sogleich, die der Neugierde, insbesondere die Neugier auf andere Menschen, und die Fähigkeit zu kommunizieren: »Mein Vater hat mir mal gesagt, wenn du dein Leben richtig einstellst, dann musst du zum Pförtner eines Hauses das gleiche Verhältnis haben wie zum Direktor, freundlich, offenherzig.« Beide Eigenschaften findet er bei seinem Vater Hans wie bei sich selbst, beide waren Journalisten. Und das Streben nach Gerechtigkeit, einer gerechten Gesellschaft – für die Familie Herz ist es verkörpert in der SPD. Die Eltern waren in der SPD, Hanns-Peter Herz und seine Ehefrau, die Apothekerin Uta, geborene Ryll, mit der er seit 1962 verheiratet ist, ebenso. Auch sie war politisch aktiv, in der BVV Neukölln, in der Arge Sozialdemokratischer Frau-

en, in der kirchlichen Immigrantinnen-Arbeit. »Die Politik sitzt bei uns gleichsam mit am Frühstückstisch; wichtige Entscheidungen wurden und werden hier diskutiert und schon mal entschieden. Nicht selten setzte und setzt mir meine Frau auch erst einmal den Kopf zurecht, weil ich zu eindimensional denke.« Die Töchter setzen die Tradition des politischen Diskurses fort. Man könnte schon von einem typischen Familienmerkmal sprechen, meint er.

»Ich finde es nicht übertrieben, von einer politischen Heimat zu sprechen. Die SPD war für mich, von dem Moment an, in dem ich ihr beitreten konnte, 1945, eine politische Heimat und sie war's schon vorher. Bei allen Umzügen, die wir machten und uns immer wieder verkleinern mussten, schleppten wir die Fahne der Ortsgruppe Britz der Sozialdemokratischen Partei mit, Armbinden und alles so was, schön verpackt, so dass sie niemand fand. Da war ja lebendige Bindung da durch diese Gruppe, die sich immer wieder bei uns traf. Und ich wusste das alles. Meine Eltern haben nur ganz wenig Druck ausgeübt auf mich, nach dem Motto, Junge, das lässt man unter uns. Auch mein Schwiegersohn stammt aus einer alten sozialdemokratischen Britzer Familie. Das ist ein wesentlicher Teil der Familienidentität und ein wesentlicher Teil des Bezugs zu Neukölln. Was wir hier alles an Menschen kennen gelernt haben und mit Menschen Kontakt gehabt haben nach dem Krieg, vor dem Krieg, im Krieg, das war phantastisch.«

Hanns-Peter Herz streift nun ein Terrain, das zu den soziologisch interessanten Phänomenen des Neuköllner, insbesondere Britzer 20. Jahrhunderts gehört: das des Neuköllner SPD-»Adels«, der sich hier in einigen für Neukölln wichtigen Familien über Generationen vererbt hat. Ich hatte bereits versucht, mit dem Parteienforscher Peter Lösche, eben diesem »Adel« entkommen und doch zutiefst von ihm geprägt, dies Phänomen zu analysieren. Wie deutet Hanns-Peter Herz diese Tatsache?

»Hier in Neukölln hat die Sozialdemokratie exemplarisch immer wieder gezeigt, was sie leisten kann und was sie leistet. Die Siedlungen sind schließlich aus sozialdemokratischem Geist entstanden. Die Menschen hier haben eine andere Mentalität gehabt. Ich hab nirgendwo, auch nicht in den Zehlendorfer Siedlungen wie ›Onkel Tom‹ und anderen, solche Nachbarschaften erlebt. Wir haben nach dem Krieg doch in der Onkel-Bräsig-Straße gewohnt. Wir hatten da fünf Nachbarn, mit denen wir jedes Jahr zwei, drei Mal Nachbarschaftsfeste gefeiert und mit denen wir gemeinsame Ausflüge gemacht haben. Die Initiative kam von allen fünf, nicht bloß von uns. Und alle stammten aus irgendeinem sozialdemokratischen Urgrund.

Es war eine Selbstverständlichkeit für uns, in der SPD zu sein. Dies hat sich in der Generation meiner Töchter fortgesetzt. Ich bin ja in Partei und Gewerkschaft von Anfang an aktiv gewesen, schon von 1945 an. Was ich aber eigentlich nie für möglich gehalten hätte: Meine älteste Tochter ist heute im Betriebsrat ihres Betriebes, ist Vorsitzende des Wirtschaftsausschusses und kümmert sich um die Anliegen ihrer Kolleginnen und Kollegen.«

Warum hat er dies nicht für möglich gehalten?

»Weil sie nie den Eindruck machte, dass sie sich dafür interessieren würde. Aber nachdem sie ins Berufsleben gekommen ist, hat sie gesagt, diese Ungerechtigkeiten, die guck ich mir nicht länger an, da will ich was tun. Und das ist ein Stück Erbe aus der Familie.«

Sieht Hanns-Peter Herz im Verhältnis zu seinen Töchtern weniger einen Generationenkonflikt als vielmehr Tradierung, wenn nicht »Vererbung« seiner politischen Überzeugungen?

»Da erzähl ich Ihnen eine kleine Geschichte, die ich sehr niedlich finde. Meine jüngste Tochter war ja lange Jahre im Falken-Vorstand in Berlin. Hier in Neukölln hat sie zusammen mit Frank Folger die Falken aufgebaut, drei Gruppen. In der Zeit, als ich Stadtrat in Neukölln war, gab es irgendeine Auseinandersetzung um Schule, und es gab Demonstrationen, auch in der Karl-Marx-Straße. Wir Stadträte und der Bürgermeister hatten uns abends im zweiten Stock des Rathauses versammelt, um die Demonstration von oben zu beobachten. Die Demonstration kam, und der Bürgermeister sagte zu mir: Guck mal, wer da als erstes in der ersten Reihe läuft – deine Tochter mit der roten Fahne. Und als die gesehen hat, dass wir da oben standen, hat sie sich die Fahne vor's Gesicht gehalten. Ich hatte überhaupt keine Probleme damit. Wir hatten darüber zu Hause diskutiert, es war mir eigentlich klar, es musste Probleme geben. Wir ›Profis‹ waren so verhaftet in den Strukturen der Politik, dass wir manches gar nicht mehr erkannten. Ich hätte ihr aber nie

5

verboten zu demonstrieren, das hätte auch gar keinen Zweck gehabt. Ich habe versucht, ihr auseinander zu setzen, warum wir einen anderen Standpunkt hatten als sie. Aber am Ende hat sich ihr Standpunkt doch als richtig erwiesen.«

Spielt für Hanns-Peter Herz das Gespräch mit seinen Töchtern eine wichtige Rolle, um die eigene politische Position zu entwickeln?

»Ja. Auch ich habe meinem Vater viel erzählt von dem, was ich gehört habe aus dem Kreis junger Menschen, er hat mich dann gefragt und hat in manchem Kommentar auch auf Dinge zurückgegriffen, die ich ihm erzählt habe.

Für uns in der Familie ist das miteinander Sprechen eine ganz wichtige Sache, gerade auch für uns Alte. Ohne diese Gespräche wüssten wir sonst gar nicht, was in der jungen Generation heute

6

Grunde machen es mir meine Kinder klar, was sich lohnt weiterzu-
führen, denn ich merke ja bei ihnen, was sie übernehmen oder was
sie verändert haben, was sie abstreifen und was sie weiterentwickelt
haben.«

gespielt und geredet wird. Unsere Kinder bringen uns auch heute
noch ihre Freunde mit ins Haus.

Aber als Partei haben wir manchmal zu spät dieses Gespräch
mit der nächsten Generation gesucht, gerade auch hier in Neukölln,
in Britz – wir haben zu lange im eigenen Saft gekocht. Und ich habe
ja mal so einen Linken wie den Benneter ausgeschlossen aus der
Partei. Das hätte ich heute nicht mehr gemacht. Es hat für mich har-
te Auseinandersetzungen mit den Linken in der Britzer und
Neuköllner Partei gegeben. Das würde ich heute auch nicht mehr
machen, weil das Blödsinn ist, weil man versuchen muss, offen miteinander zu reden, sich auseinander zu setzen, die Diskussion
soll's bringen, Sozialdemokraten müssen immer wieder lernen,
eine gemeinsame Plattform zu erarbeiten. Und das fällt ihnen – und
auch mir – immer wieder schwer. Jede neue Generation tut sich
damit schwer. Es ist aber auch der Reiz dieser Partei, dass darüber
überhaupt geredet wird.

Ich gestehe gerne ein, dass mir erst jetzt vieles von dem völlig
klar geworden ist, was sich in meiner Jugendzeit entwickelt hat, was
eigentlich die Basis ist, auf der ich immer gearbeitet habe. Und im

1 Johanna Herz mit ihrem Sohn Hanns-Peter im Steglitzer Schlosspark, 1927.
2 Hans und Johanna Herz mit Sohn Hanns-Peter, 1945.
3 Vater Hans Herz diktiert den »Berliner Pressespiegel« im RIAS (ehemals Drahtfunk),
   Ende 1947.
4 Hochzeit von Hanns-Peter und Uta Herz, geb. Ryll, 1962.
5 Hanns-Peter und Uta Herz mit ihren Töchtern Petra und Judith in der Hanne-Nüte-Straße in
   Britz 1969.
6 Hanns-Peter Herz erhält vom Regierenden Bürgermeister von Berlin, Eberhard Diepgen,
   am 1. Oktober 1994 den Verdienstorden des Landes Berlin.

Ein Porträt der Familie Herz befindet sich auf Seite 26.

DAS REZEPT DER BRITZER FLEISCHERFAMILIE VOGEL

Susanne Lehmann, Bärbel Ruben

Gruß aus Templin (Uckermark)

2

milienangehörigen. Das Familienunternehmen ist der Dreh- und Angelpunkt. Erst kürzlich entschloss sich die Familie des Juniorchefs Frank Vogel zum Wegzug, allerdings nur kurz über die Berliner Stadtgrenze – nach Großziethen. Den Ort erreicht man, von Britz über Buckow kommend, in knapp 15 Autominuten. Von »Familienflucht« kann also keine Rede sein.

Der aus Bergsdorf bei Zehdenick stammende Richard Vogel (1897–1972) ist Begründer des Berliner Fleischereigeschäfts. Er ist der Vater von Franz und Großvater von Frank Vogel. Richards Vater wiederum hieß ebenfalls Franz. Zusammen mit seiner Frau Franziska betrieb dieser vor etwa 100 Jahren in Templin den »Gasthof zur Viehbörse«. Der Gasthof befand sich in der Nähe des Bahnhofs und einer Pferderennbahn, also in bester Lage für einen Ausflugsort. In der Familie ist über-

Familienwurzeln

Seit nunmehr einem halben Jahrhundert betreibt die Fleischerfamilie Vogel am Britzer Damm 80 ein Familienunternehmen. Inzwischen haben die Vogels bereits in dritter Generation tiefe Wurzeln in Britz geschlagen, Wurzeln, die sich so weit verästelt haben, dass sie dem Stammbaum sicheren Halt bieten. Noch immer ist mit Franz (geboren 1938) und Ingrid Vogel, geborene Fenner (geboren 1942) die Elterngeneration für das Geschäft zuständig. Die Ablösung durch Sohn Frank (geboren 1967) und dessen Frau Peggy (geboren 1974) wird sich jedoch in diesem Jahr planmäßig vollziehen.

Auf dem kleinen Fleischereigrundstück und nicht weit davon entfernt, in Britz und Umgebung, wohnen noch nahezu alle Fa-

liefert, dass es dort auch eine Viehwaage gab. Seit wann die Vogels als Gastwirte in Templin nachzuweisen sind, ist in Vergessenheit geraten. Die Spuren verlieren sich mit Stammvater Franz und dessen Gemahlin Franziska Vogel im Uckermärkischen.

Zurück zu Richard. Er erlernte in Templin das Fleischerhandwerk und ging als junger Mann nach Berlin. Der Sog der Reichshauptstadt erfasste viele junge, tüchtige und arbeitsuchende Menschen in dieser Zeit. Bevor er an die Gründung eines eigenen Unternehmens denken konnte, musste er sich selbst hocharbeiten. So war er lange Jahre in der Charlottenburger Fleischwarenfabrik Hefter tätig.

Etwa 1936, Richard Vogel war bereits 39 Jahre alt, gelang ihm der Sprung in die Selbständigkeit. Im Pankower Ortsteil Heinersdorf erwarb er an der Blankenburger Straße ein großes Grundstück und baute sich seinen eigenen Schlächtereibetrieb auf. Neben dem Fleischereigeschäft betrieb die Familie Vogel sowohl einen Lebensmittel- und Getränkeladen als auch einen Seifenladen, in dem die traditionelle Wäscherolle nicht fehlen durfte. Zum Unternehmen gehörten auch ein kleiner Fuhrpark mit einigen Lieferfahrzeugen sowie eine Werkstatt. Im Familienbetrieb spielte die Ehefrau Hilde Vogel, geborene Bencke, die Richard im Oktober 1939 geheiratet hatte, eine entscheidende Rolle. Hilde wurde 1915 in Sassenburg / Kr. Neustettin geboren. Als junges Mädchen arbeitete sie als Dienstmagd bei einem pommerschen Gutsbesitzer. Auch sie ging wegen besserer Verdienstmöglichkeiten in den dreißiger Jahren nach Berlin »in Stellung«, wie es damals hieß. Als Fleischersfrau hielt Hilde die Heinersdorfer Wirtschaft zusammen und hatte »das Kommando in allen Belangen«. Im Geschäft arbeiteten auch ihre Mutter sowie Hildes Schwestern Erika und Else, deren Söhne und Schwiegertöchter mit. Nach und nach fand sich nahezu die gesamte »pommersche Verwandtschaft« in Heinersdorf ein. Im Unternehmen war für jeden ein Platz vorhanden, ob als Schlächtergehilfe, Fahrzeugführer, Verkäuferin, Putzfrau oder Kindermädchen. Das Geschäft florierte. Während des Zweiten Weltkriegs litt die Familie keine Not. Richard Vogel wurde nur kurzzeitig eingezogen, bald jedoch als wichtiger Fleischlieferant vom Kriegseinsatz befreit. Die Fleischerei belieferte unter anderem die »Spandauer Stahlindustrie GmbH«. In diesem Rüstungsbetrieb waren hauptsächlich ausländische Zwangsarbeiter beschäftigt. Die Familie Richard Vogel überstand den Krieg unbeschadet.

Fluchtpunkt Neukölln

Umso erbarmungsloser schlug das Schicksal in den Nachkriegsjahren zu. Die Versorgungslage war sehr kritisch, der Schwarzhandel blühte. Ein selbständiger Fleischermeister wie Richard Vogel wurde von den sowjetischen Besatzungsbehörden argwöhnisch als Kapitalist beäugt. Schnell konnte man als Kleinunternehmer zwischen die Fronten geraten.

Die Jahreswende 1946/47 veränderte alles: Richard Vogel geriet unter falschen Anschuldigungen in die Fänge des sowjetischen

3

Sicherheitsapparats NKWD (Volkskommissariat des Innern der UdSSR). Durch die folgenden Ereignisse wurde die Familienperspektive nachhaltig erschüttert. Der Familienverband selbst überstand die qualvollen Jahre unbeschadet, man könnte sogar meinen, die einzelnen Glieder rückten, durch das Schicksal geprüft, noch fester zusammen. Das mühsam aufgebaute Heinersdorfer Familienunternehmen jedoch stand Ende 1948 vor dem Aus. Die Familie war gezwungen, unter Aufgabe aller Werte bei Nacht und Nebel über die Sektorengrenze in den Westen zu flüchten.

Der Reihe nach: Im Dezember 1946 tauchten sowjetische Offiziere im Heinerdorfer Geschäft auf. Mit sanfter Gewalt und unter Vorspiegelung einer in Aussicht gestellten Belohnung zwangen sie Richard Vogel zu einem undurchsichtigen Fuhrgeschäft. Mehrmals musste er mit seinem Lieferauto Säcke von Heinersdorf nach Wilmersdorf transportieren. Mitgegangen, mitgefangen und beinahe mitgehangen ... Richard Vogel geriet durch seine unfreiwilligen Dienstleistungen in ein Schwarzhandelsgeschäft der Russen. Die

Hehlerei der Besatzungsoffiziere flog wenig später auf. Im März 1947 wurde Richard Vogel durch den sowjetischen Geheimdienst NKWD verhaftet. Er durchlief mehrere operative Gefängnisse des NKWD. Im Volksmund hießen diese Gefängnisse in Anlehnung an den Namen der gefürchteten sowjetischen Geheimpolizei der zwanziger Jahre: »GPU-Keller«. Tatsächlich handelte es sich dabei häufig um provisorisch eingerichtete Kellerverschläge. In nächtelangen Verhören schlugen und folterten NKWD-Offiziere Richard Vogel, um Geständnisse zu erpressen. Anschließend entschieden sie, ihn in das berüchtigte Gefängnis Nr. 6 des NKWD in die Lichtenberger Magdalenenstraße zu verbringen, wo er vor ein sowjetisches Militärtribunal gestellt und zu fünf Jahren Arbeitslager wegen »Beihilfe zur Spekulation« verurteilt wurde. Grundlage der Verurteilung war das russische Strafgesetzbuch – eines der wichtigsten Instrumente des stalinistischen Terrors. Seine Artikel 58 und 59 bezogen sich auf die Ahndung von weit auslegbaren »konterrevolutionären« Verbrechen, wobei »konterrevolutionäre« Absichten und Handlungen bei bloßem Verdacht einer oppositionellen Haltung oder bei kleinsten kriminellen Delikten unterstellt werden konnten. Wie seine Mithäftlinge erlitt Richard Vogel die menschenverachtende Willkür der Gefängnisverwalter, litt Hunger und lebte unter katastrophalen hygienischen Verhältnissen. Er klammerte sich an seinen Glauben und bekannte später, dass ihn seine Bibelfestigkeit vor dem »Eingehen« gerettet hat. Lichtenberg war jedoch erst der Anfang. Am 26. April 1947 wurde er zusammen mit anderen Häftlingen in das sowjetische Speziallager Nr. 7 nach Sachsenhausen transportiert. Sachsenhausen gehörte zu insgesamt zehn Speziallagern in der sowjetischen Besatzungszone Deutschlands. Es war das größte Lager. Bis zur Auflösung im Frühjahr 1950 waren etwa 60.000 Menschen – Frauen, Männer, Jugendliche und sogar Kinder dort inhaftiert. Zweck der Inhaftierung war, wie es in der sowjetischen Lagerordnung hieß, die »völlige Isolierung«. Mindestens 12.000 Häftlinge starben an Hunger, Krankheiten und Seuchen. Als verurteilter Häftling kam Richard Vogel in die so genannte Zone II des Lagers Sachsenhausen. Dort verbrachte er in der Baracke 19 eine zermürbende Zeit, begleitet von ständigem Hunger und nahezu ohne Beschäftigung. Morgendliche und abendliche Zählappelle waren die einzige »Abwechslung«. Die sowjetischen Speziallager waren keine Zwangsarbeitslager wie die GULAGs, die ebenfalls dem NKWD unterstanden. Die Häftlinge empfanden neben der Isolation die auferlegte Untätigkeit als eine große psychische Belastung. Der Tagesablauf war durch das Warten auf Essen bestimmt. Nur eine kleine Minderheit konnte zur Aufrechterhaltung des Lagerbetriebs einer Arbeit nachgehen. Dazu gehörte auch die Ausübung einer Funktion innerhalb der deutschen Häftlingsverwaltung, die die innere Organisation des Lagers regelte. Im November 1947 wurde Richard Vogel für das Rollkommando I rekrutiert. Das Rollkomando war für den Transport der spärlichen Verpflegungsrationen von der Lagerküche oder Bäckerei in die Baracken der Zone II zuständig. Endlich erhielt er »ausreichend« zu essen. Über diese Tätigkeit lernte Vogel den Mitgefangenen Erich Mädler kennen, er war im Lager als Baracken- und Wirtschaftsführer tätig. Zusammen mit Mädler und drei weiteren verurteilten Häftlingen der Zone II (Erich Rusche, Hans Range und Alfred Meinke) schmiedete Vogel Fluchtpläne. Von der Baracke 10, Stube 13, gelang den fünf Häftlingen in der Nacht vom 11. zum 12. November 1948 das eigentlich Unmögliche – die Flucht aus dem Lager. Sechs Wochen hatten die Häftlinge in nächtlicher Arbeit und unter ständiger Gefahr der Entdeckung einen 22 m langen Tunnel gegraben, der außerhalb der Lagermauern endete. Die Häftlinge benutzten den Hängeboden der Baracke zur Unterbringung von 9 m³ Sand, der in 250 (!) aus dem Magazin des Lagers gestohlenen Kopfkissenbezügen übereinandergestapelt wurde. Durch ihre verschiedenen Tätigkeiten im Rollkommando hatte die Gruppe die Möglichkeit, an Stützbalken, Elektroleitungen (zur Stabilisierung und Beleuchtung des Tunnels) und andere Werkzeuge und Materialien, die zur Flucht benötigt wurden, zu gelangen. Ihr Fluchtweg führte sie über Oranienburg, Borgsdorf und Birkenwerder und schließlich in den französischen Sektor nach Frohnau. Völlig entkräftet kam Richard Vogel in die Reuterstraße nach Neukölln, wo seine Schwester Margarete wohnte. Nachdem die Flucht um 5 Uhr morgens beim Wecken entdeckt worden war, setzte eine umfangreiche Fahndung ein. Das Familienschicksal schien besiegelt. Richard Vogel konnte nicht mehr in den Ostsektor zurück.

Nach Bekanntwerden der erfolgreichen Flucht verließen auch Hilde Vogel und die Kinder Franz, Renate und Marianne bei Nacht die Heinersdorfer Heimat und flüchteten in den Westsektor. Die Gefahr war groß, als Familienangehörige verhaftet zu werden. Nahezu der Rest der Heinersdorfer Familienangehörigen folgte ihnen nach. Familienwerte konnten so gut wie keine gerettet werden. Die Familie musste ganz von vorn anfangen.

Richard Vogel arbeitete zunächst als Abrissarbeiter und half mit, zerbombte Häuser in der Karl-Marx-Straße zu räumen. Als sich für Richard Vogel die Gelegenheit ergab, wieder als Fleischer zu arbeiten, zögerte er nicht zuzugreifen. Bei der Firma Schöntaler, einem Fleischgroßwarenhändler in Tempelhof, fand er zwei Jahre lang eine Anstellung. 1952 schließlich übernahm er unter Aufnahme eines Privatkredits die kleine Fleischerei am Britzer Damm. Von seiner Familie unterstützt, wagte er mit 54 Jahren zum zweiten Mal den Aufbau einer eigenen Existenz. In den folgenden zwanzig Jahren baute er das Britzer Familienunternehmen zu einer soliden Firma auf. 1972 starb Richard.

4

Der Britzer Familienbetrieb

Inzwischen ist Richards Sohn Franz Vogel seit 38 Jahren Chef der Fleischerei am Britzer Damm. Vor ihm liegt die schwer verdiente Rente und sein Sohn Frank ist bereit, das Geschäft zu übernehmen. Doch zur Ruhe setzen will sich Franz auf keinen Fall. Auch sein Vater Richard gönnte sich keinen Ruhestand, er hat im Betrieb bis zu seinem Tod mitgearbeitet. Franz Vogel wird weiterhin seinen Sohn unterstützen, in die Halle fahren und Waren einkaufen. Vielleicht wird er nicht mehr jeden Morgen um drei Uhr aufstehen und es bleibt mehr Zeit zum Verreisen mit seiner Frau Ingrid. Doch darin sind sich Vater und Sohn einig, viel verändern wird sich nicht.

Die zweite und dritte Fleischergeneration sind ein eingespieltes Team. Betriebsorganisation und Arbeitsverteilung funktionieren reibungslos. Laden und Partyservice liegen in den Händen der Frauen. Auch um die Buchhaltung und die Finanzen kümmern sich Ingrid und Peggy Vogel. Die Männer sind verantwortlich für den Einkauf und die Lieferung sowie die körperlich schweren Aufgaben – Fleischverarbeitung und Wurstzubereitung.

Zum Betrieb gehören auch zwei Angestellte: Ein Geselle konnte nach seiner Lehrzeit übernommen werden und ein Lehrmädchen wird zur Fleischfachverkäuferin ausgebildet. Franz' Schwester Renate ist zwar Rentnerin, kommt aber regelmäßig einmal in der Woche zur Aushilfe. In Notlagen, wenn die Arbeit ihnen über den Kopf wächst, greifen die Vorzüge des Familienunternehmens. Dann helfen zum Beispiel Ingrid Vogels Schwester Karin, die Tochter Sabine, Schwiegersohn Lutz und sogar dessen Vater mit. Alle sind nach einer kurzen Arbeitseinweisung in der Lage, im Betrieb mitzuarbeiten. Familie Vogel kennt das auch nicht anders, das war schon immer so.

Die Schwestern Renate (geboren 1940) und Marianne Vogel (geboren 1942) gingen mit 14 Jahren bei ihrem Vater Richard in die Lehre. Renate war mit Herz und Seele dabei, schon während ihrer Schulzeit wurde sie freitags und sonnabends freigestellt, um im väterlichen Betrieb mitzuarbeiten. Marianne wollte lieber Friseurin werden, doch Mutter Hilde war entschieden dagegen. »Nicht anderen Leuten die Läuse vom Kopf holen, das kommt nicht in Frage!«

5

Sohn, sondern auch von der Mutter an die Schwiegertochter weitergegeben. Doch gibt es nicht nur Ähnlichkeiten in den Lebenswegen der beiden Fleischer, und eine Rückkehr in den Heimatbetrieb hieß nicht einfach ein Einordnen in bestehende Verhältnisse. Frank Vogel sah es als Grundbedingung für die gemeinsame Arbeit an, dass sich auch der Vater Neuerungen gegenüber aufgeschlossen zeigt. Er wiederum orientiert sich ebenso stark an den väterlichen Erfahrungen. Altes und Neues ergeben die gesunde Vogel'sche Mischung. Frank Vogel bilanziert die Zusammenarbeit der beiden Fleischergenerationen: »Wir sind seit den letzten fünf Jahren soweit, dass jeder zu jeder Zeit ersetzbar ist. Wenn wir Jüngeren ausfallen, ist es schon etwas schwieriger für meine Eltern. Aber vor zehn Jahren wäre es schwieriger gewesen, meine Eltern zu ersetzen. Jetzt sind wir gut eingespielt.«

Wie sehr das stimmt, sieht man an einem scheinbar banalen Beispiel. Der Sommerurlaub wird so organisiert, dass Alt und Jung vier Wochen Zeit bekommen, um mit dem familieneigenen Wohnwagen zu verreisen, ohne dass der Laden geschlossen werden muss. Außerdem wird für die Bleibenden alles so vorbereitet, dass sie nur noch die Frischware zubereiten müssen und damit kein übermäßiges Arbeitspensum haben.

Bis 1965 wurden auf dem Grundstück am Britzer Damm 80 jede Woche vier bis fünf Schweine und ein Großtier geschlachtet. Da musste sonnabends nach Ladenschluss die ganze Familie mithelfen, »Fett abtrennen, Därme durchspülen – ein Haufen Arbeit ist das bis zur fertigen Wurst«. Renate erinnert sich, dass sie zusammen mit ihrer Schwester manchmal die Schweine gestreichelt hat, um sie zu beruhigen. Die Tiere holte Richard Vogel damals von Bauer Richter, der wohnte schräg gegenüber. Britz war fast noch ein Dorf, man konnte die Tiere am Strick über den Damm führen. Bauer Richters Tiere wurden mehrmals auf der »Grünen Woche« prämiert und Vogels warben mit dem Qualitätsfleisch im Schaufenster. Damals wie heute wurde streng auf die Qualität des Fleisches geachtet. Seit zwei Jahren bezieht die Fleischerei Vogel ihr Fleisch von einem Agrar- und Schlachtbetrieb aus Havelberg. Auf über 100 Hektar Weideland stehen dort Milchkühe und Rinder in kompletten Herden, die das ganze Jahr über zusammen bleiben.

Für beide war die Lehrzeit nicht unbedingt leicht, »da gab es keine Vorzüge und bei Mutter sowieso nicht«. Franz Vogel durfte nicht als Lehrling im Familienbetrieb bleiben. Warum das so war, weiß keiner genau, doch blieb damit die Tradition erhalten, denn auch Frank Vogel ging nicht bei seinem Vater in die Lehre. Beide fanden ihre Lehrstellen bei Kollegen ihrer Väter.

Nach der Lehre und einem Gesellenjahr bekam Frank Vogel eine Stelle bei Karstadt am Hermannplatz, das zu der Zeit noch seine eigene Fleischproduktion hatte. Doch er kehrte nach Hause zurück, als sein Vater gesundheitliche Probleme bekam. Schon jener war nach seinem Gesellenjahr zu seiner Familie zurückgekehrt und hatte später den Betrieb seines Vaters zusammen mit Ehefrau Ingrid übernommen, die bereits vor der Heirat Fleischfachverkäuferin war. Direkt nach der Heirat hatte sie im Familienbetrieb Vogel zu arbeiten begonnen. Peggy, Franks Frau, war Lehrfräulein bei der Fleischerei und dort haben sich die beiden auch kennen gelernt. Also wird der Betrieb nicht nur vom Vater an den

Wo heute Garagen stehen, waren früher Schweineställe, Vogels selbst fütterten zusätzlich 60 Schweine. Ingrid und Franz Vogel wissen noch, wie sie bei ihrer eigenen Hochzeit zwischen Standesamt und Feier die Schweine füttern mussten. Als dann die alte Kesselanlage kaputt ging und es schwierig wurde, die auferlegten Hygienebestimmungen zu erfüllen, hörten sie auf zu schlachten. Heute werden die geschlachteten Tiere früh um vier Uhr in den Betrieb geliefert und dort frisch verarbeitet.

Man sollte meinen, die Arbeit wäre nach Aufgabe der Schlachterei weniger geworden, doch das ist nicht so – an ihre Stelle ist der Partyservice, als zweites Standbein des Betriebs, gerückt. So manches Wochenende bereiten Vogels warme und kalte Büfetts für über 100 Personen zu. Das Angebot reicht von Gänsekeulen über Rouladen bis Eisbein, samt Kartoffeln und anderen Beilagen. Frank Vogel berichtet stolz: »Wir schaffen es, mit vier Personen in einer halben Stunde hundert Leute zu bedienen. Aber es geht natürlich rustikaler zu als bei einem Festbankett.«

Wenn der Kunde die Ware bestellt, kann er sie sich im Laden ansehen. Kataloge gibt es hier nicht. Ingrid und Peggy Vogel legen die kalten Platten nach ihrem persönlichen Geschmack, das kann schon mal verschieden aussehen, dafür achtet niemand auf die genaue Anzahl der Wurstscheiben.

Das Geheimrezept

Auch ein Familienunternehmen ist nicht unangreifbar und dem kalten Wind der Marktwirtschaft ausgesetzt, doch scheinen die Auffangnetze liebevoller gewebt. Die Schwestern von Franz Vogel waren bis 1980 fest angestellt und auch das Leben ihrer Familien spielte sich zu einem großen Teil auf dem Hof der Fleischerei ab. Die damals wachsende Anzahl an Großfilialen und Supermärkten führte jedoch zu verstärktem Konkurrenzdruck, so dass Franz Vogel seine Schwestern und seine Schwägerin entlassen musste. Dieser Schritt fiel allen schwer, doch es gab keine Wahl, neue Arbeit musste gefunden werden. Marianne übernahm eine Position in einer Kantine und Renate fand eine Anstellung in einem Supermarkt. Zwölf Jahre lang blieb sie dort als Abteilungsleiterin und bereut heute diesen Schritt keineswegs, verbucht ihn eher als gute Lebenserfahrung.

6

Es ist unangreifbare Tradition bei Familie Vogel, dass man füreinander da ist. Selbst die jüngsten, die Cousinen Jennifer und Jessica, sind miteinander befreundet, telefonieren viel und treffen sich regelmäßig. Nicht nur bei der Arbeit halten alle zusammen. Jeder runde Geburtstag wird ausgiebig mit allen Familienmitgliedern gefeiert. Das jeweilige Geburtstagskind wird mit einem Büfett sowie launigen Programmeinlagen überrascht. Dabei scheuen die »Programmgestalter« vor keinen Mühen zurück. Als Franz Vogel 60 wurde, holte seine Tochter den DJ extra aus Ostfriesland. Franz Vogel zu Ehren dichtete dieser gute Freund das Lied »Kleine Fleischerei«, das die Kinder heimlich einstudierten und zum Besten gaben.

Renates Familie besitzt einen Garten in der Kolonie »Goldregen«. In der Gartenanlage organisiert sie einen jährlichen Trödelmarkt und ist aktiv am Sommerfest beteiligt. Die Fleischerei Vogel sponsert Preise für die Kinder und sorgt mit einem Bratwurststand für das leibliche Wohl. Der Verkaufserlös fließt zur Hälfte in die Kinderspielstraße des Kleingartenvereins. 27 Jahre lang spielte Frank in einem der ältesten Neuköllner Fußballvereine, dem VFB Britz (heute: VFB Concordia Britz), mit. Sonntags standen nicht nur die Eltern, sondern auch Schwester, Schwager und Nichte fiebernd am Rande des Fußballfeldes. Ingrid Vogel erinnert sich: »Zu jedem Auswärtsspiel bin ich mit Kaffeekannen und Glühwein im Winter losgezogen, mit Gebäck, Tisch und Stühlen ... es konnte regnen, nichts hat uns abgehalten!« Beide Eltern engagierten sich stark im Vereinsvorstand, Ingrid Vogel war zehn Jahre lang Schatzmeisterin.

Franz hat Ingrid, die aus Kreuzberg stammt, 1960 in ihrem Stammlokal in der Blücherstraße kennen gelernt. Dieses Jahr sind sie vierzig Jahre lang verheiratet. Vierzig Jahre verbringen sie Tag und Nacht, Arbeit und Freizeit zusammen. Da ist es kein Wunder, dass ihre Gedanken in den gleichen Bahnen fließen. »Wir wissen voneinander, was der andere denkt, ohne etwas zu sagen.« Franz ist stolz auf seine Frau: »Sie kann einfach alles!« Er hat immer zu ihr gehalten, denn oftmals gab es Reibereien mit seiner Mutter Hilde. Hochbetagt starb Hilde im vergangenen Jahr. Noch auf dem Krankenbett wollte sie Befehle erteilen. Ingrid Vogel hat es geschafft, sich gegen die Schwiegermutter zu behaupten, auch wenn das nicht immer leicht war. »Ich muss sagen – trotz der beiden Kinder – wenn mein Mann nicht so zu mir gehalten hätte, dann wäre ich nicht hiergeblieben.«

Mittlerweile gehören die Vogels zu den alteingesessenen Britzer Bürgern und fühlen sich eng mit Britz verbunden. Sie genießen ein hohes Ansehen in ihrer Nachbarschaft und Kirchengemeinde. Alle Kindstaufen, Einsegnungen und Hochzeiten fanden in der Britzer Dorfkirche statt. Frank Vogel resümiert: »Da, wo man seinen Lebensmittelpunkt hat, sollte man sich wohlfühlen und sich damit identifizieren. Für mich war es immer richtig, in Britz zu sein. Ich bin ja jetzt aus Britz nach Großziethen rausgezogen. Aber für mich bleibe ich immer Britzer. Es ist einfach so. Wie das später mal mit meinen Kindern wird, werden wir sehen. Sie sagen vielleicht einmal: Wir sind Großziethener, weil sie dort aufgewachsen sind.«

Ein traditionelles Rezept wird innerhalb der Familie weitergegeben. Die Spezialität des Hauses Vogel: Pommer'sche Lungwurst ist eine stark aromatische, feste Dauerwurst, die besonders gut zu deftigen Gemüsesuppen passt. Das Rezept für die Herstellung existiert nur in den Köpfen der Fleischer und ist streng geheim. Selbst Berliner aus anderen Bezirken nehmen den langen Weg nach Britz für diese Rarität in Kauf.

Der Artikel basiert auf Gesprächen mit Franz, Ingrid und Frank Vogel sowie Renate Schobba, der Schwester Franz Vogels. Richard Vogel hinterließ seiner Familie einen undatierten, maschinengeschriebenen Bericht über seine Lagerhaft und Flucht, der hier erstmals ausgewertet werden konnte.
Wir danken Frau Dr. Ines Reich von der Gedenkstätte und Museum Sachsenhausen für die Bereitstellung der dort vorliegenden sowjetischen Quellen über Richard Vogel und die wissenschaftliche Begleitung des Beitrags.

1 Die Familie des Templiner Gastwirts Franz Vogel mit seiner Frau Franziska, um 1910; v.l.n.r.: die Kinder Trude, Richard, Fritz, Dora und Grete.

2 Der »Gasthof zur Viehbörse« in Templin, um 1910; vor dem Eingangs links: Franz und Franziska Vogel, davor die Mädchen Grete, Dora und Trude.

3 Familie Vogel in ihrer Heinersdorfer Wohnung, Weihnachten 1943; v.l.n.r.: Hilde Vogel mit Tochter Marianne, Sohn Franz, Richard Vogel und Tochter Renate.

4 Die Belegschaft der Tempelhofer Fleischwarenfirma Schöntaler 1950, in der 1. Reihe mit Brille: Richard Vogel, links neben ihm Firmeninhaber Emil Schöntaler.

5 Renate Schobba als Verkäuferin hinter der Fleischtheke in Vogels Geschäft, 1960er Jahre.

6 Die Belegschaft vor der Fleischerei aus Anlass des 50-jährigen Betriebsjubiläums, 2002; v.l.n.r.: Karin Böttcher (Schwester Ingrid Vogels), Geselle Alexander, Lehrfräulein Ina, Fleischermeister Franz Vogel, Renate Schobba (Schwester Franz Vogels), Ingrid Vogel, Peggy Vogel (Ehefrau Frank Vogels), Sabine Haase (Schwester Frank Vogels) und Fleischermeister Frank Vogel.

Ein Porträt der Familie Vogel befindet sich auf Seite 33.

ZWEI ARBEITERFAMILIEN
BEI TESTORP

Rainer Pomp

2

Im Archiv des Heimatmuseums gibt es einen weißen Sack mit blauen und roten Streifen: den »Testorp-Wäschesack«. Viele ältere Berliner kennen sie noch, die Großwäscherei mit ehemals fast hundert Filialen in ganz Berlin. Die Spenderin des Wäschesacks erzählt von der außergewöhnlichen Form eines Familienbetriebs:

Ein Jahr nach Kriegsende, 1946, war Ingeburg Feist, wie sie damals hieß, fünfzehn Jahre alt und suchte Arbeit. Eine Stelle zu finden war damals gar nicht so leicht, denn die vielen Kriegsheimkehrer und Flüchtlinge drängten auf den Arbeitsmarkt. Ein Arbeitsplatz bedeutete aber ein Mehr an Lebensmittelmarken, die die Essensrationen bestimmten. Hunger beherrschte das Nachkriegs-Berlin. Die jüngere Schwester Ingeburgs wog zum Kriegsende 1945 als Siebenjährige gerade mal vierzehn Kilo und Ingeburg hat ihr manche Kartoffel extra zugesteckt. Eine ältere Nachbarin war gar an Hunger gestorben.

Doch mit Hilfe ihres Vaters bekam Ingeburg eine Stelle bei der Firma Testorp. Gleichzeitig mit seiner Tochter nahm nun Gustav Feist wieder eine Stelle ein, die er schon vor Krieg und Kriegsgefangenschaft inne hatte: Er war als Fahrer beschäftigt. Seine Frau hat-

te er 1928 bei Testorp kennen gelernt. Aber nicht nur Ingeburgs Mutter, sondern auch ihr Großvater, zwei Onkel und zwei Tanten arbeiteten dort. Später wurde auch Ingeburgs Schwester in der Fabrik tätig. Ein Großteil der Familie arbeitete bei Testorp – was nichts Ungewöhnliches war. Es gab viele Familien, von denen Geschwister, Eltern, gar Großeltern bei Testorp arbeiteten. Allerdings war bei Ingeburgs Familie die Zahl der hier arbeitenden Familienmitglieder sehr groß und sollte sich sogar noch weiter erhöhen.

Der Grund für diese Art »Familienbetrieb« lag nicht in einer festgelegten Betriebspolitik der Firma; vielmehr wurden die Arbeiter aufgrund von Empfehlungen angestellt – und man empfahl eben seine Verwandten. Dieses Fürsprachesystem brachte dem Firmeninhaber wohl keine schlechten oder müßigen Arbeiter, denn es verpflichtete sowohl den verwandtschaftlich verknüpften neuen Angestellten als auch dessen Fürsprecher gegenüber ihrem Chef.

Ingeburg arbeitete in der Großwäscherei an der Mangel. Anfangs musste sie immer in den Wedding fahren. Zu jener Zeit war der eigentliche Betrieb in Britz in der Haarlemer Straße von der amerikanischen Armee, die die Wäscherei für das Militär beschlagnahmt hatte, belegt. Lediglich der Fuhrpark von Testorp war noch in der nahen Späthstraße geblieben. Erst 1951 kam die Wäscherei wieder an ihren alten Standort zurück. Ingeburg wohnte damals mit ihrer Familie in der Marienthalerstraße, gleich um die Ecke von Testorp. Im Parterre des Elternhauses war eine der Kneipen, in der sich die Fahrer nach getaner Arbeit auf ein oder auch ein paar mehr Bier trafen. Schließlich mussten die Fahrer ja den Dreck herunterspülen und tagsüber war wenig Zeit zum Essen und Trinken. Im »Piepmatz« hat die junge Ingeburg oft mal nachgesehen, »was der Papa so macht«.

Unter den Fahrern war auch ihr zukünftiger Mann, ein Kollege ihres Vaters. Der tauchte häufiger im Wedding im Büro oder in der Späthstraße auf und brachte Briefe aus dem Weddinger Betriebsteil mit. Doch »offiziell« kennen gelernt hat sie ihn erst 1948. Hermann Detert trug nicht nur die schicke Uniform der Testorp-Fahrer, sondern sah auch sonst gut aus. Bei der Weihnachtsfeier der Firma im Wedding hat es dann zwischen den beiden gefunkt. Nach der Feier fuhren an die fünfzehn Leute im Lieferwagen Richtung Neukölln.

Doch am Tempelhofer Ufer ging die Kohle aus – die in der Nachkriegszeit statt Benzin Brennstoff für den Motor war. Da haben dann alle auf der Straße getanzt und sind bis nach Britz gelaufen ...

Geheiratet haben die beiden im Dezember 1949. Ingeburg musste sich vorher die Einwilligung ihrer Eltern einholen, da sie unter 21 und damit nicht volljährig war. Auf eine offizielle Vorstellung bei den künftigen Schwiegereltern bestand ihr Mann. Ingeburg hatte großen Bammel davor, vor allem wegen des Schwiegervaters – ihn kannte sie schon aus der Firma. Er war zwar ruhig, sah aber etwas streng aus. Als die Schwiegermutter von dem Heiratsvorhaben hörte, sagte sie sofort: »Ach, das ist aber lieb« – na ja, und der Schwiegervater war dann auch einverstanden. Ingeburg Detert zog in die Wohnung der Schwiegereltern in der Wildenbruchstraße. Sie fand dort eine herzliche Aufnahme und auch so etwas wie eine Ersatzfamilie, denn ihre Eltern hatten sich 1947 getrennt. Außergewöhnlich eng war das Verhältnis zur Schwiegermutter, die ihr sehr viel anvertraute und manche Sorge mit ihr teilte. Die Schwiegermutter war so toll, »da könnte sich manch eine Mutter eine Scheibe abschneiden«, erinnert sich Ingeburg heute noch.

In der Drei-Zimmer-Wohnung lebten außer den Schwiegereltern die Schwester ihres Mannes, deren Mann und ihr Kind. Sowohl der Schwiegervater, die Schwägerin und deren Mann arbeiteten bei Testorp. Die Wohnungsnot der Nachkriegszeit ließ viele Familien näher zusammenrücken. Bald jedoch fanden die Schwägerin und deren Mann eine eigene Wohnung. Ingeburg und Hermann Detert blieben in der Wohnung und als ihre Tochter 1950 geboren wurde, konnte sich die Schwiegermutter um das Kind kümmern. Nach einem Unfall 1952 konnte Ingeburg die schwere Arbeit bei Testorp nicht mehr ausüben. Zunächst war sie vor allem mit ihrer Tochter beschäftigt.

Obwohl sie sich sehr gut mit den Schwiegereltern verstand, wollte sie eine eigene Wohnung haben. 1956 war es soweit. Ihr Schwiegervater und ihr Mann sträubten sich zunächst dagegen – Wohnungen kosteten immerhin einen Wochenlohn. Unterstützung für ihr Vorhaben fand Ingeburg nur bei ihrer Schwiegermutter, und sie musste die Wohnung alleine suchen. Zu Hilfe kam ihr ein Freund und Kollege ihres Mannes, Erich Adler: »Hermann, ick hab

jehört, ihr kriecht ne Wohnung!« – »Ja, Inge, ich nich!« – »Und?« – »Na sie will ziehen.« – »Na, det macht se richtig.« – »Was?« – »Na dann bleib du bei deinen Eltern und lasse ziehen.« Diese Unterhaltung war dann wohl ausschlaggebend, dass sich Hermann mit seiner Frau die Wohnung anschaute und mit seiner Familie dort einzog. In diesem Haus wohnt Ingeburg Detert heute noch. 1960 fand sie eine Stelle bei der Firma Sarotti, ihr Kind wurde damit ein Schlüsselkind.

3

Ihr Schwiegervater Wilhelm Detert hatte 1910 in der Firma angefangen, damals noch an ihrem ersten Sitz in Hamburg. Dort war bereits eine Tante seiner Frau beim Firmengründer, dem Urgroßvater des jetzigen Besitzers, Julius Testorp, als Hausdame beschäftigt gewesen. Als die Firma 1926 ihren Sitz nach Berlin verlegte, zogen die Schwiegereltern Ingeburgs mit in die Hauptstadt. Wilhelm Detert war quasi mit der Firma »verheiratet«. Sein 50-jähriges Dienstjubiläum feierte er 1960. Er war Wäschemeister der Firma, das heißt, er war verantwortlich dafür, wie »seine Frauen« innerhalb der Firma arbeiteten. Diese mussten die angelieferte schmutzige Wäsche aus den Testorp-Wäschesäcken in die Kammern

4

riesiger Waschmaschinen umfüllen. Nach dem Waschen und Schleudern wurde die Wäsche – jede Lieferung in Körben transportiert – in großen Mangeln geglättet. Fünf Frauen arbeiteten dort: zwei auf der einen Seite, die die Wäschestücke in die Mangel schoben, und drei, die sie auf der anderen Seite zusammenfalteten. Die saubere, trockene und geglättete Wäsche wurde dann verpackt und in lange Regale zum Abtransport gelegt. Die Arbeit war anstrengend und eine feuchte Hitze erfüllte die Hallen. Als später beim Waschen die Seife durch andere Waschsubstanzen ersetzt wurde, gab es viele Frauen, die bei der Arbeit umkippten. Die neuen Waschsubstanzen waren zwar schonender für die Wäschestücke – für die Angestellten aber gesundheitsschädlich.

Für Hermann Detert, Ingeburgs Mann, wäre die Arbeit in der Fabrik nichts gewesen. Er war einer der vielen Fahrer der Firma. Morgens sortierte er erst einmal die Päckchen mit der sauberen Wäsche, die er auszuliefern hatte. Danach aber war er sein eigener Herr. Er konnte seine Route weitgehend selbst einteilen. Die Wäschepäckchen lieferte er in den Testorp-Filialen ab und nahm die

Wäschesäcke mit schmutziger Wäsche wieder mit. In einer dieser Filialen arbeitete übrigens seine Schwester. Manchmal blieb Hermann Detert auch Zeit, um dort mit den Kolleginnen ein wenig zu plaudern oder rumzuschäkern. Auch lieferte er an Privatkunden, jene Besserverdienenden, die sich den Service leisten konnten, ihre schmutzige Wäsche von zu Hause abholen und wieder sauber zurückbringen zu lassen. Oft genug fuhr Hermann Detert zu den herrschaftlichen Häusern am Ku'damm. Etwas fremd war es da schon und oft durfte er als »Dienstbote« nicht den Aufzug benutzen, sondern musste die vier Treppen hochsteigen. Seine freundliche Art verhalf ihm jedoch zu manchem Extra-Trinkgeld. Das war auch dringend nötig, denn der Lohn selbst war nicht so hoch. Doch wenn er sich beim Kassieren verrechnete, musste er draufzahlen, und so ein Manko war recht ärgerlich.

So angenehm die Freiheit als Fahrer auch war, manchmal wurde es doch ganz schön spät. Selbst an Weihnachten musste Ingeburg Detert auf ihren Mann warten, weil irgendein »feiner Pinkel« seine Wäsche ausgerechnet spät am Heiligen Abend haben wollte. Manche Geburtstagsfeste oder Besuche von Freunden verpasste so der Familienvater. Hermann Detert hätte ja fast einmal eine besser bezahlte Stellung angenommen. Doch mit Rücksicht auf seinen Vater, der ihm den Weggang von »seiner« Firma nie verziehen hätte, nahm er Abstand davon.

So wie Frau Detert ihren Mann in der Firma kennen gelernt hatte und das früher auch ihren Eltern geschah, kam es oft zu Ehen von Betriebsangehörigen. Karin Ullrich, geborene Adler, meine zweite Interviewpartnerin und frühere Kollegin von Frau Detert, bestätigte dies. Auch von ihrer Familie waren alle bei Testorps beschäftigt. Ihr Vater, der oben erwähnte Erich Adler, war jahrelang als Fahrer und später als Wäschemeister in der Firma tätig. Er erreichte zwar nicht ganz die Anzahl an Jahren bei Testorp wie Wilhelm Detert, konnte aber immerhin sein 45-jähriges Betriebsjubiläum in der Firma feiern. Die ältere Schwester Karin Adlers eröffnete 1956 eine Testorp-Filiale in der Teupitzerstraße (heute: Braunschweigerstraße). 1957 wanderte sie in die USA aus und die Filiale wurde kurzfristig von ihrer Mutter übernommen. Von 1958 bis Ende 1969 leitete dann Karin Adler die Filiale. Sie erlebte noch das neue Zeitalter der

5

6

7

Wäscherei: Ihr wurde ein Wäscheautomat in die Filiale gestellt, der unangenehm nach Chemie roch. Ab 1970 fand sie als Angestellte im Rathaus eine besser bezahlte Stellung. Ihren späteren Mann traf sie zum ersten Mal in der Filiale ihrer Schwester. Im Scherz sagte er damals: »Auf dich warte ich. Wir heiraten.« Er war jedoch schon verheiratet und Karin erst zwölf Jahre alt. Viel später, als er geschieden war und Karin die Filiale leitete, sollte aus dem Scherz Ernst werden. Im Juni 1964 heiratete Karin Adler Harry Ullrich.

Warum gab es so viele »Firmenehen«? Vielleicht lag es daran, dass man früher länger arbeiten musste und weniger Freizeit hatte. Diese Freizeit verbrachte man oft gemeinsam mit Kollegen. Im Britzer Tanzlokal trafen sich viele Testorp-Leute. Auch als Ingeburg Detert nicht mehr in der Firma arbeitete, blieb sie weiterhin mit ihr verbunden. Nicht nur durch ihre Verwandten hatte sie weiterhin Kontakt mit Beschäftigten von Testorp. Innerhalb der Firma fanden Betriebsfeiern, 1.-Mai-Feiern oder der Britzer Blumenkorso mit Testorp-Wagen statt, auf denen neben den Angestellten der Firma auch Familienangehörige mitfeierten. Viele Kollegen waren Freunde

der Familie geworden und private Feiern prägten das Beisammensein außerhalb der Firma: Geburtstagsfeiern, Hochzeitsfeiern, aber auch Trauerfeiern. Da die anderen Kollegen meist auch Familienmitglieder in der Firma hatten, gestalteten sich diese Feste zu Festen von mehreren Familien. Selbst wenn einige nicht daran teilnahmen, so erfuhr man doch, was diese so machten. Es war ein Netz von familiären Bindungen, die in und dann auch außerhalb der Firma gepflegt wurden. Es ging sogar so weit, dass Ausflüge von zwei Kollegen zu kleinen Familienausflügen wurden: Hier war die Mutter dabei, dort die Schwester mit Mann. Jeder kannte fast jeden aus der Firma.

Herzstück der betrieblichen Feierkultur waren die Fahrer. Sie waren die Verbindungsstelle von Filialen und Wäscherei. Wenn sie auch den ganzen Tag allein ihre Fuhren hatten, getroffen haben sie sich regelmäßig zum Feierabendbier. Da kam es wohl öfter vor, dass der eine oder andere von seiner Frau oder seinen Kindern abgeholt wurde. Am nächsten Tag musste aber wieder gefahren werden – auch wenn es manchmal dauerte, bis das Fahrzeug wiedergefunden wurde.

Ein recht gutes Verhältnis hatten die Deterts auch zu ihren Chefs. Zwar war der Juniorchef, der Vater des jetzigen Besitzers, etwas kühl, doch Testorp Senior war sehr herzlich. Nicht nur zum Umzug durften Deterts den Firmenwagen benutzen. Der Senior lieh ihnen sogar einmal sein Privatauto für einen Ausflug. Übrigens stammten nicht nur die männlichen Chefs aus der Familie Testorp, auch einige weibliche Familienmitglieder waren in der Firma beschäftigt. Selbst auf der Chefebene gab es also familiäre Beziehungen.

Als Hermann Detert 1982 die Firma verließ, hatte sich schon viel im Betrieb geändert. Seit 1977 ist Testorp nur noch Wäscherei für Großkunden wie Krankenhäuser und Hotels. Die Haushaltswäscherei, der Wäscheservice für Kleinkunden, wurde aufgegeben. Damit reduzierte die Firma nicht nur das Personal in der Wäscherei – das gesamte Filialsystem wurde damit abgeschafft und der Fuhrpark drastisch reduziert. Testorp war nun weitgehend aus dem Stadtbild verschwunden. Innerhalb der Firma gibt es heute nur noch wenige dort arbeitende Familienmitglieder, betriebliche »Großfamilien« überhaupt nicht mehr.

8

die bei Nauen wohnen, mit denen sie sich häufiger trifft. Und dann noch den 19-jährigen Enkelsohn, auf den sie sehr stolz ist. Der kommt sie oft in Berlin besuchen.

Ja, man kann sich glücklich schätzen, wenn die agile und lebenslustige Frau Detert einen Termin für ein Interview in ihrem Kalender findet ...

Der Artikel basiert auf Gesprächen mit Ingeburg Detert und Karin Ullrich, geb. Adler.

Lange vor Erreichung des Rentenalters hörte Ingeburg Detert auf zu arbeiten, als ihr Mann in den Ruhestand ging. Beide verzichteten auf Geld, um das Leben gemeinsam zu genießen. Neben Freizeit, Freunden und Familie setzten sie endlich ihren lang gehegten Wunsch in die Tat um: Sie verreisten in ferne Länder. Und das noch viele Jahre lang.

Nach dem Tod ihres Mannes begann für Ingeburg Detert kein trauriges oder ruhiges Witwendasein. Sie trifft sich mit Bekannten, ehemaligen Mitarbeitern der Firma Testorp und besucht die vierteljährlich stattfindenden Treffen der Betriebsangehörigen von Sarotti. Viele Veranstaltungen besucht sie gemeinsam mit ehemaligen Kollegen. Außerdem trifft sie sich oft mit ihren beiden leiblichen Schwestern und mit ihren vier Stiefgeschwistern (zwei Schwestern und zwei Brüdern). Mit der in den USA lebenden Schwester fing erst kürzlich ein intensiverer Kontakt an. Das Verhältnis von Ingeburgs Mutter zu den Kindern des Mannes, die er aus erster Ehe mitbrachte, war nicht so gut, doch Ingeburg und ihre Schwestern haben ein herzliches Verhältnis zu diesen aufgebaut: »Wat die Eltern machen, det is ihr Bier – da brauchen wir uns nicht in die Wolle kriegen.« Schließlich hat sie auch noch Tochter und Schwiegersohn,

1 Fahrer der Firma Testorp; 2.v.l.: Gustav Feist, Vater von Ingeburg Detert, um 1930.
2 Auf der Wiese vor der Testorp-Fabrik in den 1930er Jahren; links Wilhelm und Elisabeth Detert.
3 Hermann Detert als Fahrer im Testorp-Lieferwagen, Mai 1955.
4 Wilhelm Detert mit seiner Ehefrau an seinem 50-jährigen Dienstjubiläum, 27. Juli 1960.
5 Wäschetrommeln bei Testorp, um 1930.
6 Wäschemangeln bei Testorp, um 1930.
7 Erna Adler in der Testorp-Filiale in der Teupitzer Straße, um 1960.
8 Junggesellenabschied der Testorp-Fahrer in ihrer Stammkneipe, 2.v.l.: Erich Adler, 2.v.r.: (sitzend) Gustav Feist, 1930.

Ein Porträt von Karin Ullrich, geb. Adler, und Ingeburg Detert befindet sich auf Seite 27 und 38.

1

FRAUEN, DIE DEN TON ANGEBEN

Kay Sauerteig

Astrid Herm, 72 Jahre alt, aber kein bisschen gesetzt, sondern so lebendig und frisch wirkend wie die diversen Rottupfer ihrer Garderobe, lerne ich in Begleitung ihres nicht minder munteren Foxterriers Lucky kennen.

Als Vierjährige trifft sie 1935 mit ihrer frisch geschiedenen Mutter aus Ziltendorf bei Frankfurt/Oder kommend in Neukölln ein, verängstigt und eingeschüchtert vom Trubel der Großstadt, den riesigen Häusern und den vielen Menschen.

Die nächsten zehn Jahre verlebt sie, von Unterbrechungen während der Kriegsjahre abgesehen, in Neukölln, schließt ihre Schullaufbahn mit der Mittleren Reife ab und zieht 1945 mit ihrer Mutter und deren neuem Lebensgefährten in die Chausseestraße, den heutigen Britzer Damm. Obwohl ihre Mutter gerne sähe, dass sie ihre Papiergroßhandlung übernimmt, absolviert sie, auch von der restlichen Verwandtschaft misstrauisch beäugt, zunächst eine Ausbildung an der Textil- und Modeschule, Abteilung Theaterkostümentwurf. Sie studiert anschließend acht Semester Graphikdesign an der Hochschule der Künste. Ihre Mutter akzeptiert diese Entscheidung, hat ihr aber »eher mal ein paar schicke Schuhe spendiert als die Studiengebühren bezahlt«, wie sie berichtet. Nebenher jobbt sie und genießt das Leben mit einer Clique von Künstlern, in der sie auch ihren späteren Mann, den Schauspieler Klaus Herm, kennen lernt. 1955 geht sie nach Bremen, um bei Kaffee Hag in der Werbeabteilung erste Berufserfahrung als Gebrauchsgraphikerin zu sammeln.

Zwei Jahre später kehrt sie zurück und heiratet. Das Paar zieht, zunächst gemeinsam mit der Schwiegermutter, ins Corbusierhaus und bleibt auch später in Charlottenburg. Sie arbeitet selbständig als »Ein-Mann-Betrieb«. Klaus Herm ist erst am Schiller-Theater, später freischaffend tätig, arbeitet viel mit Samuel Beckett zusammen, worauf auch die Namensgebung ihres Hundes Lucky zurückgeht. »Das wäre schrecklich, wenn er nichts zu tun hätte«, sagt sie über ihren Mann und das dürfte für sie ganz genauso gelten. Von Rentnerdasein keine Spur. Unternehmungslust liegt in ihrer Familie.

Vielleicht weil Astrid Herm kinderlos ist – wie übrigens auch die jeweils jüngste Schwester von Mutter und Großmutter – und selbst Einzelkind war, bedeutet Familie für sie *Herkunfts*familie, im We-

2

sentlichen: Mutter Erna und Großmutter Berta. Die liebevolle Bindung an diese beiden Frauen bildet das Zentrum ihrer Familiengeschichte und diese Geschichte bewahrt Astrid Herm in Form von Fotos, Aufzeichnungen, Dokumenten und Erinnerungsstücken.

Wenn die Erinnerung spricht, entsteht das Bild zweier Frauen, die sich nicht haben unterkriegen lassen, die unternehmerisch findig und durchsetzungsfähig waren und sich auch in Liebesdingen

3

Astrids Großmutter Berta kommt am 2. März 1883 in Gottow im Kreis Jüterbog auf die Welt. Zwei Jahre später, nach der Geburt des zwölften Kindes, darunter neun Mädchen, stirbt Bertas Mutter Luise Müller, geborene Bastian, noch im Kindbett. Nun müssen sich die Älteren um die kleinen Geschwister kümmern, von denen ein Mädchen »aus Kummer« stirbt. Nachdem der Vater Theodor Müller, ein Gastwirt und Betreiber der Stadtwaage, sich mit einer kinderreichen Witwe wieder verheiratet, ist für Berta »kein Platz mehr in der Familie«.

Im Jahr 1900 macht sie sich 17-jährig auf nach Berlin. In einer Bäckerei in Rixdorf findet sie Arbeit und lernt den Bäckermeister Johann Smoktun, genannt Hans, kennen. Ungeplant schwanger heiratet sie ihn 1904 – aber nicht, ohne einen Ehevertrag mit Gütertrennung abzuschließen, in dem es unter anderem heißt: »Der Ehefrau soll auch gestattet sein, Erwerbsgeschäfte aller Art für sich und zu ihrem Vorteil zu betreiben.«

Sie wohnen zunächst in der Richardstraße 58 und dort wird am 20. September 1904 Erna, Astrids Mutter, geboren – »kein Knabe, wie der Vater sich wünschte«. Es folgen Else, Hilde und ein weiteres Mädchen, Vera, das noch im ersten Lebensjahr an einer Lungenentzündung stirbt.

In der Niemetzstraße in Rixdorf eröffnen die Smoktuns eine Bäckerei mit Milchausschank. Die junge Familie gerät in finanzielle Schwierigkeiten, nicht zuletzt wegen Hans' Leidenschaft für Pferdewetten. »Selbst das unter dem Kopfkissen seiner Frau versteckte Geld klaute er.«

Im Ersten Weltkrieg dient er beim Militär und gerät in russische Gefangenschaft nach Sibirien. »Er schwärmte von Land und Leuten und wäre am liebsten dort geblieben.« Nachdem 1915 verfügt wird, dass der Mangel an männlichen Kräften durch weibliche Aushilfs-Briefträger ausgeglichen werden soll, arbeitet Berta als Briefträgerin. Sie schickt die beiden kleinen Mädchen nach Ostpreußen zu Verwandten von Hans, während Erna bei ihr bleibt und den Haushalt führt.

Anfang der 1920er Jahre lässt Berta sich scheiden. Hans arbeitet bei seinem reichen Fleischer-Onkel Grottke in der Bergstraße

von Männern befreiten, die sie enttäuschten und sich stattdessen mit jüngeren Männern verbanden, die sie unterstützten. Sie spricht von energischen, aber auch von lebenslustigen Frauen, in deren Leben Feiern, Musik und Tanz wichtig waren. Von lebensstarken Frauen auch, die kaum je erkrankten und die hochbetagt zu Hause sterben durften.

5

4

übernehmen, gibt es noch einen weiteren Umzug und die Eröffnung eines Tabakwarenladens, den Berta bis in die 1950er Jahre führen wird.

Leo kommt mit und 1939 heiraten die beiden – der Bräutigam 47-, die Braut 56-jährig. Die lebenslustige und sangesfrohe Berta geht gerne tanzen – wenn's sein muss, auch allein – kocht und backt, lädt oft Verwandte und Freunde zu sich ein, bewirtet sie reichlich bis überreichlich – ohne Widerworte zu dulden! Silvester etwa wird immer bei ihr im Laden gefeiert. Zu diesem Anlass kauft sie einen lebenden Karpfen. Der kommt zunächst in eine Zinkwanne und dann in den Kochtopf. Vorher gibt es brandenburgische Mohnpielen, bestehend aus eingeweichten Brötchen in Milch mit Mohn und Rosinen, die eigentlich niemand mag. Astrid darf um Mitternacht draußen mit einer Wunderkerze stehen. Ein wichtiges Ritual ist das Bleigießen, und Tischfeuerwerk gibt es auch.

Der letzte Wohnungswechsel führt das Paar dann in die Holzmindenerstraße in der Britzer Straßenbahnersiedlung, wo sie bis zu ihrem Tod, 1962 Berta, 1966 Leo, bleiben.

(heute Karl-Marx-Straße), sie nimmt sich eine neue Wohnung in der Richardstraße 19. Sobald die Mädchen aus dem Haus sind, zieht sie in die Schierkerstraße 24, wo sie in Heimarbeit als Näherin tätig ist, denn die Bäckerei wurde bereits während des Krieges geschlossen.

In der neuen Wohnung gibt es noch Platz für einen Untermieter. Er heißt Leo Kliche, Jahrgang 1892, und ist Straßenbahnschaffner. Als sich im Nebenhaus die Möglichkeit bietet, ein Geschäft zu

6

»Immer die Verantwortung«

Astrids Mutter Erna Welkisch Schwarz, geborene Smoktun, ist eigentlich ausgebildete Bürokraft. Allerdings muss sie während der Inflationszeit vorübergehend als Arbeiterin in der Parfümfabrik Scherk ihr Geld verdienen, was sie ihrer Mutter aufgrund der sie ständig umgebenden Duftwolke kaum verheimlichen kann. Ihre erste Begegnung mit Erich Welkisch, der Elektrotechnik an der Ingenieurschule Beuth studiert, findet vor dem Schaufenster der Musikalienhandlung Bading statt. Erna, die Klavier spielt und singt, wird mit Noten unter dem Arm von Erich angesprochen, der ein hervorragender Pianist ist und sich sein Studium finanziert, indem er in Cafés spielt. Als sie sich verloben, ist Erna 19, Erich 22 Jahre alt. Festlich geheiratet wird vier Jahre später, 1927, in der Magdalenenkirche, mit Kutsche und vier Schimmeln.

Da die beruflichen Aussichten in Berlin schlecht sind, beschließen sie, nach Ziltendorf zu Erichs Eltern zu ziehen. Eine Firma wird gegründet, die Überlandleitungen baut und sogar Patente anmelden kann, so für eine Viehtränke. Dort kommt am 15. Dezember 1930 Astrid auf die Welt. Oma Berta ist zur Geburt extra aus Berlin angereist und muss Erich aus der Kneipe holen, als es losgeht.

Der sitzt für den Geschmack seiner Frau nur allzu oft trinkend mit den Bauern zusammen. Auch fühlt sich Erna im Haus der Schwiegereltern und den beengten Wohnverhältnissen nicht besonders wohl. Der Welkisch-Opa ist zwar ein sehr lieber Mensch, auch Musiker, Stabstrompeter nämlich, stirbt aber leider bald an den Folgen der Syphilis, worüber nicht gesprochen werden darf. Eine weitere, wenig schöne Erinnerung Astrids ist die an ihren Vater, der Beil schwingend eine Katze, die ein Kaninchen getötet hat, quer über den Hof verfolgt.

Mit der Oma, ebenfalls namens Berta, Mutter von drei Söhnen, versteht Erna sich nicht gut. Astrid allerdings kommt gut mit ihr aus, kämmt ihr das schöne weiße Haar, darf unter dem großen Esszimmertisch spielen und wird auch später gern in den Ferien zu ihr fahren.

Nach acht Jahren Ehe trennen sich Erna und Erich. 1935 kehrt Erna mit wenigen Möbeln, im Lastwagen kutschiert von einem Grottke-Cousin, mit Astrid zurück nach Neukölln, wo Berta in der Emserstraße 8–9 einen Tabakladen mit Wohnung für sie aufgetan hat, in dem sie nun Tag für Tag von 7 bis 19 Uhr hinter dem Ladentisch steht. Vor dem Krieg ist der Laden ein beliebter Treffpunkt für viele junge Männer, die sich ihr Bier aus der Kneipe nebenan holen. Astrid bekommt manchmal kleine Geschenke von ihnen und versucht, sich in der neuen Umgebung zurechtzufinden. Angesichts der Begegnungen mit Onkeln oder Vätern von Freundinnen irritiert sie die eigene Vaterlosigkeit, insbesondere dann, wenn die Männer besonders nett sind.

Das Kapitel Vater bleibt für Astrid schwierig. Sie wird ihn, der 1936 neuerlich heiratet, lange Zeit kaum mehr sehen, auch Geld gibt es keines von ihm. Im Krieg hatte Erich bei der Luftwaffe in Marseille die technische Leitung, kurz war er auch in französischer Gefangenschaft. »Im Urlaub war er mal da, da hat er mir dann einen grauen Luftwaffenmantel mitgebracht, daraus konnte ich mir dann einen Mantel schneidern lassen, ganz toll. Es gab ja nichts, da nahm man eben die umgearbeiteten Militärmäntel; grau ging ja noch. War ein bißchen befremdlich, wenn er zu Besuch kam, so ›komm mal her Puppe, setz dich auf meinen Schoß‹. Mutter und Tochter nannte er Puppe ...« Erst gegen Ende seines Lebens wird

7

8

Erich Welkisch die Nähe zu seiner Tochter suchen und ein entspannterer Kontakt möglich sein.

Erna ist inzwischen eine Beziehung zu dem sieben Jahre jüngeren Medizinstudenten Hans Beitz eingegangen, den auch Astrid sehr liebt, obwohl sie für ihn das große Bett räumen und in den fensterlosen Flur hinter dem Laden umziehen muss. Manchmal übernachtet sie auch bei Oma Berta und Onkel Leo auf der Besucherritze. Dann werden im Dunkeln fromme Lieder gesungen. Eine weitere erfreuliche Abwechslung besteht in den Ausflügen mit der Oma zu Tante Emmas Laube in der Grenzallee, Äpfel holen, zumal es hin »ganz vornehm mit der Taxe« geht.

1943 wird Ernas Laden von den Nazis geschlossen, weil sie das Hakenkreuz auf der Flagge, die im Schaufenster ausgestellt werden muss, »mutwillig verdeckt« hat. Alle drei Schwestern sind gegen Hitler, nur Oma Berta lange Zeit nicht. Sie hat sogar trotz des Protests ihrer Töchter stolz das ihr verliehene Mutterkreuz abgeholt. Ein mit Erich befreundeter Ortsgruppenleiter kann Schlimmeres als die Ladenschließung abwenden. Bis 1944 ziehen Erna und Astrid nun zu Hans' Eltern nach Beuthen in Oberschlesien. Gute Zeiten für Erna, die sich dieses Mal aufgehoben fühlt, die Menschen dort

und ihre gemütliche Wohnung unter dem Dach mag. Weniger gute Zeiten für Astrid: Als Protestantin hat sie arge Schwierigkeiten in einer katholischen Schule. Zwar war sie mit zehn Jahren in die Agnes-Miegel-Oberschule in der Bergstraße (heute Karl-Marx-Straße) gekommen, doch wegen der ständigen Bombenangriffe fand oft gar kein Unterricht statt oder nur politischer. Deswegen wird in den Beuthener Zeugnissen stets auf ihre Wissenslücken hingewiesen.

Erst als die Russen in Kattowitz einmarschieren, kehren Erna und Astrid nach Berlin zurück. Hans Beitz stirbt im Jahr darauf in Neiße an Tuberkulose.

»Die hatte immer Ideen«

Der Krieg ist zu Ende. Astrid geht wieder regelmäßig zur Schule in der Sonnenallee und diesmal gerne. Zigaretten gibt es nicht, es sei denn auf dem Schwarzmarkt; der wenige Schmuck ist verkauft oder für Lebensmittel aus dem Umland eingetauscht. In der Kneipe nebenan feiert man das Überleben. Die Musik ist live und Erna tritt der Kapelle mit ihrem Akkordeon bei. Hier trifft sie den 1917 geborenen Kunstschlosser und Brückenbauer Paul Schwarz,

der das große Glück hat, nicht in Gefangenschaft geraten zu sein. Bei seiner Flucht über die Elbe ließ ein russischer Offizier ihn mit den Worten »geh zu Mattka und werde 100 Jahre alt« laufen. Deshalb ist er schon 1945 wieder in der Kirchhofstraße 24 bei Muttern. So beginnt die Geschichte von Erna und Paul, die 54 Jahre überdauern wird. »Onkel Hans war fast wie ein großer Bruder für mich, während nachher bei Paul dachte ich, der ist ja noch jung, der war genau zwischen Mutti und mir, plusminus 13 Jahre; die wollten mich auch beide nie erziehen.«

Paul ist 28 Jahre alt, Erna 41. Beruflich haben sie einiges gemein, aber die Chefin ist doch Erna. Der Kauf einer alten Baracke und deren Tausch gegen einen Pkw bilden die Grundlage für ein Fuhrgeschäft. Da es noch keine Taxen gibt, können die Jungunternehmer auch private Fahrten annehmen und etwa Ärzte zu ihren Patienten kutschieren. Bald wird der Pkw gegen einen »Tempo« Dreirad-Lieferwagen eingetauscht, mit dem auch Fracht befördert werden kann. Und als die Amerikaner Lkw aus Heeresbeständen verkaufen, geht Erna, die kein Wort Englisch spricht, einfach zur Kommandantur und ist »die erste Frau in ganz Berlin, die einen GM, einen General Motors, erwerben kann«. Neben Paul stellt sie

noch einen Fahrer ein und fährt auch häufig weite Strecken mit. Aus Thüringen holen sie Sämereien, Holz und Spielzeug. Für solche Touren ist eine Genehmigung für die Ostzone erforderlich und dieser so genannte Propusk wird ihnen 1947 erstmals ausgestellt.

Zusammen ziehen sie in die Chausseestraße (heute Britzer Damm) in ein altes Bauernhaus mit Scheune. Im gleichen Jahr kommt es zur Eröffnung eines Großhandels für Verpackungsmaterial in der Juliusstraße 20, der besteht, bis Erna in ihrem 75. Lebensjahr, Paul mit 62 in Rente gehen.

Neben der Firma gibt es aber immer auch Freizeitvergnügungen: 1968 fangen sie das Tanzen an, allwöchentlich geht es von da an in die Tanzschule und seit dem Bau ihres Hauses 1971 trainieren sie mit Freunden im eigenen Partykeller. Gesungen hat Erna ohnehin immer schon gern, auch in der Kirche. Bis zu ihrem Tod – 1999 stirbt Erna im Alter von 95 Jahren, Paul folgt ihr ein knappes Jahr später – haben beide viel Freude an ihrem Garten und ihren Katzen. Und 1982 haben sie noch ganz offiziell den Bund fürs Leben geschlossen, mit Astrid und Klaus Herm als Trauzeugen.

Der Artikel basiert auf Aufzeichnungen von Astrid Herm und diversen Gesprächen mit ihr.

11

1 Berta Smoktun, geb. Müller, als Briefträgerin während des Ersten Weltkriegs.
2 Astrid mit 17 Jahren während ihrer Zeit an der Textil- und Modeschule in Berlin.
3 Astrid und Klaus Herm als frischgebackenes Ehepaar in ihrem VW-Käfer, 1957.
4 Bertas Töchter Erna (geb. 1904), Else (geb. 1906) und Hildegard (geb. 1908)
  in ihren von Berta selbst genähten, geplätteten und gestärkten Kleidchen.
5 Berta nach der Scheidung von Hans Smoktun; Heimarbeit mit der Singer-Nähmaschine.
6 Berta mit Schwestern und Töchtern, Anfang der 1920er Jahre; hinten links mit Puppe:
  Erich Welkisch und Erna.
7 Erna in ihrem Tabakladen in der Emserstraße, um 1936.
8 Astrids Tante Hilde mit ihrem Mann (links), Tante Else (vorn), Erna und Hans Beitz an
  Ernas 38. Geburtstag in der Emserstraße, 1942.
9 Astrids Großmutter Berta und ihr zweiter Mann Leo Kliche, 1950er Jahre.
10 Erna mit Tochter Astrid, 1943.
11 Paul Schwarz, Ernas Mann fürs Leben, um 1948.
12 Erna Welkisch, geb. Smoktun, und Paul Schwarz geben sich 1982 das Ja-Wort im
   Standesamt Neukölln.

Ein Porträt von Astrid und Klaus Herm befindet sich auf Seite 37.

»DAS SCHÖNE IST, DASS MAN SICH IN DEN ANDEREN WIEDERERKENNT«

Christa Jancik

Dies ist, wie so viele Familiengeschichten, eine vom Weggehen und vom Wiederkommen, und weil sie sich in Berlin zugetragen hat, eine von Trennung und Teilung. Es ist auch eine Berlingeschichte, denn die Familienmitglieder sehen sich in der Erinnerung an Eltern, Großeltern und Verwandte mit der Geschichte der Stadt verbunden und in ihr verwurzelt. Und es ist eine Geschichte, in der erstaunlich viele Lehrer vorkommen.

Eine wichtige Rolle in der Erinnerung spielt die großelterliche Wohnung in der Boddinstraße 27, in die die Großeltern 1910 eingezogen waren. Bis 1972 war sie immer wieder Zufluchtsstätte für in Not geratene Familienmitglieder. Die Wohnung lag in einem heute noch imposanten, vom Beamtenwohnungsverein zu Berlin 1904 erbauten Block an der Ecke Hermann-, Boddin- und Mainzerstraße. Sie bestand aus dreieinhalb Zimmern, wozu ein »Salon« mit Spiegel und Klavier gehörte und ein Esszimmer, dessen gründerzeitliches Büfett vom Großvater auf einer Bleistiftzeichnung festgehalten wurde. Der Balkon zur Boddinstraße wies nach dem Zweiten Weltkrieg noch Einschusslöcher der Revolution von 1918 auf. Der Blick aus dem Fenster, 1924 und 1936 gezeichnet, fiel auf ein Schulgebäude, die Rixdorfer Realschule, ab 1918 das Reformrealgymnasium Walther Rathenau. Auf der Zeichnung ist allerdings der Name »Richard-Wagner-Schule« zu erkennen, wie die Schule zwischen 1933 und 1938 hieß. Der Großvater, Otto Trieglaff, blickte also 45 Jahre seines Lebens auf eine Schule und war selbst Lehrer. Auf einer anderen Bleistiftzeichnung sieht man seinen wohlaufgeräumten Schreibtisch. »Ottos Bibliothek«, wie ein von ihm selbst gezimmertes Schränkchen von seiner Schwester Martha spöttisch genannt wurde, ist auf mehreren Fotos zu erkennen. Dort verwahrte er sein geistiges Rüstzeug. Als Grundschullehrer konnte er nicht nur schreinern, sondern auch schmieden, buchbinden, Klavier und Geige spielen.

Otto Trieglaff war wohl gerne Lehrer und eine sehr vitale, manchmal sprunghafte Persönlichkeit, die die Kinder zu begeistern verstand. Die Neigung zum Lehrberuf ist ein in dieser Familie hervorstechendes Element. Otto Trieglaffs drei Geschwister, viele Neffen und Großneffen wählten diesen Beruf. Nur sein Sohn und seine Enkelkinder schlugen einen anderen Weg ein. Aber auch sie landeten nach Umwegen in einer Sparte, in der der Hang, »anderen Menschen etwas beizubringen und zu erzählen«, wie die Enkelin dieses Familienerbe beschreibt, zum Tragen kommt, nämlich beim Journalismus und bei der Geschichtswissenschaft.

Dabei war der Großelterngeneration das Lehrersein nicht an der Wiege gesungen. Otto Trieglaff wurde 1878 in eine Berliner Gastwirtsfamilie hineingeboren und machte mit seinen Geschwistern die Hausaufgaben in der Kneipe. Er besuchte die sechsjährige Volksschule, danach vier Jahre das Gymnasium, wechselte dann in die Präparandenanstalt und besuchte zuletzt das Lehrerseminar in Altdöbern. Damals wie heute bildete die Stadt Berlin zu wenig Lehrer aus, so dass viele Berliner Gemeindeschullehrer aus dem Umland kamen oder zumindest dort das Lehrerseminar besuchen mussten.

Nach Ablegung der ersten Lehrerprüfung 1899 wurde Otto Trieglaff Lehrer an der einklassigen Volksschule in Repten, Kreis Calau. Nach Ableistung seiner einjährigen militärischen Dienstpflicht und diversen Ortswechseln landete er an der Stadtschule in Vetschau. Dort fiel ihm die jüngere Tochter des Fleischermeisters Hartmann ins Auge, die er gerne geheiratet hätte. Der zukünftige Schwiegervater war jedoch der Ansicht, dass zuerst die ältere Tochter unter die Haube müsse. Otto Trieglaff nahm daher 1903 Margarete, geboren 1884, zur Frau. Er hatte damit eine so genannte gute Partie gemacht. Ob die Ehe glücklich war? Es sieht nicht so aus. Der Großvater hatte eine Schwäche für schöne Frauen und führte in seiner Jugend den Spitznamen »Liebesknochen«. Von der Großmutter wird erzählt, dass sie, als er wieder einmal einem hübschen Mädchen hinterherblickte, mit dem Regenschirm zuschlug.

In der Überlieferung der Familiengeschichte stehen die Männer im Vordergrund. Über Margarete Trieglaff gibt es deshalb nicht viel zu berichten. Obwohl sie als spröde und zurückhaltend in Erinnerung geblieben ist, scheint sie eine beeindruckende Persönlichkeit gewesen zu sein, die ein weiches Herz hatte und nicht nein sagen konnte, wenn sie um etwas gebeten wurde. Sobald es die wirtschaftlichen Verhältnisse Anfang der 1950er Jahre zulassen, wird sie es vorziehen, in einer eigenen Wohnung zu leben.

1908 bewarb sich Otto Trieglaff um eine Stelle in Berlin, um seinem 1906 geborenen Sohn Hans eine bessere Schulbildung zu ermöglichen. Er wurde an die 21./23. Gemeindeschule, die heutige Karl-Weise-Schule, in Rixdorf versetzt. Diese Schule war 1905 eröffnet worden. Damals hatte Rixdorf 153.000 Einwohner, 1912 waren es bereits 253.000. Die an Steuereinnahmen nicht allzu reiche Stadt hatte große Schwierigkeiten, für die vielen Kinder Schulen und Lehrer bereitzustellen. Aus jener Zeit hat sich ein nicht datiertes Klassenfoto erhalten, das Otto Trieglaff mit seinen 58 kleinen, mit Matrosenkragen herausgeputzten Schülern zeigt. Hier, wie auch auf dem Foto im Kreise seiner 18 Kollegen, blickt er selbstbewusst und von Autorität durchdrungen aus dem Bild. Es gibt aber auch Fotos, die ihn ausgesprochen fidel auf Kollegiumsausflügen mit Zigarre und Bierkrug zeigen. Auch auf dem Plumpsklo hat er sich bei geöffneter Tür und Zeitung lesend aufnehmen lassen.

Im Ersten Weltkrieg wurde der Unteroffizier Trieglaff nach Wittenberg in das Garnisonskommando versetzt, wo er viereinhalb Jahre einer umfangreichen Verwaltungstätigkeit nachkam. Im Oktober 1914 muss er aber zur Bewachung russischer Kriegsgefangener eingesetzt gewesen sein. Aus jenen Tagen hat sich ein zwanzigstrophiges, im Stil der Zeit kriegslüsternes Lied aus seiner Feder erhalten. Es endet mit folgenden Zeilen. »Dieses Liedchen ist entstande/Bei den gefangenen Russenbanden/Ein Unteroffizier hat es gemacht/Als er im Lager hielt die Wacht.«

Otto Trieglaff versuchte aber gleichzeitig, sich die russische Sprache beizubringen, wie ein handgeschriebenes Vokabelheft zeigt. Am 12. November 1918 wurde er vom Arbeiter- und Soldatenrat »mit der Wahrnehmung der Bürogeschäfte des Garnisonkommandos Wittenberg« beauftragt. Er wurde also beauftragt und nicht gewählt, wie er selbst in einem Rechenschaftsbericht betont. Seine Revolutionsbegeisterung scheint sich in Grenzen gehalten zu haben, das zeigt ein Bericht über die Revolution in Berlin, den er am 6. Januar 1919 für das Wittenberger Tagblatt verfasst hat.

Nach dem Ersten Weltkrieg unterrichtete Otto Trieglaff an der Schule für Schwerhörige und Sprachkranke in der Handjerystraße 61/62 (heute Briesestraße). Er war Spezialist für schwerhörige Kinder, die im Unterricht auf extra für sie gebauten Bänken im Halbkreis um ihn herum saßen, damit sie ihm vom Mund ablesen konnten. 1931 wurde er Konrektor.

Kleine Zettel aus den 1920er Jahren zeigen ihn als umsichtigen Familienvater, der darauf achtet, dass sein Sohn Hans, der bereits studiert, vernünftig isst. Diese Zettel sind jedoch auch ein Spiegel der nicht gerade rosigen wirtschaftlichen Verhältnisse. So heißt es zum Beispiel: »Bitte nur schlechte Sachen zu deiner Arbeit tragen, da ich dir vorläufig unter den jetzigen Verhältnissen keinen neuen Anzug kaufen kann.« Oder: »Iss bitte bestimmt Salat + Würstchen, denn du hast wenig gefrühstückt. Pa.« Vielleicht war die Kontrolle, die hier neben der Fürsorge zum Ausdruck kommt, für den Sohn nicht immer leicht zu verkraften.

3

Von den Nazis hielt er gar nichts. Im »Realienbuch« von 1934 findet sich im Abschnitt »Deutsche Geschichte« folgende Aufforderung an die Jugend: »Du weißt auch, dass der Volkskanzler die Jugend liebt und auf sie hofft, auch dass sein ernstes Gesicht, in dem von Gedankenarbeit, Kampf und Verantwortung geschrieben steht, sich freundlich verklärt, wenn die Jugend ihn grüßt. Es ist nicht nur ein Gruß, sondern ein freudiges Bekenntnis, wenn wir rufen: Heil Hitler!« Letzteres ist von Otto Trieglaff durchgestrichen und durch »Blödsinn« ersetzt.

1938 ging er deshalb gerne in Pension. Im April 1943 zogen Trieglaffs mit Sohn Hans in die Ferienwohnung nach Zwietow, Kreis Calau, um den Bombardements zu entgehen. Otto Trieglaff erlebte das Kriegsende jedoch in der Boddinstraße. Bei ihm wohnten seine Neffen Walter und Ernst, denen er zeitlebens eng verbunden war. Walter war lange Zeit Organist an der Magdalenenkirche, Ernst wurde wie so viele in der Familie Lehrer. Sein Sohn Dr. Bernhard Trieglaff ist heute Leiter der Schillingschule für Sprachbehinderte und Körperbehinderte und hängt seinen Mantel auf den Kleiderbügel seines Großonkels Otto Trieglaff, der die Zeiten in der Schule überdauert hat.

Am 25. Mai 1945 wurde Otto Trieglaff reaktiviert und als Schulleiter in der II. Volksschule und in der Schule für Schwerhörige und Sprachkranke eingesetzt. Unbelastete Lehrer waren damals rar und so musste der 68-Jährige gleich zwei Schulen übernehmen. Von einer Gemeinschaftsfeier der 2., 22./24. und 30. Volksschule in Berlin-Neukölln für die Opfer des Faschismus am 8. September 1945 sind das Festprogramm und der Redeentwurf Otto Trieglaffs erhalten. Er zitiert aus den Abschiedsbriefen Heinz Kapelles und Hanno Günthers, hingerichteten Neuköllner Widerstandskämpfern. Er blieb bis 1950 im Dienst. 1955 starb Otto Trieglaff, nicht ohne vorher den Text für seine Todesanzeige entworfen zu haben. Auch eine Liste mit den zu verständigenden Bekannten hatte er aufgesetzt.

Seine Frau Margarete lebte inzwischen in ihrer eigenen Wohnung. Aber sein Sohn war mit der Familie in die Boddinstraße zurückgekehrt. Der Enkelin Rita brachte er, bereits bettlägerig, das Lesen bei.

Der Sohn von Margarete und Otto Trieglaff, Hans, war 1906 in

4

5

Schönbegk, Kreis Calau, geboren, 1910 mit seinen Eltern nach Rixdorf umgezogen. Sein Verhältnis zu dem warmherzigen und extrovertierten Vater dürfte, so lange er Kind war, inniger als zur Mutter gewesen sein, unter deren Kälte er litt. Auf den Fotos, die ihn mit seinem Vater zeigen, wirken die beiden vergnügt und einander zugewandt.

Zunächst besuchte Hans die Volks- und Mittelschule in Neukölln, folgte 1915 seinem in Wittenberg stationierten Vater und ging ins Melanchthon-Gymnasium. Nach der Rückkehr nach Neukölln besuchte er das Kaiser-Wilhelms-Realgymnasium (heute Kepler-Oberschule). Dort machte er nach dreijährigem Aufenthalt in der Prima 1926 Abitur. Seine Noten zeigen ein eindeutiges Interesse für Deutsch und Geschichte, die Naturwissenschaften und Mathematik scheint er wenig geliebt zu haben. Trotz dieser Begabung und der Liebe zur Kunst (Hans Trieglaff zeichnete und hat später Gedichte veröffentlicht), schrieb er sich zum Studium von Jura, Volks- und Betriebswirtschaft an der Universität und Handelshochschule ein.

1928 trat er in die SPD, 1929 in den Allgemeinen Deutschen Gewerkschaftsbund (ADGB) ein. Im selben Jahr brach er sein Studium ab. Warum?

Der Vater, Otto Trieglaff, dessen Herz für schöne Frauen bereits bekannt ist, entdeckte 1926 in einem Fotoladen das Bild eines sehr hübschen Mädchens und machte seinen Sohn darauf aufmerksam, dass diese Schönheit in der nahegelegenen Bäckerei Herse arbeitete. Prompt verliebte sich Hans Trieglaff in das schwarzgelockte Mädchen mit den großen dunklen Augen. Das Foto musste der Fotograf daraufhin aus dem Schaufenster nehmen und so kommt es, dass es immer noch in Familienbesitz ist.

Elise Boden, damals 16-jährig, stammte aus Zeesen bei Königswusterhausen. Ihr Vater, ein Bauunternehmer, fiel im Ersten Weltkrieg. Ihre Mutter heiratete wieder und zog nach Gelsenkirchen. Elise litt im Ruhrgebiet unter Heimweh, kehrte nach Berlin zurück, wo sie eine in der Hermannstraße wohnende Tante aufnahm. Sie begann eine Bäckerlehre.

Elise Boden war nun alles andere als eine gute Partie: Halbwaise, mit mangelnder (im Ersten Weltkrieg erfolgter) Schulbildung, ohne Vorbereitung auf die Ehe. Als nun abzusehen war, dass das Liebespaar zusammenbleiben würde, schickte Otto Trieglaff seine künftige Schwiegertochter in das »Damen-Wäsche-Fachgeschäft Willi Krüger« in der Jonasstraße 14, wo sie zuschneiden, nähen und plätten lernte. Von ihrer Tochter wird sie als sehr energische, temperamentvolle Frau mit rollenden schwarzen Augen geschildert.

1927 widmete Hans seinem Lieschen ein Heft mit selbst geschriebenen Gedichten. Das Vorwort zeigt, wie er sie damals sah: »Geliebtes Lieschen! In diesem Heft, das ich dir hiermit als Andenken überreiche, befindet sich eine Auswahl von Gedichten, die ich zum Teil schon vor langer Zeit geschrieben habe. Du wolltest ja gerne Gedichte von mir haben, um mich näher kennen zu lernen. Ein Gedicht ist manchmal ein Fenster, durch das man in die Seele des Verfassers gucken kann. Wenn du vielleicht nicht alles verstehst, so wirst du doch alles, was ich hier sage, richtig fühlen. Und das ist die Hauptsache! Natürlich habe ich in dieses Heft vor allem Liebesgedichte geschrieben, weil du diese ja sicherlich besonders gern liest.«

1930 war ein Kind unterwegs und so heirateten Hans und Elise, im Juni wurde Hans-Joachim geboren. Die Familie zog nach Adlershof um. Hans Trieglaff wechselte in den Verwaltungsdienst des Be-

zirksamts Köpenick und begann eine Ausbildung im Verwaltungs-
wesen, die er 1933 als Bester abschloss. Als SPD-Mitglied war für
ihn nach 1933 kein weiterer Aufstieg möglich, er wurde 1936 zwar
verbeamtet, seinen eigenen Worten nach jedoch »kaltgestellt«.
Hans Trieglaff schrieb weiter Gedichte und versuchte, sie zu veröf-
fentlichen. Die Reichsschrifttumkammer lehnte dies, obwohl sie
ihm Begabung attestierte, ab.

Im Zweiten Weltkrieg wurde er bis zum Ende hin nicht einbe-
rufen. In seinen nach dem Krieg verfassten Lebensläufen findet
sich dafür keine Begründung. War er nach seiner 1940 erfolgten
Versetzung in die Rechtsabteilung des neuen Wirtschafts- und
Ernährungsamtes u.k. gestellt? Nach dem Attentat vom 20. Juli
1944 soll ihm der Dienststellenleiter erklärt haben, »die NSDAP
lege ab sofort keinen Wert mehr darauf, mich wie bisher in der
Heimat zu beschäftigen« (Lebenslauf vom 28. Juli 1945). Die
damals angebahnte Einberufung wurde jedoch durch seinen
Gesundheitszustand vereitelt. Nach eigenen Angaben fastete
Hans Trieglaff gezielt und war dadurch nicht in der Lage, zu den
Musterungen zu erscheinen (Lebenslauf vom 17. Juli 1945). Offen
bleibt hierbei, wie er in diesem Zustand seiner Arbeit nachging,
zumal in diesem Lebenslauf steht, dass die Einberufung schon ab
1943 drohte.

Im selben Jahr war die Familie nach Zwietow umgezogen. Hans
Trieglaff war nun an drei Stellen gemeldet: In Zwietow, in Neukölln
und in Adlershof. Die Vorladung, sich am 28. Februar 1945 auf dem
Wehrmachtsamt in Treptow einzufinden, ging in die Boddinstraße.
Die Abschrift, die der Vater dem Sohn schickte, ist erhalten. Er riet
ihm, der Vorladung Folge zu leisten. Der Sohn tat dies aber nicht.
Der Bürgermeister der Gemeinde Zwietow bescheinigte ihm Bettlä-
gerigkeit. So entkam Hans Trieglaff der Front. In Zwietow erlebte die
Familie den Einmarsch der Russen. Elise Trieglaff und der inzwischen fünfzehnjährige Hans-Joachim mussten sich mit anderen
zusammen ihr Grab schaufeln und sich davor aufstellen. Ein vor-
beikommender Russe verhinderte in letzter Minute die Erschie-
ßung. Von ihrer Vergewaltigung erzählte Frau Trieglaff erst kurz vor
ihrem Tod, Hans-Joachim kann bis heute nicht über diese Erlebnisse sprechen.

Danach schlug sich Hans Trieglaff nach Calau durch, um sich
bei der russischen Kommandantur zu melden, wurde aber zunächst verhaftet. Er berief sich auf den ehemaligen kommunisti-
schen Stadtverordneten Kleine, mit dem er während der Nazi-Zeit
Kontakt gehalten und eigenen Aussagen nach in seiner Behörde
»Agitation und Sabotage« betrieben hatte, und kam nach einer
Woche frei. Bald darauf trat er in die KPD ein. In dem bereits zitier-
ten Lebenslauf vom 17. Juli 1945, der für die Aufnahme verfasst
wurde, hält er sich für folgende Funktionen besonders befähigt:
»Presse, Propaganda, Schulung, Agitation, Spionage, Aktionen der
Parteidiplomatie, Bekämpfung gegenrevolutionärer Erscheinun-
gen, Partei-Organisation, Maßnahmen, die besondere Aktivität er-
fordern; meine persönliche Spezialität ist die Behandlung und
Beeinflussung Intellektueller.«

1945/1946 war er Hauptreferent zur persönlichen Verfügung
des Köpenicker Bezirksbürgermeisters Kleine und führte den Vor-
sitz im Wirtschaftsausschuss. Darüber hinaus übernahm er die
schwierige Aufgabe, die Entnazifizierungskommission zu leiten. In
seinen 1988 verfassten »Minimemoiren« schreibt er, dass er besonders für Ärzte und andere für die Versorgung der Bevölkerung
wichtige Berufe so genannte Persilscheine ausgestellt hat. Nach
den Wahlen von 1946 musste er diesen einflussreichen Posten verlassen und leitete zwei Jahre das Amt für Kriegsschäden und Besat-
zungskosten. 1949 wechselte er in das Hauptamt Finanzkontrolle
und Revision. Im Juni 1948 wurde die Tochter Rita geboren.

Im Juli 1951 wurde er aus der SED ausgeschlossen und entlassen, wobei die Ursache hierfür nicht ganz klar ist. Seine Arbeit und
seine Fähigkeiten werden in dem ihm ausgestellten Zeugnis positiv
bewertet, der Schlusssatz aber macht, abgesehen vom Parteiaus-
schluss, eine Wiederbeschäftigung unmöglich. Er lautet: »Herr
Trieglaff ist am 26. Juli 1951 aus Gründen, die im Interesse des Aufbaus unserer demokratischen Verwaltung liegen, aus dem Dienst
des Magistrats von Groß-Berlin ausgeschieden.« Er bleibt zunächst
im Osten. Hat er die Endgültigkeit dieses Verdikts zunächst nicht
wahrgenommen? Er fand keine Arbeit mehr, sein Vater unterstützte die Familie mit 85 DM monatlich. Hans Trieglaff verkaufte sein
Haus und organisierte den Umzug seiner Mutter, die nach dem-

6

Krieg in Vetschau geblieben war, nach West-Berlin. Ab November 1952 begann er Koffer mit Büchern, Wertgegenständen und Kleidung in die Boddinstraße zu bringen.

In einer eidesstattlichen Erklärung vom 2. April 1953 schildert Elise Trieglaff die Ereignisse, die die endgültige Flucht auslösten. Am 5. Februar erschien vor ihrem Haus (in dem sie noch zur Miete wohnten) ein Wagen mit Volkspolizisten, die nach Hans Trieglaff fragten und das Haus durchsuchten. Nachdem sie erfolglos abgerückt waren, kamen sie nachts und am nächsten Morgen wieder. Hans Trieglaff war aber schon bei ihrem ersten Auftauchen durch die hintere Kellertür geflüchtet und hatte sich im Wald versteckt. Am 20. Februar 1953 erfolgte die polizeiliche Anmeldung für Rita, Elise und Hans Trieglaff in der Boddinstraße 27. Hans-Joachim, inzwischen mit einer Estin verheiratet, blieb bei seiner Frau und seinen Schwiegereltern im Osten.

Heimkehr in die Boddinstraße also. Margarete Trieglaff hat sich eine eigene Wohnung genommen. Otto Trieglaff ist krank und wird von seiner Schwiegertochter gepflegt. Hans Trieglaff kämpft um seine Anerkennung als politisch Verfolgter, die ihm mit der Begründung, es hätte sich um eine geplante Flucht gehandelt, versagt bleibt. Er ist lange arbeitslos, bis er 1956 beim Finanzsenator als Hauptsachbearbeiter für Grundstücksangelegenheiten eingestellt wird. Da er für den Bezirk Tiergarten zuständig ist, fallen in sein Ressort die Verhandlungen im Zusammenhang mit der Internationalen Bauausstellung, eine durchaus interessante Aufgabe.

Der Start in das neue Leben war also schwierig. Doch auch nach der Wiedereingliederung ins Berufsleben blieb Hans Trieglaff ein über seine durch die Zeitläufte verdorbenen Karrieremöglichkeiten verbitterter Mann. Privat lebte er in einer aus idealisierten Erinnerungen an das Kaiserreich zusammengesetzten Welt. Er sang mit seiner Tochter Lieder aus jener Zeit, zum Beispiel »Es weht die Fahne schwarz, weiß, rot« oder »Ich hatt' einen Kameraden«. Beim Absingen des Deutschlandliedes wurde vorher das Fenster geschlossen. Er erzählte ihr von mutigen Forschern, die gerade dabei seien, unbekannte Regionen der Welt zu entdecken. Dass es in den 1950er Jahren kaum noch etwas Neues zu entdecken gab, wurde ihr erst viel später bewusst.

Rita erinnert sich gern an ihre Kindheit in Neukölln. Sie ging in die Emil-Fischer-Schule, lernte im Stadtbad in der Ganghoferstraße schwimmen, lag im Sommer im Columbiabad auf der Wiese und ging sonntags mit den Eltern im Jahnpark spazieren. Die Boddinstraße roch nach Brauerei, manchmal stieg brauner Bierschaum aus den Gullis. In der Flughafenstraße waren echte Kühe in einem Abmelkbetrieb zu bewundern. Man lebte relativ bescheiden und in seinen Kiez zurückgezogen.

Größere Expeditionen waren die Besuche beim Bruder im Osten, an denen Hans Trieglaff allerdings nie teilnehmen konnte. Er sah seinen Sohn erst dreißig Jahre später wieder, nachdem die Mauer gefallen war.

Der Mauerbau veränderte die Familienbeziehungen drastisch. Vor den Passierscheinabkommen, das erste gab es Weihnachten 1963, durften die Verwandten im Osten von Westberlinern gar nicht besucht werden. Rita beschrieb 2001 in einem Zeitungsartikel die Auswirkungen: »Mein Vater, schon immer ein großer Briefeschreiber, war jetzt jeden Abend mit dem Verfassen langer Schreiben beschäftigt. Es müssen Hunderte von Nachrichten gewesen sein, die er meinem Bruder und den vielen anderen Verwandten und Freunden im Osten sandte. Mutter schrieb nicht, sondern packte Päckchen. Kaffee, Kakao, Milchpulver, Schokolade und Perlonstrümpfe waren immer dabei. Unbeirrt beharrte sie bis kurz vor der Wende auf ihrer Vorstellung von einer lebensbedrohenden Mangelsituation ›im Osten‹.« Die brieflichen Wünsche nach gewissen Luxusartikeln blieben deshalb nicht selten zugunsten der üblichen Überlebensrationen unbeachtet. Zu Weihnachten verwandelte sich die Wohnung in ein Warenlager. Allerdings kamen Päckchen und Briefe nicht immer an, die Telefonleitungen zwischen Ost- und Westberlin waren gekappt. Telefonieren konnte man nur vom westdeutschen Urlaubsort aus und das nur nach langem Warten. Kam die Verbindung dann endlich zustande, wussten sie vor lauter Aufregung und aus Angst vor dem Abgehörtwerden nicht, was sie sagen sollten.

Beim ersten Besuch zu Weihnachten 1963 zeigten sich bereits Risse im familiären Gefüge: »Meine Mutter und mein Bruder begannen aneinander vorbeizureden, das Gespür und das Wissen um das Leben des anderen fingen an zu verblassen. Natürlich gab es keinen Streit, nicht an diesem Tag – aber die Verwandtschaft begann das Thema zu wechseln, wenn es um politisch bedingte Gepflogenheiten im DDR-Alltag ging. Ich glaubte, meinen Vater wiederzuerkennen, als ich das resignierte Abwinken meines Bruders sah, wenn Mutter ihm draufgängerisch Verhaltensmaßregeln gab.«

Rita besuchte inzwischen die Ernst-Abbé-Schule, Oberschule wissenschaftlichen Zweigs. Eigentlich wäre sie gerne Grafikerin geworden oder Tänzerin. Aber die Eltern untersagten ihr, einen künstlerischen Beruf zu ergreifen. Sie hatte die Schule und das Elternhaus satt und suchte nach einer Möglichkeit, beidem zu entkommen. Das war nur mit einer Ausbildung zu bewerkstelligen, die man in Berlin nicht machen konnte und da bot sich die Landwirtschaft an. Sie ging nach der 10. Klasse ab, absolvierte ein landwirtschaftliches Praktikum auf einem Klostergut in der Nähe von Passau und besuchte dann die Fachhochschule in Schönbrunn bei Landshut, wo sie 1969 als Agraringenieurin abschloss.

Sie besaß nun einen westdeutschen Pass und konnte so während ihrer Berlinbesuche die Verwandten im Ostteil besuchen. So wurde sie zum wichtigsten Boten und Grenzgänger der Familie und schmuggelte Gegenstände hin und her. Der Bruder durfte inzwischen nicht einmal mehr schreiben. Als Mitarbeiter des Ostberliner Instituts für Zeitgeschichte waren für ihn Westkontakte verboten. Zu Beginn der 1970er Jahre verlor er dort seine Arbeit, ging nach Leipzig und arbeitete im Archiv der Universität und später beim Kulturbund. In den 1980er Jahren wurde er arbeitslos und konnte keine seiner Qualifikation entsprechende Anstellung mehr finden. Bei seinen diesbezüglichen Bemühungen wurde regelmäßig auf seinen republikflüchtigen Vater verwiesen. Da man in der DDR nicht arbeitslos sein durfte, wagte er es nicht, sich tagsüber in seiner Wohnung zu bewegen. Wie sein Vater ist er über sein erfolgloses Berufsleben verbittert.

Rita war nicht Landwirtin geworden, sondern hatte sich dem Journalismus zugewandt. Nach einem Volontariat in Hannover arbeitete sie bei einer landtechnischen Zeitung in München. 1972 heiratete sie dort und bekam einen Sohn, David, und 1976 eine Tochter, Alexandra.

Ihre Eltern gaben 1972 die Wohnung in der Boddinstraße auf und zogen nach Kolbermoor in die Nähe von Rosenheim. Elise Trieglaff wollte sich ihren Traum, in der Nähe der Berge zu wohnen, erfüllen. Hans Trieglaff als eingefleischter Berliner bereute seinen Wegzug bis zuletzt.

1978, nach dem Scheitern ihrer Ehe, zog Rita nach Berlin und arbeitete als Wirtschaftsredakteurin bei der »Morgenpost«. Die Kinder blieben bei den Schwiegereltern in München und hatten jahrelang keinen Kontakt zu ihrer Mutter, weil eine gütliche Einigung mit dem Vater nicht möglich war. Fast möchte man meinen, das Familienschicksal der langjährigen Trennung von Kindern und Eltern wiederholte sich.

1980 zog Rita nach Coburg und arbeitete zunächst beim »Coburger Tageblatt«. Heute ist sie Redakteurin bei der »Neuen Presse«. Sie heiratete ein zweites Mal und bekam 1985 eine Tochter. Die Eltern zogen 1982 ebenfalls nach Coburg. Rita pflegte beide bis zu ihrem Tod. Der Vater starb 1993, die Mutter 1998. Nach dem

7

Seit 2001 hat Rita wieder eine Wohnung in Neukölln und damit einen Fuß in der alten Heimat. Vor kurzem hat sie hier ein Familientreffen organisiert, zu dem 30 Trieglaff-Nachfahren erschienen. Auch die Jüngeren nahmen teil und fangen an, sich für die Familiengeschichte zu interessieren. Die Münchener Tochter hat beschlossen, sich ihrem »preußischen« Erbe zu stellen. Nach der Bedeutung von Familie befragt, antwortete Rita: »Das Schöne ist, dass man sich in den anderen wiedererkennt.«

Der Artikel basiert auf Gesprächen mit Rita Freifrau von Stockmar von Wangenheim, geb. Trieglaff.

Zerwürfnis in der Pubertät befragt, antwortete sie, ihre Mutter sei in dieser Zeit zu beherrschend gewesen. Elise Trieglaff hatte trotz ihrer mangelhaften Schulbildung im Alter ihre große Liebe zur Archäologie entdeckt und sich über die populärwissenschaftliche Literatur bis zur wissenschaftlichen vorgearbeitet. Ihre Tochter sagt, sie hätte über das Zweite Gesicht verfügt. Ein Jahr vor ihrem Tod sprach sie im Beisein ihrer Tochter plötzlich in völlig selbstverständlichem Tonfall mit ihrem Mann. Sie sagte ihm, sie wolle noch nicht kommen, sondern noch ein bisschen bei der Tochter bleiben.

Die Beziehung zum Bruder, über die Jahre zerrissen, besteht, die Fremdheit ist jedoch nicht zu überwinden. Neffe Taimo und seine Tochter Stefanie halten den Kontakt zu ihrer Tante bzw. Großtante. Ritas Kinder aus erster Ehe sind inzwischen erwachsen, der Sohn ist Inhaber einer Dachdeckerfirma, die Tochter studiert Wirtschaftswissenschaften. Die Beziehung zu ihrer Mutter haben sie seit langem wieder aufgenommen.

1 Elise Boden; in dieses Foto aus dem Schaufenster eines Fotogeschäfts verliebte sich Hans Trieglaff, 1927.

2 Die Wohnung der Trieglaffs in der Boddinstraße 27 mit Blick auf die Walter-Rathenau-Schule, 1930.

3 Otto Trieglaff in seiner Klasse für schwerhörige Kinder an der Schule für Schwerhörige und Sprachkranke in der Handjerystraße 61/62, 1926.

4 Otto Trieglaff mit seinem Sohn Hans auf dem Balkon in der Boddinstraße 27, um 1911.

5 Elise und Hans Trieglaff zur Silbernen Hochzeit, 1955.

6 Elise, Rita und Hans Trieglaff beim Fasching, 1956.

7 Rita von Wangenheim, geb. Trieglaff, mit ihren drei Kindern anlässlich der Beerdigung ihres Vaters, 1993.

Ein Porträt von Rita von Wangenheim befindet sich auf Seite 30.

ZU HAUSE IN
DER WOHNGEMEINSCHAFT

Gabriele Kienzl

1

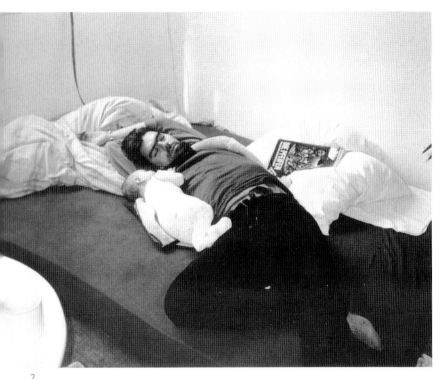

2

Wänden, ein Spiel-Papphaus passt mühelos in den Raum. Der Gemeinschaftsraum ist so groß, dass kleine Kinder dort Fahrradfahren lernen können. Ihrem Bewegungsdrang sind viel weniger Grenzen gesetzt als in einer durchschnittlichen Drei-Zimmer-Kleinfamilienwohnung.

Momentan leben dort Malte (40), von Mittwoch bis Samstag seine Kinder Lea (6) und Ilja (9) – »Ich bin Halbwochenvater«, sagt Malte –, Susanne (32) mit ihrem einjährigen Sohn Jakob und Heidi (29), die gerade von einem halbjährigen Palästina-Aufenthalt zurückgekehrt ist. Frank zieht gerade aus, ein/e neue/r, kinderliebe/r Mitbewohner/in wird gesucht.

Ist die Wohngemeinschaft ein Familienersatz? Ist sie die bessere Art zu leben? Oder ist sie eine Notlösung für gescheiterte Ehen? Was ist der Unterschied zu einer herkömmlichen Kleinfamilie?

Diese Fragen stelle ich den zwei Eltern der Wohngemeinschaft, Malte und Susanne. Sie sind beide Teil einer so genannten »unvollständigen Familie«, in beiden Fällen wohnt der fehlende Elternteil nicht mit in der Wohngemeinschaft und beide haben neue Beziehungspartner, die ebenfalls nicht in der Fabriketage leben.

Malte, der Halbwochenvater

Wohngemeinschaft als Lebensform: Einige medienwirksame 68er lebten als linke Kommune zusammen, man denkt an Demos, freie Liebe, Drogen. Malte sieht sich zwar in dieser Tradition, jedoch unaufgeregter. Tabus, die andere Lebensformen diskreditierten, sind schon lange aufgebrochen. »Die 68er haben das für uns ausgefochten«, meint er.

Malte, von Beruf Umweltingenieur, ist überzeugter WG-Wohner geblieben. Er ist auch nach der Geburt des ersten Kindes nicht mit seiner damaligen Freundin zusammengezogen. Trotzdem war Malte von Anfang an ein verantwortlicher Vater, der eine enge Beziehung zu seinem Kind hat. Als sein Sohn geboren wird, wohnt er in einem besetzten Haus in Friedrichshain, dort richtet er ein Kinderzimmer ein. Die Woche wird halbiert, das Kind ist von Mittwoch bis Samstag bei ihm, den Rest der Woche bei der Mutter. Als drei Jahre später die gemeinsame Tochter zur Welt kommt, ziehen die Eltern mit ihren Kindern zusammen. Nach eineinhalb Jahren tren-

WG Nähe Hermannplatz sucht nette, offene und politisch interessierte/n Mitbewohner/in ab Ende 20. Wir sind 2 W (32, 29), 1 M (40) und 3 K (9, 6, 1) (davon 2 Teilzeitkids) und wohnen in einer Fabriketage.

Die Fabriketage in der Karl-Marx-Straße ist riesig, etwa 250 m² groß, ganz genau weiß es niemand. Im zentralen Gemeinschaftsraum steht ein Industrie-Holzofen der Firma Böllerjan. Seit über 20 Jahren leben dort Menschen in einer Wohngemeinschaft zusammen, bis vor fünf Jahren gab es keine Privatzimmer. Es wurde funktional gewohnt: Alle Bewohner und Bewohnerinnen hatten ein gemeinsames Schlaf- und ein gemeinsames Arbeitszimmer, man und frau verstand sich explizit als linke politische WG. Den Arbeitsraum mit drei Computern gibt es noch, ein Zwischenboden dient als Fernseh-Kuschelecke. Vorherrschend ist aber der Eindruck, in einem Kinderparadies zu sein. Bunte Luftballons hängen an den

nen sie sich endgültig. Malte zieht in die WG in der Karl-Marx-Straße, die Halbwochen-Regelung bleibt bestehen.

Um die Organisation des Alltags zu erleichtern, achten die Eltern darauf, nahe beieinander zu wohnen, »nicht mehr als zwei bis drei U-Bahn-Stationen entfernt«. Malte hat ein enges Verhältnis zu seinen eigenen, geschiedenen Eltern und seiner Schwester. Weihnachten feiert er mit den Kindern, der Ex-Freundin und seiner »alten Familie«: Bei aller Relativierung des Begriffs Familie empfindet er doch auch zur Mutter seiner Kinder eine rudimentäre Familienverbundenheit. »Wir haben seit mittlerweile zehn Jahren zwei Kinder zusammen. Das macht Familie auch aus, dass Kinder da sind.«

Susanne, die allein erziehende Mutter

Susanne ist Ärztin. Vor eineinhalb Jahren ist sie als Schwangere in die WG eingezogen. Mit ihrem Sohn Jakob ist sie sehr glücklich, obwohl die Schwangerschaft nicht geplant war und sie mit dem Vater des Kindes nicht zusammen geblieben ist. Den Kontakt zu ihm musste sie abbrechen, nachdem er Morddrohungen ausgestoßen und die Entführung des Kindes angekündigt hatte.

»Es war vielleicht die bewussteste Entscheidung, die ich jemals in meinem Leben getroffen habe: mich für dieses Kind zu entscheiden, auch wenn ich es allein erziehen werde.«

Als Susanne schwanger war, merkte sie, dass sie doch recht herkömmliche Vorstellungen von Familie hatte. »Für mich war die Tatsache, ein Kind zu bekommen, gleichbedeutend mit einer idealen Beziehung – dem idealen Vater für das Kind und die ideale Beziehung für mich, eine Festlegung auf Jahre hinaus.« Ein Hausprojekt mit Kindern hätte sie optimal gefunden. Die Entscheidung, ihr Kind ohne den Vater großzuziehen, ist zunächst mit einem schlechten Gewissen verbunden. Doch sie kennt genügend Leute, die nicht mit beiden Eltern zusammen aufgewachsen sind »und trotzdem gesunde, aufrechte und glückliche Menschen geworden sind«. Mittlerweile hat Susanne wieder Kontakt zum Vater des Kindes aufgenommen, den sie auch nicht abreißen lassen möchte. Vater und Sohn sollen sich kennen lernen können, wenn sie das möchten.

Alltag in der Fabriketage

Susanne wollte als allein Erziehende nicht auch noch allein wohnen. »Die Erwartung, dass man mit einem Kind seinen Lebensradius verkleinert, weil man in der ersten Zeit viel zu Hause sein muss, hat diesem Zuhause eine größere Wichtigkeit gegeben.« In einer WG gibt es Leute zum Reden, es kommt mehr Besuch vorbei, auch Hilfe und Verständnis sind da. Das Leben ist nicht so isoliert wie für Mütter, die mit ihrem Säugling allein leben. Und es ist auch immer jemand in der Nähe, der sich mit an dem Kind freut und Anteil nimmt. »Malte war von Anfang an ganz verliebt in Jakob und für seine Kinder war das auch toll. Lea, die damals vier war, hat mich immer um den Bauch gefasst und jeden Tag gefragt, wann es denn rauskommt. Das war sehr schön.«

Das ist auch für Malte der große Vorteil einer WG: Immer ist jemand zum Reden da, auch wenn es nicht der beste Freund ist und die meisten ehemaligen WG-Mitbewohner sich schließlich doch aus den Augen verlieren – und dass einem die Decke nicht auf den Kopf fällt, wenn man eine Krise hat.

Die Verantwortung für praktische Dinge wie Windeln wechseln,

anziehen und füttern tragen die Eltern jedoch allein. Die WG kann und will die Kinder nicht gemeinsam erziehen. Malte wurde von Jakob trotzdem ein wenig als Ersatzvater adoptiert. »Jakob braucht mich jeden Tag eine halbe Stunde, aber nicht mehr. Ich schleppe ihn dann mit herum oder er sitzt bei mir auf dem Schoß, wenn ich meine E-Mails abrufe.«

Susanne hatte im Sommer überlegt, zu ihrer Schwester nach Süddeutschland zu ziehen. Die Schwester lebt dort mit Mann und drei Kindern in einem stadtnahen Dorf. In ihrem Haus wurde eine günstige Wohnung frei, die Schwester hätte die Betreuung für Jakob gerne übernommen, da sie ohnehin zu Hause ist. Ein Angebot, das sehr attraktiv war, denn die Arbeitszeiten für Ärztinnen im Krankenhaus sind wenig familienfreundlich, eine zuverlässige Betreuung für das Kind dagegen sehr wichtig. Trotzdem entschied sich Susanne für Berlin, auch aus dem Gefühl heraus, dass ihr die Welt dort zu klein geworden wäre.

Jakob kennt kein anderes Zuhause als seine Wohngemeinschaft in Neukölln. Er freut sich immer sehr, wenn die Kinder von Malte da sind und sucht sie, wenn sie von Sonntag bis Dienstag nicht dort sind.

Die Beziehung der WG-Bewohner zueinander ist verbindlich, aber bei weitem nicht so eng wie in einer Familie. Das kann ein Vorteil sein: Es sind mehr Menschen involviert, es ist immer etwas los und trotzdem muss niemand emotionale Abgründe und Verstrickungen einer Kleinfamilie befürchten.

»Ich finde es auch für die Kinder netter, wenn ich nicht der Einzige bin«, meint Malte. »Ich stelle mir das eher stressig vor, wenn ich mit den Kindern allein wäre. Darum finde ich das Wohnen in einer Kleinfamilie nicht so gut. Es ist wichtig, dass es nicht zu eng wird.«

Susanne hat das erste Jahr mir ihrem Kind sehr genossen. Vollständige Elternpaare in ihrem Bekanntenkreis streiten sich oft über Zuständigkeiten und über ungerecht verteilte Arbeit mit dem Kind. Was eigentlich gegenseitige Unterstützung sein könnte, wird oft zum Hin- und Herschieben von Aufgaben. »Das geht dann immer so: Der eine hält das Kind auf dem Schoß, der andere darf dann essen, muss dem anderen aber das Brot schmieren oder etwas hinstellen, was der mit der freien Hand essen kann. Also für mich hat es so etwas nie gegeben.«

Susanne empfindet bei solchen Familienszenen eine Distanzlosigkeit, unter der Respekt und Achtung voreinander leiden. Ihre

6

eigene Situation ist klarer und dadurch unkomplizierter. Sie freut sich, wenn jemand hilft, muss aber nicht um Hilfestellungen kämpfen, die ihr vermeintlich zustehen.

Das Leben in der Fabriketage ist erst seit wenigen Jahren auf Kinder eingestellt. Nachdem sich eine junge Mutter dann doch entschieden hat, mit ihrem Neugeborenen aus- und mit dem Freund zusammenzuziehen, hat sich Malte lange dafür eingesetzt, dass neben seinen eigenen beiden Kindern noch ein weiteres Kind in der WG lebt, denn »sonst ist es wieder so, dass meine Kinder von einer anderen Lebenslogik völlig an den Rand gedrängt werden«.

Das Leben mit Kindern findet seinen Ausdruck auch im gemeinsamen Abendessen. »Ob man richtig den Tisch deckt und ›Kinder‹ ruft oder sich schnell noch was in den Mund schiebt, weil man verabredet ist«, das ist ein gravierender Unterschied. Das gemeinsame Essen ist auch in der WG ein Zeichen dafür, dass Familienleben existiert, oder wie Susanne es ausdrückt: »Ich würde inzwischen zu unserer WG nicht mehr Familienersatz sagen. Es ist natürlich unsere Familie, weil wir hier sind. Für Jakob ist es ganz fraglos sein Zuhause, weil er nie etwas anderes erlebt hat. Familie ist, wo man zu Hause ist.«

Ich danke Susanne und Malte aus der Wohngemeinschaft für ihre Gesprächsbereitschaft.

1 Hausfassade der Wohngemeinschaft in der Karl-Marx-Straße 17, März 2003.
2 Malte mit seinem neugeborenen Sohn Ilja, Juni 1993.
3 Jakob in der Wohngemeinschaftsküche, Januar 2002.
4, 5 Maltes Tochter Lea mit Jakob, dem neugeborenen Sohn Susannes, Dezember 2001.
6 Lea und Ilja, die Kinder von Malte, mit Jakob, dem Sohn von Susanne, beim gemeinsamen Spiel, Juli 2002.

Ein Porträt der Wohngemeinschaft befindet sich auf Seite 31.

WENN SICH ALLES UM KINDER DREHT – EINE AUSSERGEWÖHNLICHE FAMILIE AM WILDENBRUCHPLATZ

Raymond Wolff

1

2

Als das Telefon klingelt und Sascha den Hörer abnimmt, ist es sein bester Freund Artur, der ihn aus Spanien anruft und verzweifelt klingt. Dabei hätte es ein schöner Urlaub werden sollen: das erste Mal fliegen, das erste Mal weit weg von zu Hause, drei Wochen Sonne. Vier vertraute Menschen begleiten ihn, darunter seine ehemalige Freundin und deren Mutter, die gleichzeitig seine Zimmerwirtin ist. Auch nach Ende der Liebesbeziehung zur Tochter ist Artur bei der Mutter wohnen geblieben – nur hat diese inzwischen ein amouröses Auge auf ihn geworfen. Sich den eindeutigen Avancen zu entziehen, wird für Artur immer komplizierter, vor allem in Spanien. Es kommt zum Bruch, Arturs Wohnverhältnis wird aufgekündigt. Nach dem Urlaub wird er ausziehen müssen. Aber wohin?

Artur Ordak hat es in seinem Leben nicht leicht gehabt. Er kam 1980 in Poznan (Polen) zur Welt, seine Mutter starb, als er drei Jahre alt war. Sein Vater heiratete ein zweites Mal, ein Stiefbruder wur-

de noch in Polen geboren, dann kam die Wende. Vater Ordak glaubte, sein Glück im Westen machen zu können und so zog die ganze Familie wenige Wochen nach Öffnung der Grenzen in den Westteil Berlins. Artur war neun Jahre alt. Vater Ordaks Großeltern waren Deutsche gewesen, und so hoffte er, die deutsche Staatsangehörigkeit zu erlangen. Das funktionierte jedoch nicht. Wären seine Eltern Deutsche gewesen, hätte es geklappt. So wurde er zunächst mit einem Ausländerstatus in Berlin aufgenommen.

Vater und Stiefmutter begannen zu trinken, stritten häufig miteinander, trennten sich. Artur blieb bei seiner Stiefmutter, dem Stiefbruder und der inzwischen in Berlin geborenen Stiefschwester. Vater Ordak lebte ohne festen Wohnsitz und mittlerweile ohne Aufenthaltserlaubnis illegal in Berlin. Bei einer Polizeikontrolle erwischt, wurde er nach Polen abgeschoben. Der Kontakt zu ihm brach ab.

3

Artur lebte bei seiner Stiefmutter, bis er achtzehn wurde. Deren neuer Freund war auch Trinker; die Situation führte schließlich zu häufigen Streitigkeiten zwischen Artur und der Stiefmutter. Vorübergehend zog er in die Wohnung ihres Freundes, machte seinen Realschulabschluss und begann eine Lehre als Elektroinstalleur. Dann lernte er seine Freundin kennen und bezog ein Zimmer in der Wohnung ihrer Mutter. Es kam der Spanien-Urlaub, die schon erwähnten amourösen Komplikationen und Artur muss sich plötzlich um eine neue Bleibe kümmern. Er ruft Sascha Grund an, seinen besten Freund.

Sascha und Artur kennen sich, seit sie 14 bzw. 13 Jahre alt sind. Sascha ist ein Jahr jünger als Artur. Während Artur in der Heidelberger Straße groß wurde, wuchs Sascha am Wildenbruchplatz, in der Finow- und der Harzer Straße auf – beide im gleichen Neuköllner Kiez. In der Wildenbruchstraße, gleich hinter dem Grenzstrei-

fen, lag der Jugendclub Gérard Philipe. Beim Bau eines Abenteuerspielplatzes wurden Artur und Sascha Freunde. Häufig besuchte Artur Sascha und dessen Familie: den Bruder Marcell, die Schwester Janine und die Eltern Yasmin und Harald Grund. Er war kein Unbekannter in der Finowstraße.

»Da kam unserer Sohn und fragte, ob Artur bei uns einziehen kann. Ick habe ihn angeguckt und meinte: Wie? Na ja, sagte er, Artur hat angerufen und gesagt, er muss nach dem Urlaub ausziehen und weiß nicht wohin. Er könne bei ihm schlafen. Na, dann kam Artur aus dem Urlaub und zog bei uns ein – mit seiner Stereoanlage, ein paar Klamotten und 'ner Reisetasche.« Artur wird drei Jahre lang bei den Grunds wohnen. Heute hat er eine eigene Wohnung in Charlottenburg, aber bei den Grunds fühlt er sich immer noch zu Hause und fährt oft am Wochenende, wenn es ihm zu ruhig ist, wieder zu ihnen nach Neukölln. Da ist Leben in der Bude, da ist immer was los. Er muss auch nicht klingeln, denn er hat immer noch einen Schlüssel.

Es ist ein großer Schritt, zu den eigenen drei Kindern einen weiteren Jugendlichen aufzunehmen. Doch Kinder und Jugendliche fühlen sich bei den Grunds wohl und die Grunds sind glücklich, wenn es den »Kleenen« bei ihnen gut geht. Sie sind Menschen, die nicht in erster Linie an sich und ihr eigenes Wohlergehen denken, sondern ihre Lebensfreude aus der Freude anderer schöpfen.

Kinder, die in schwierigen Umständen aufgewachsen sind, werden später oftmals ihre eigenen Kinder so behandeln, wie sie es selbst erlebt haben. Ein Teufelskreis. Bei den Grunds ist das anders.

Yasmin Grund wuchs in einer weit verzweigten Familie in einem oberbayerischen Dorf auf. Bis heute hat sie sich nicht so ganz an das Großstadtleben gewöhnt, obwohl sie inzwischen deftig berlinern kann. Bis zum sechsten Lebensjahr lebte sie bei Verwandten und an diese Zeit erinnert sie sich mit Freude. Dann kehrte sie zu Mutter und Stiefvater zurück. Da waren vier Kinder von drei verschiedenen Vätern versammelt. Die Mutter vermittelte ihren Kindern, dass es ihren Mann stören würde, wenn sie in seiner Nähe wären. Sie mussten die Mahlzeiten getrennt von den Erwachsenen einnehmen. Wenn die Kinder Fernsehen schauten und der Stiefvater das Zimmer betrat, verließen sie unaufgefordert das Zimmer. Da war keine Liebe und Wärme, sondern Ausgrenzung. Yasmin Grund hat einen leiblichen Bruder und elf Stiefgeschwister!

Harald Grund ist geborener Neuköllner, in der Warthestraße und in der Buschkrugallee aufgewachsen. Auch bei ihm waren die Verhältnisse zu Hause nicht einfach. Seine Mutter hatte zwei Kinder von zwei verschiedenen Vätern, war allein erziehend und lebte in wechselnden Partnerschaften. Das waren dann die Onkel. Alkohol war auch hier im Spiel. »Da habe ick jesagt, meine sollen es mal anders haben.«

Nachdem ihr Sohn Sascha 1981 geboren wurde, kamen nicht nur zwei weitere leibliche Kinder, Marcell und Janine, hinzu, sondern insgesamt zwanzig offizielle und inoffizielle Pflegekinder. Obwohl sie nicht alle gleichzeitig bei den Grunds lebten, waren das doch eine Menge Kinder:

Alec und Alexander, Andreas, Artur, Benny, Chian-Qua, Fabio, Abdul Hamid, Justen, Kerim, Latifah, Marcel, Martijn, Maximilian, Mike, Natalie, Patrick, Silvie, Tolga und Thoben. Deren Eltern stammen nicht alle aus Deutschland, sie kommen auch aus der Türkei, Ghana, Italien und Südafrika.

Im November 1980 hatten die Grunds Yasmins oberbayerische Heimat verlassen und waren nach Neukölln gezogen. Sascha wurde im September 1981 in der Finowstraße 17 geboren und die damalige Kleinfamilie zog für ein Jahr in die Harzer Straße. 1985, Saschas Bruder Marcell war noch klein, wurde das erste Kind in Tagespflege von den Grunds aufgenommen: der kleine Benjamin. Der Sohn von Harald Grund aus erster Ehe war auch noch da. Nun wurde die Wohnung erneut zu klein und die Familie zog in die Finowstraße 23. Hier wohnten sie viele Jahre, doch wohl fühlten sie sich nicht: »Die Leute waren unfreundlich, zerschnitten den Kinderwagen, das fand ich nicht so witzig.« Also zurück in die Finowstraße 17 und nach einigen Jahren folgte innerhalb des Hauses nochmals ein Umzug. Heute wohnen die Grunds am Wildenbruchplatz 5.

Kinder in Tagespflege kommen nicht immer aus problematischen Verhältnissen. Wenn beide Elternteile arbeiten, muss das Kind versorgt und betreut werden, zum Beispiel durch eine Tagesmutter wie Yasmin. Früh morgens um sechs Uhr werden die Kinder abgegeben und abends um 17 Uhr (manchmal auch später) wieder abgeholt.

Gisela Godejohann, pädagogische Sachbearbeiterin für den Kita-Bereich und zuständig für Beratung der Tagespflegestellen im Jugendamt Neukölln, kennt Yasmin Grund, seitdem sie als Tagesmutter tätig ist. Eltern, die einen Tagespflegeplatz für ihr Kind suchen, melden sich beim Jugendamt und erhalten dort Adressen von Tagesmüttern, die in ihrer Nähe wohnen und einen Platz frei haben. Eltern und Tagesmutter treffen sich, stellen fest, ob das Kind und sie selbst zueinander passen und besprechen Details wie Tagesabläufe usw.

Wer Tagesmutter werden möchte (ein Mann hat sich laut Frau Godejohann noch nie um eine solche Stelle beworben!) meldet sich mit einem Lebenslauf beim Jugendamt. Die Bewerberinnen nehmen an einem Einführungskurs teil, in dem sie erfahren, was von

4

Von montags bis freitags wohnte sie bei den Grunds, war am Wochenende abwechselnd bei Mutter oder Vater. Als Alexander in Vollpflege zu den Grunds kam, musste Natalie in die Kita, da es die Regeln des Jugendamts verbieten, gleichzeitig Tagespflege- und Vollpflegekinder zu betreuen. Für die Betreuung von Natalie gab es daher kein Geld mehr. Den Kitaplatz für Natalie bezahlten dann die Grunds, eines der größeren Kinder holte das kleine Mädchen nachmittags ab.

Yasmin Grund arbeitet einmal wöchentlich im Kurierdienst für Fotogeschäfte, darüber hinaus ist sie Wohnungsmaklerin. Harald Grund ist seit 22 Jahren als Tischler in Neukölln tätig. Wegen der vielen Kinder ist die Wohnung relativ groß und damit teuer. Das Auto ist nicht das neueste Modell, Urlaub wird auf dem Campingplatz gemacht. Hin und wieder gehen Harald und Jasmin zusammen ins Café, ansonsten sind sie für die Kinder da. Die Grunds sind jedoch nicht nur kinderlieb, sondern auch tierlieb. Die Hündin Paula und die beiden Katzen Zippelchen und Sauzahn kommen gut miteinander aus, dazu gibt es noch etwa 60 Fische und zwei Vögel, die beide auf den Namen Paule hören.

Vor ein paar Jahren hatte Yasmin einen Trödelladen eröffnet. Da Harald gelegentlich Wohnungsauflösungen durchführt, war das eine willkommene Ergänzung zum Einkommen der Familie. Als Janine Probleme in der Schule bekam, wurde das Geschäft jedoch wieder aufgegeben, denn nun brauchte Yasmin Zeit, um ihrer Tochter bei den Hausaufgaben zu helfen.

Und dann kam Alexander Siegmund, genannt Alex: »Sonntag morgens um halb sieben stand er vor der Tür und ist seitdem bei uns.« Das war im September 2000. Alex kannte Marcell Grund und hatte großes Vertrauen zu Yasmin und Harald. Bei ihm zu Hause hatte es immer wieder Ärger gegeben und oftmals hatte er sich bei den Grunds ausgesprochen, die ihrerseits versuchten, zwischen ihm und seinen Eltern zu vermitteln. Die Eltern hatten sich getrennt. Alex lebte bei seiner alkoholkranken Mutter, deren wechselnde Partner für ihn schwer zu verkraften waren. »Einmal hatte sie wieder jemanden mit nach Hause gebracht und der Junge ist wach geworden. Da ist es dann eskaliert und Alex ist auf den Mann losjegangen. Er hat det einzig richtige jemacht und ist von zu Hause abjehauen und kam zu uns.«

ihnen erwartet wird. Wer danach die Bewerbung noch aufrechterhält, wird zu Hause vom Jugendamt aufgesucht. Es wird nicht nur ein intensives Gespräch geführt, sondern auch die Wohnung inspiziert, ob sie groß genug ist sowohl für die Pflege- als auch die eigenen Kinder (eine Tagesmutter darf bis zu drei Kinder aufnehmen). Tagespflegekinder werden bis zum dritten Lebensjahr betreut, dann gehen sie in den Kindergarten.

Tagesmütter arbeiten freiberuflich. Pro Kind erhalten sie ein monatliches Pflege- und Erziehungsgeld in Höhe von 350 Euro pro Kind. Die Hälfte des Geldes ist für die Ernährung des Kindes vorgesehen, die andere Hälfte als Lohn für die Tagesmutter. Die Eltern der Kinder stellen Windeln und Tageswäsche. Ausgehend von durchschnittlich neun Stunden Pflege täglich, hat Yasmin Grund 75 Cent Stundenlohn für sich ausgerechnet! Man kann also nicht davon ausgehen, dass sie als Tagesmutter arbeitet, um sich eine goldene Nase zu verdienen.

Ihr letztes Tagespflegekind kam aus problematischen familiären Verhältnissen. Die Eltern der kleinen Natalie leben getrennt.

Yasmin Grund versuchte vergeblich, zwischen Alex und seiner Mutter zu vermitteln. Eine Woche später beantragte sie mit Einverständnis der Mutter die Pflegschaft für Alex.

Alex ist zwar erst 16 Jahre alt, doch schon jetzt hat er einen eigenen Kopf und weiß genau, was er will und was nicht. Den Kontakt zu seinen Eltern hält er aufrecht. Manchmal ruft die Mutter bei den Grunds an und will ihren Sohn sprechen. »Det Kind merkt sofort, ob se wat drinne hat oder nüscht, und wenn er merkt, sie hat Alkohol drinne, dann blockt er sofort ab. Er hat ihr die Meinung gesagt, dass sie das eigene Leben in die Reihe bekommen muss und er hat sein eignet Leben und braucht nicht zu leben wie sie, das soll sie akzeptieren. Wenn sie meint, sie muss trinken, dann soll sie trinken.«

Alex war, so Yasmin Grund, »ein notorischer Schulschwänzer«. Der Realschüler war bei seinem Einzug am Wildenbruchplatz das dritte Mal in der 8. Klasse. In Neukölln wurde Alex in die Hauptschule versetzt. Die Grunds sprachen ein ernstes Wort mit ihm: Wenn er weiterhin die Schule schwänzen würde, dann müsse er wieder ausziehen. Das war hart, aber Alex merkte, wie gut es ihm bei den Grunds ging und wollte einen Rausschmiss nicht riskieren. Das Schwänzen gehört heute der Vergangenheit an. Und nicht nur das – seine schulischen Leistungen haben sogar die Lehrer in Erstaunen versetzt.

Die Grunds geben allen ihren Kindern Kosenamen. Alex heißt familienintern Einstein und man merkt, dass sie mächtig stolz auf ihn sind. Er ist inzwischen in der 9. Klasse, an den Elternabenden nimmt Harald Grund teil. Es besteht Hoffnung, dass Alex wieder auf die Realschule kommt. »Er will Koch lernen oder in der Gastronomie arbeiten und ich sagte, o.k., aber Voraussetzung dafür ist natürlich deine Schulbildung.«

Die Grunds haben um Alex gekämpft. Die zuständige Behörde wollte zunächst, dass Alex zur Kindernothilfe in die Nogatstraße geht. »Das ist eine Einrichtung, wo Kinder in Not hingehen können und eine gewisse Zeit da bleiben. Dann werden sie zu Pflegeeltern oder in betreutes Wohnen vermittelt. Alex wollte da nicht hin. Er hat sich eine Familie ausgesucht und bei der bleibt er. Wir haben ihn unterstützt, haben gesagt, du kannst bei uns bleiben, kein Problem.« Die Grunds mussten dann zum Jugendamt. »Da habe ick

gesagt, wissen se, wenn ick den da in der Nogatstraße 7 abgebe, dann kann ich den Bengel gleich zum Bahnhof Zoo bringen, da warten se nämlich drauf. Ick weiß, was in der Nogatstraße los ist.« Auch in der Schule wird aufgepasst, in welchen Kreisen Alex verkehrt, es soll bloß keine Rückschläge geben.

In der Schule forderte Harald Grund, dass Alex ein Praktikum macht, und zwar im Hotel Estrel. »Da haben mich alle anjekiekt, als ob ich 'n Vogel habe. Na klar, gleich ein Grand Hotel! Ich sagte, er braucht nicht in 'ne Stadtküche zu gehen, der macht det Praktikum da. Und wir haben's jeschafft. Er macht im Estrel sein Praktikum, und zwar in diesem Jahr.«

Wenn es Alex gelingt, sein Ziel zu erreichen, dann nur, weil Menschen an ihn glauben und hinter ihm stehen. »Der Bengel«, wie Harald Grund liebevoll sagt, hat Glück gehabt: Er hat im September 2000 die richtige Klingel gedrückt.

Ich danke Yasmin, Harald und Sascha Grund sowie Artur Ordak für ihre Bereitschaft, uns ihre Geschichte zu erzählen. Frau Gisela Godejohann vom Jugendamt Neukölln danke ich für die Informationen über Pflegschaften.

1 Im Hof der Finowstraße 23, von links: kleiner Marcel, Isele Tekin, die Tochter des Hauswarts (hinten), Thorben, Janine Grund, Patrick (mit Flasche) und Latifah; um 1995.
2 Brav sitzen im Kinderzimmer der Familie Grund der kleine Marcel, Janine Grund, Mike und Fabio (v.l.n.r.), um 1993.
3 Kindergeburtstag in der Küche der Familie Grund: kleiner Marcel, Marcell Grund, Silvio, Sascha Grund und Mike (v.l.n.r.), um 1997.
4 Fabio mit einem Spielzeugauto im Kinderzimmer der Familie Grund in der Finowstraße 23, um 1993.

Ein Porträt der Familie Grund befindet sich auf Seite 29.

EINE FAMILIE ZWISCHEN TOGO UND NEUKÖLLN

Cornelia Kühn

2

Im Vergleich zu anderen europäischen Metropolen sind im Straßenbild von Berlin Einwanderer aus Afrika nach wie vor eher selten und ungewöhnlich. Aufgrund ihrer Hautfarbe werden sie sofort als »Ausländer« und »Fremde« identifiziert und klassifiziert, was positiv wie negativ besetzt sein kann. Einerseits sind sie stärker von offenem Rassismus und alltäglicher Diskriminierung betroffen als andere Einwanderergruppen. Andererseits verleiht ihnen ihre »ferne Heimat« auch etwas Exotisches. Auf der öffentlichen Bühne der neuen deutschen Hauptstadt treten sie meist als Vertreter afrikanischer Kultur in Erscheinung: als Musiker und Trommler bei multikulturellen Veranstaltungen, Straßenfesten und Antirassismusprojekten, als Reggae-DJs oder Salsa-Tänzer in Clubs und Bars oder als Inhaber afrikanischer Restaurants. Berliner Bildungseinrichtungen laden afrikanische Migranten als Referenten ein, die Märchen er-

zählen, Masken basteln und bunte Stoffe herstellen sollen, um den deutschen Kindern das Leben in Afrika näher zu bringen. Jugendliche und Erwachsene versuchen bei Trommelworkshops die »authentische« afrikanische Kultur kennen zu lernen.

Doch die meisten Migranten aus Afrika kamen nicht als »Kulturvertreter« nach Deutschland. Die jungen Männer und Frauen gehören oftmals zur Elite ihres Landes, die den schweren Schritt der Auswanderung in das ferne Europa wagt. Sie fliehen vor politischer Verfolgung und Korruption, vor Bürgerkriegen und der schlechten wirtschaftlichen Situation in ihrer Heimat nach Europa, um hier eine bessere Ausbildung, bessere Chancen zum Arbeiten und zum Studium zu erlangen. Manche kehren anschließend in ihre Herkunftsländer zurück, andere haben in der langen Zeit des Lebens in Deutschland eine Familie gegründet, ihre Kinder sind in

Deutschland geboren und aufgewachsen, sie haben sich hier eine neue Heimat aufgebaut. Doch werden diese Familien im Alltag wie auch in öffentlichen Institutionen, oftmals trotz deutscher Staatsbürgerschaft, nach wie vor meist auf ihre Herkunft festgelegt und nicht als Deutsche anerkannt.

Zu Familiengeschichten aus Neukölln, einem Stadtbezirk mit einem »Ausländeranteil« von über 20 Prozent, gehören auch ihre Geschichten der Ankunft und des Einlebens in Deutschland, der Trennung von Eltern und Geschwistern in der alten Heimat und des Aufbaus einer eigenen Familie in der neuen. Bei Gebäck und Tee erzählte mir Essy Agboli-Gomado aus Togo in ihrer Neuköllner Wohnung ihre Familiengeschichte:

Mein Name ist Essy Agboli-Gomado. Ich bin 1969 nach Deutschland gekommen. Mein älterer Bruder hat damals schon hier gelebt. Er war mit einer deutschen Frau verheiratet, hat hier studiert und gearbeitet. Immer, wenn er nach Togo kam, hat er von Deutschland erzählt. Aber in erster Linie kannten wir Deutschland durch unsere Oma. Meine Oma war Hauswirtin des ersten deutschen Vertreters in Schwarzafrika, vor dem Ersten Weltkrieg, als Togo eine deutsche Kolonie war. Sie hat uns viel von der deutschen Familie Winkler erzählt.

Ich komme aus dem französischen Teil Togos, der 1960 unabhängig wurde. Meine Muttersprache ist Ewe und dann Französisch. Als ich nach Deutschland kam, musste ich erst mal Deutsch lernen. Dann habe ich eine Ausbildung als Krankenschwester gemacht. Ich hatte vorher in Togo als Grundschullehrerin gearbeitet. Nicht, dass ich keine Arbeit gehabt hätte. Ich wollte nach Deutschland, weil ich Sozialarbeiterin werden wollte. Aber da ich kein Abitur hatte, musste ich erst einen Beruf lernen. Und da habe ich mir gesagt: Ich werde Krankenschwester. Als Krankenschwester in Afrika ist es nicht so einfach: Man ist gleichzeitig Hebamme, Krankenschwester, Sozialarbeiterin – man ist alles. Ich wollte aber trotzdem nach der Ausbildung unbedingt wieder zurück.

Und dann, in den 1970er Jahren, bin ich während eines Intensivkurses krank geworden. Ich habe Hepatitis B bekommen. Über ein Jahr konnte ich nicht arbeiten. Da hat mir mein Onkel, der selber Arzt ist, geraten, nicht nach Hause zu kommen. In Togo war ich ja nicht versichert. Und wenn es später Komplikationen gäbe, dann wäre ich hier

besser aufgehoben. Es war ja eine Berufskrankheit. Ja, und so bin ich hier geblieben.

Afrikanisch-deutsche Familienverhältnisse

Früher waren wir eine große Familie. Aber durch die Situation hier ist sie nicht mehr so, wie man das von einer Familie aus Afrika kennt. Dort leben Onkel und Tanten und Kinder zusammen – über 30 Leute in einem Hof. Und die Kinder werden auch von Tanten und anderen Verwandten erzogen. Man muss nicht immer da sein, wenn man

berufstätig ist. Du kannst früh zur Arbeit gehen: Deine Kinder sind versorgt. Und sie akzeptieren die anderen so wie die eigene Mutter. In Afrika ist das eine große Familie. Die Familie hier dagegen ist klein. Und wenn ein Teil fehlt, ist das für die Kinder schwer zu verkraften, weil nur die beiden Eltern die Familie sind. Bei uns in Afrika, da ist die Tante wie eine Mutter, der Onkel wie ein Vater. Wenn einer fehlt, ist das zwar schwer, aber es verteilt sich ein bisschen. Das ist der Unterschied zwischen dort und hier. Hier in der Wohnung bin ich allein und es ist keiner im Haus, wenn ich weg bin. Es sind nur noch meine Tochter und ich da.

Ich lebe von meinem Mann getrennt und die Kinder sind inzwischen aus dem Haus gegangen. Nur Dela, die Siebzehnjährige, wohnt noch zu Hause. Meine ältere Tochter arbeitet beim Klett Verlag als Direktionsassistentin. Sie wohnt jetzt in Spandau. Und der Älteste ist Masseur, Sport-Physiotherapeut. Er lebt in Kreuzberg. Dela geht noch zur Schule. Sie ist die Jüngste und bleibt erst mal noch bei mir. Mein Sohn kommt oft zu Besuch, aber es ist bei uns wie bei einer deutschen Familie. Mal kommt er eine Woche lang nicht, die nächste Woche kommt er dafür ein paar Mal. Jeder hat halt seine Arbeit.

Hier lebt auch noch die Familie meines Bruders. Mein Bruder ist in Berlin gestorben, aber er hat eine Familie hinterlassen: drei Söhne und meine Schwägerin. Na, wir sagen nicht Schwägerin, wir sagen immer Schwester. Bei uns ist die Schwiegermutter auch deine Mutter. Auch für die Kinder gilt das: Halbschwester, Halbgeschwister, so was gibt es für uns nicht. Ein Kind, ob es ehelich ist oder unehelich oder geschieden, das ist egal. Ich habe auch die Kinder meiner verstorbenen Geschwister aufgenommen: Dede ist die Tochter meiner älteren Schwester, die sehr früh gestorben ist. Sie ist zehn Jahre jünger als ich. In Togo musste ich mich als Zehnjährige schon um die kleineren Geschwister kümmern. Soli und Kossi habe ich auch als Kinder aufgenommen. Soli ist Krankenschwester und Kossi organisiert Partys als Event-Manager. Sie haben beide mit bei uns gewohnt und sind mit meinen Kindern gemeinsam aufgewachsen wie Geschwister.

Einerseits leben meine Kinder so, wie das hier üblich ist. Sie richten sich nach ihrer Arbeit. Andererseits, auch wenn sie ihre eigene Familie haben oder ihre eigene Existenz aufbauen: Wenn die Mutter in Schwierigkeiten ist, dann werden sie mir immer helfen. Sie sind so groß gewor-

den. Wenn einer weniger hat, dann unterstützt man ihn. Wenn einer Arbeit hat und verdient und er hat Cousins und Cousinen, dann unterstützt er sie, damit sie zur Schule gehen können. Wenn man nichts hat, dann müssen eben die Verwandten für einen da sein.

Neue Heimat Neukölln?

Ich bin 1978 nach Berlin gekommen. Meinen Mann habe ich im Januar 1980 kennen gelernt. Da bin ich von Charlottenburg nach Neukölln gezogen. Und 1985 wurde Dela geboren.

Für mich ist Neukölln inzwischen zur zweiten Heimat geworden. Ich mache hier sehr viel: Ich bin im Mieterbeirat, wir haben hier ein Atelier und malen. Wir haben im Gemeinschaftshaus sogar Ausstellungen gemacht. Jeden Mittwoch findet dort auch die Aktion »Mieter kochen für Mieter« statt und dann kochen wir oder sitzen zu Tisch mit Mietern. Ich habe einen großen Freundeskreis hier und das ist für mich sehr wichtig. Die Leute, die hier im Rollbergviertel wohnen, sind international: Schwarze und Araber, alle Nationen leben hier zusammen.

Es gibt eine Geschichte, über die lachen wir heute noch manchmal: Als wir das erste Mal mit Dela in Afrika waren, war sie fünf Jahre alt. Wir wurden von vielen Verwandten abgeholt und jeder von uns sollte bei einem anderen Verwandten ins Auto steigen: »Du musst hier mitfahren, dann musst du aber bei mir mitfahren«, so war das. Und es wurde viel gefeiert. Für Dela waren es so viele fremde Leute auf einmal, da sagte sie: »Oh, ich muss zurück! Ich muss zurück nach Hause, hier gefällt es mir nicht.« Meine Kinder sind alle hier geboren, sie sind hier zu Hause. Dann aber hat Dede dort mit den Kindern gespielt und schnell Freunde gefunden. Inzwischen ist Togo auch ihre zweite Heimat.

Aber obwohl sie Deutsche sind, fragt man sie hier immer noch: »Wo bist du denn zu Hause?« Eine Lehrerin aus Offenbach hat sogar einmal zu Dela gesagt: »Du kannst doch keine Deutsche sein.« Da hat Dela geantwortet: »Doch, ich bin hier geboren.« – »Und was ist deine Muttersprache?« – »Deutsch.« – »Ja und, du kannst doch keine Deutsche sein! Wo kommen denn deine Eltern her?« – »Aus Togo.« – »Ja na, dann bist du eine Togoerin oder Afrikanerin, aber keine Deutsche!« Das ist ein bisschen kompliziert für unsere Kinder. Das geht nicht in die Köpfe in Deutschland, auch in 200 Jahren nicht. Ich bin ja vielleicht nicht so richtig deutsch. Aber unsere Kinder – egal welcher Couleur – sind Deutsche. Sie sind auf diesem Boden geboren, aber das wird nicht akzeptiert! Und das macht viele Leute so bockig, sie sagen: Ich bin hier geboren und werde trotzdem nicht akzeptiert.

Dela geht in eine Schule, auf der nur zwei oder drei Schwarze sind, auch sonst sind kaum Ausländer dort. Es ist eine Waldorfschule in Zehlendorf, eine Privatschule, die extra Geld kostet. Dort ist ein anderes Milieu, so hoffen wir. Als kleines Kind ging Dela in Westdeutschland zur Schule, da gab es auch kaum Ausländer. Ich dachte, das sei gut für das Kind. Aber die meisten anderen Kinder wollen nicht gemischt werden, sie sind abweisend. Diese Erfahrung ist für unsere Kinder hart: Du bist in deiner Heimat Ausländer, und dort, wo du geboren bist, bist du es auch. Wir sind hier und werden hier bleiben. Aber egal, wie lange man hier lebt, man ist immer noch fremd, auch wenn man die deutsche Staatsangehörigkeit hat. Jemand fragt dich nach deiner Nationalität und du antwortest, dass du Deutsche bist, dann kommt meistens: »Nein, das meine ich nicht. Ich meine, wo du herkommst.« Irgendwann bleibt dann doch Togo dein Zuhause. Auch für die Kinder, obwohl sie da nicht viel kennen. Sie sind da eigentlich wie Touristen. Aber dort ist ihr Zuhause. Es sind die Umstände hier, die die Menschen an ein fernes Zuhause binden. Man kann sich nicht entscheiden: Ich bin deutsch. Meine Herkunft wird immer meine Identität bleiben. Also sage ich: Hier ist meine zweite Heimat. Auch wenn ich hier mehr Leute kenne.

1 Oma Toviawu, die als Haushälterin bei dem deutschen Vertreter in Togo gearbeitet hat; die deutsche Familie nannte sie Anna, weil sie Toviawu nicht aussprechen konnte, um 1975.
2 Familie Agboli in Togo (Essy ist die Dritte von rechts, obere Reihe), 1961.
3 Essy (rechts) als junges Mädchen in Togo mit ihrer Cousine Cécile (links) und ihrer besten Freundin Yollanda, genannt Jojo (Mitte), 1962.
4 Essy als Lehrerin in Togo mit Arbeitskollegen; sie alle tragen die obligatorischen Schulkittel, 1968.
5 Weihnachten bei Essys Bruder und dessen Familie in Berlin-Spandau; obere Reihe von links: Rebbi (Rebecca, Essys Tochter), Danla (Sohn von Bruder Michael), Hippo (Hippolythe, Essys Sohn), Michael (Essys Bruder), Dede (Tochter der verstorbenen Schwester in Togo); untere Reihe von links: Vincent (Essys Mann), Mawuli (Sohn von Bruder Michael), Dela (Essys jüngste Tochter), Essy, Barbara (Essys Schwägerin, Frau von Bruder Michael), 1985.
6 Die Kinder in der Neuköllner Wohnung; von links, hinten: Dela (Essys jüngste Tochter), Rebbi (Essys älteste Tochter), Dodo (Tochter von Dede), Soli (angenommene Tochter); vorn: die zwei Kossis (Sohn von Dede und angenommener Sohn), 1990.
7 Dela, die jüngste Tochter von Essy, die heute als Einzige der Kinder noch bei ihr wohnt, 1991.

Ein Porträt von Essy und Dela Agboli-Gomado befindet sich auf Seite 28.

7

FAMILIE KALAITZIDIS ODER WIE (PONTOS-)GRIECHEN ZU BERLINERN WURDEN

Christiane Reuter-Althoff

2

Die Kalaitzidis sind Griechen. Sie kamen 1961 nach Deutschland und leben seit 1969 in Berlin, ein Zweig der Familie in Neukölln. Die Eltern sind in den 1990er Jahren gestorben. Auch der Schwiegersohn Ilias starb vor zwei Jahren. Die derzeitige Familie besteht aus zwei Schwestern und den beiden Söhnen der älteren Schwester.

Die weiblichen Mitglieder der Familie heißen nach griechischem Sprachgebrauch Kalaitzidou. Anna Kalaitzidou, geboren 1950 in Saloniki (Thessaloniki), die jüngste der beiden Töchter, wohnt in Neukölln. Die ältere Tochter Niki Sountoulidou, geboren 1941 in Drama/Nordgriechenland, und ihre Söhne Nikos (29) und Jordanis (38) Sountoulidis – geboren und aufgewachsen in Berlin – leben im Wedding. Der ältere Sohn versucht sein Glück zurzeit – wie andere junge Berliner auch – in Süddeutschland.

Die Familie Kalaitzidis gehörte von Anfang an zu den treuesten Besuchern des 1980 in Neukölln gegründeten Zentrums für griechische Frauen und ihre Familien »To Spiti«. Die Gemeinschaft der Griechen und auch Deutschen im Zentrum nimmt schon immer

Anteil an Freud und Leid dieser Familie. Die Eltern Kalaitzidis wurden auf Deutsch »Oma Eleni« und »Opa Vassilis« genannt; auf Griechisch respektvoll Kiria (Frau) Eleni und Kirio (Herr) Vassili.

Die Goldene Hochzeit von Eleni und Vassilis wurde im Frühjahr 1990 im »To Spiti« gefeiert. Ebenso wurde im griechischen Zentrum von den beiden alten Leuten nach ihrem Tod Abschied genommen und wie im Familienkreis üblich fanden die Beerdigungsfeierlichkeiten dort würdevoll mit dem griechisch-orthodoxen Priester statt. Die beiden Gräber befinden sich, wie auch das Grab von Schwiegersohn Ilias, auf dem Neuköllner Friedhof am Hermannplatz. Es gibt dort noch einige weitere Grabsteine mit griechischen Namen – Zeichen einer beginnenden Integration, zumindest einer Akzeptanz, die Toten dort »in die Erde« zu bringen, wo man lebt und wo die Nachfahren leben und Heimat finden werden. Das Grab von »Oma Eleni« war eines der ersten griechischen Gräber in Berlin. Andere verstorbene Griechen wurden in einem Zinksarg in die alte Heimat ausgeflogen.

Im letzten Jahrhundert legten alle Mitglieder der Familie weite

Wege zurück – unfreiwillig oder freiwillig –, von der türkischen Schwarzmeerküste, dem so genannten Pontos, bzw. von (türkisch) Thrakien nach Nordgriechenland bis in die Bundesrepublik Deutschland und von dort weiter nach Berlin.

Der »Stammvater« Vassilis Kalaitzidis wurde 1913 in Samsun (damals noch zum Osmanischen Reich gehörend) geboren; die »Stammmutter« Eleni Kalaitzidou 1915 in Kizan/Westtürkei. Beide haben 1990 und 1997 ihre letzte Ruhestätte auf dem kleinen Neuköllner Friedhof gefunden – nachdem sie für die letzten Jahrzehnte ihres Lebens als Gastarbeiter nach Deutschland kamen, sind sie als Berliner Griechen gestorben.

Im Zuge von ethnischen Säuberungen wurden die Griechen aus Gebieten, die sie seit mehr als 2000 Jahren besiedelten, vertrieben. Es kam 1922, infolge eines von Griechenland verzweifelt begonnenen und schließlich verlorenen Kriegs gegen die Festlegung des türkischen Staatsgebiets nach dem Ersten Weltkrieg durch die Alliierten auch auf die kleinasiatischen, mehrheitlich griechisch besiedelten Gebiete (Vertrag von Lausanne), zu einem Bevölkerungsaustausch von Millionen Griechen, aber auch Hunderttausenden türkischen und bulgarischen Familien. Thrakien – wie auch Mazedonien – wurde aufgeteilt: Ein Teil fiel an Griechenland, ein anderer an die Türkei; ein kleiner Teil wurde Bulgarien zugesprochen. Die Vertreibungen waren brutal und blutig. Vassilis verlor fast seine gesamte Familie in den Auseinandersetzungen und Pogromen in der Zeit des Ersten Weltkriegs und der Entstehung der Türkei als modernem Staat unter Atatürk.

Das Schicksal seines Vaters und seiner Mutter ist unbekannt – die Mutter soll vor der Flucht nach Griechenland erschlagen worden sein. Während die mittlere Schwester von Vassilis – fast noch ein Baby – bei türkischen Nachbarn zurückgelassen wurde, kam die ältere Schwester mit dem Onkel nach Griechenland. Vassilis wurde als 9-jähriges Waisenkind 1922 mit vielen anderen Kindern per Schiff nach Piräus gebracht und lebte später in einem Waisenhaus auf der Ägäis-Insel Syros. Die Schwester, die in der Türkei verblieb, ist »verschollen«, die große Schwester ist inzwischen 95 Jahre alt und lebt in Saloniki. Der Kontakt zu Verwandten in der Türkei ist damals abgebrochen, auch weil die am Schwarzen Meer verbliebenen Griechen in türkische Familien eingeheiratet haben und von ihrem griechisch-orthodoxen Glauben zum Islam konvertiert sind.

Erst in den letzten Jahren haben die Griechen wieder Kontakt zu ihrer ehemaligen Heimat oder der ihrer Vorfahren aufgenommen und sind nach Istanbul gefahren, der wichtigsten griechischen Stadt über mehr als tausend Jahre. Die griechische Regierung unterstützt inzwischen nach Jahren politischer Auseinandersetzungen und Feindschaft die Beitrittswünsche der Türkei in die EU und fördert griechisch-türkische Begegnungen.

Zurück zu Mutter Eleni Kalaitzidou. Auch ihre Familie ist eine Flüchtlingsfamilie und hat das typische Schicksal erleiden müssen, aus einem relativ wohlhabenden Umfeld in die bittere Armut der kleinasiatischen Flüchtlinge in Griechenland gestoßen worden zu sein. Ihr Vater war Tierhändler, auch besaß die Familie zwei Bäckereien. Sie flohen 1921 zunächst auf die Insel Mitilini, kehrten jedoch in ihren Heimatort Kizani zurück in der falschen Hoffnung, dass ganz Thrakien griechisch werden würde. Sie wurden erneut vertrieben und kamen mit vier eigenen und einem fremden Kind auf Esels-karren nach Alexandroupolis, der heutigen griechischen Grenzstadt zur Türkei. Damals war Eleni sechs oder sieben Jahre alt. Sie war die zweitgeborene Tochter. Der Vater konnte die Verluste nicht überwinden, wurde Alkoholiker und starb früh. Die Familie zog nach Drama in (Griechisch-)Mazedonien, wo die Regierung speziell für ostthrakische Flüchtlingsfamilien Häuschen gebaut hatte: Sieben Personen lebten in einem einzigen Zimmer – sehr viele schwierige Jahrzehnte lang.

1941, zwanzig Jahre nach der »kleinasiatischen Katastrophe«, wurde in eben diesem Dorf, in diesem Haus mit nur einem Zimmer, Niki, die älteste Tochter von Eleni und Vassilis geboren. Eine andere Katastrophe war hereingebrochen: der Zweite Weltkrieg und der Überfall Italiens auf Griechenland und die anschließende deutsche und bulgarische Besatzung. Vassilis kämpfte als griechischer Soldat in Albanien, um die Italiener, Verbündete Deutschlands, vom Einmarsch nach Griechenland abzuhalten.

Ein Jahr zuvor hatten Eleni und Vassilis geheiratet – für damalige griechische Verhältnisse eine späte Eheschließung. Eleni war 25 Jahre alt, Vassilis 27. Beide Herkunftsfamilien waren bitterarm. Vas-

3

silis hatte sich durch einen Arbeitsunfall in einem Steinbruch bei Kavalla beide Augen schwer verletzt, das linke Auge war fast blind. Zeit seines Lebens litt er klaglos an dieser Krankheit – trotz vieler Operationen und guter medizinischer Versorgung in Berlin, für die er dankbar war.

Eleni war ein intelligentes Mädchen, sehr wissbegierig und später in der Ehe und Familie gewiss die dominante Person. Es war ihr nicht vergönnt, über die ersten Klassen hinaus das Gymnasium zu besuchen. In dem vaterlosen, kinderreichen Haushalt musste sie als älteste Schwester früh arbeiten. Ihr Bildungsbedürfnis konnte sie dadurch etwas stillen, dass sie in einer Druckerei in Kavalla lernen und arbeiten, ja, sich sogar ein wenig journalistisch betätigen konnte.

Eleni und Vassilis kamen durch »proxenia« (Vermittlung, Verkupplung) zusammen, ein bis heute nicht unüblicher Brauch in Griechenland, der oft fast professionell und ehrenwert betrieben wurde. »Opa Vassilis« hat seine Eleni ein Leben lang sehr verehrt und bis ins hohe Rentenalter für die Familie gearbeitet. Er war sich nicht zu schade, noch als alter Mann kleine Putzjobs anzunehmen. Seine Freundlichkeit und Liebenswürdigkeit, sein ausgleichender Humor kamen auch seinen Landsleuten im »To Spiti« zugute so wie er in diesem »griechischen Haus« wohl ein Stück bitter vermisster Heimat gefunden hat.

Die Jahre der deutschen und bulgarischen Besatzung von Griechenlands Norden waren durch politische Repression und zunehmende Partisanenkämpfe gekennzeichnet; auch waren es für die Familien schlimme Hungerjahre. Die kleine Familie floh mit der zweijährigen Tochter Niki per Schiff aus dem bulgarisch besetzten Gebiet um Kavalla. Die lebensgefährliche Reise endete schließlich in Saloniki, wo die Deutschen als Besatzungsmacht dominierten. Die Deutschen galten im Vergleich zu den Bulgaren als »gerecht«, ordnungsliebend und weniger durch unberechenbares Verhalten bedrohlich. Trotzdem herrschte große Angst in Saloniki. Die Eltern Kalaitzidis sprachen von den Nächten im stockdunklen Bunker, wenn Bomben auf die Stadt fielen. Aber Vassilis hatte gute Erinnerungen an die Deutschen. Besonders ein deutscher HNO-Arzt hat ihm Medikamente für die Familie mitgegeben: unter anderem

Wundcreme für die kleine Tochter. Das wird er nie vergessen. Vassilis wurde verpflichtet, für die Deutschen zu arbeiten – im Hafen und auf dem Bahnhof. Er konnte die Familie durch diese Gelegenheitsarbeiten über die Runden bringen. Manchmal bekam er auch Süßigkeiten für die Tochter geschenkt.

Viele der griechischen Flüchtlinge aus der Türkei waren große Patrioten und schlossen sich dem Widerstand gegen die Besatzer an. Viele gingen in die Berge und kämpften erfolgreich als Partisanen in der griechischen Befreiungsarmee EAM/ELAS, die zum Schluss des Kriegs bis zu 80 Prozent des griechischen Territoriums unter ihre Kontrolle gebracht hatten. Um den Lohn ihres verlustreichen Widerstands wurden sie jedoch betrogen und ernteten Flucht, Gefängnis oder Verbannung. Am Bau Nachkriegsgriechenlands wurden sie nicht beteiligt. Die Engländer, mit dem griechischen König im Hintergrund, kämpften strikt gegen die griechische Befreiungsbewegung an, weil diese kommunistisch dominiert war. In Jalta und im Potsdamer Abkommen war unter den Siegermächten auch längst entschieden, dass Griechenland zum Einflussgebiet der westlichen Alliierten gehören sollte. Der in Europa weitgehend unbekannte Bürgerkrieg in Griechenland von 1947–1949 machte Verwandte zu erbitterten Feinden und wirkt bis heute in die Familien hinein.

Die Familie Kalaitzidis hatte – als sie noch vollzählig war – auch ihre Streitgespräche. Mutter Eleni galt als königstreu und sprach den »aus den Bergen« ab, einen Staat regieren zu können; ihr Schwiegersohn dagegen stand auf der Seite der Partisanen. Vater Vassilis war eher sozialistisch eingestellt, die Töchter standen irgendwie dazwischen oder waren »unpolitisch«.

Die verheerenden Auswirkungen von Krieg und Bürgerkrieg führten jedoch in den nördlichen Gebieten Griechenlands, wo seit 1922 besonders viele Flüchtlingsfamilien angesiedelt wurden, zu erneuter Flucht, Vertreibung oder Auswanderung.

1961 schloß die Bundesrepublik Deutschland einen Vertrag zur Anwerbung von Arbeitskräften mit Griechenland. Drei weibliche Mitglieder der nahen Verwandtschaft entschlossen sich, als Gastarbeiterinnen nach Deutschland zu gehen, um ihre materiellen Lebensverhältnisse grundlegend zu verbessern. Dass die Frauen oft die Ersten waren, die sich durch die Deutsche Kommission anwerben ließen, zeigt die Not der Menschen, denn Griechenland war ein patriarchalisches Land. Die erst 20-jährige Tochter Niki Kalaitzidou meinte zwar, nur für das mit der deutschen Kommission der Bundesanstalt für Arbeit ausgehandelte eine Jahr ihr Glück in Lüdenscheid zu versuchen, doch lernte sie bald darauf ihren neun Jahre älteren Mann Ilias Sountoulidis kennen. Auch er stammte aus einer Flüchtlingsfamilie vom Schwarzen Meer. Sie heirateten und bekamen 1965 in Kettwig/Nordrhein-Westfalen, wo Niki inzwischen recht erfolgreich im Büro einer Firma arbeitete und Dolmetscheraufgaben für ihre Landsleuten versah, den ersten Sohn. So war an Rückkehr nicht zu denken. Ganz im Gegenteil: Niki gefiel es sehr gut in Deutschland, da hier alles besser zu klappen schien als in Griechenland, und vor allem gaben ihr die gesetzlichen Grundlagen ein Gefühl von Sicherheit. Bereits 1964 kam, als sie noch in Lüdenscheid lebten, »Vater Vassilis« nach Deutschland. Da war er bereits über 50 Jahre alt und hatte in Saloniki einen schweren Unfall gchabt. Er kam nicht, seine Tochter zu besuchen. Er wollte und musste arbeiten. 1950 war die Tochter Anna geboren worden. Die Zeiten waren schwierig. Die wirtschaftliche Situation in Griechenland war katastrophal; die politischen Verhältnisse extrem instabil. Auch Vassilis blieb in Deutschland, war sogar der erste der Familie, der 1969 nach Berlin zog. Auch er wollte nur ein paar Jahre bleiben, weshalb er seine Frau Eleni und die Tochter Anna zunächst in Griechenland ließ. Nur die Sommer verbrachten sie gemeinsam, entweder in Saloniki oder in Neukölln.

Berlin – damals West-Berlin im Kalten Krieg – brauchte Arbeitskräfte und lockte viele Griechen mit Sonderkonditionen. Vassilis fand eine Wohnung ohne Bad in der Karl-Marx-Straße. Er war glücklich, dass er Geld für die Familie nach Hause schicken konnte. 1970 kam auch Tochter Niki mit ihrer Familie nach Berlin. Die Schwester ihres Mannes lebte hier und anlässlich eines Verwandtenbesuchs 1968 hatte sich Niki in die Stadt verliebt.

Nikis zweiter Sohn Nikos wurde 1974 geboren. Er arbeitet heute als Konditor in Kreuzberg und fühlt sich sowohl als Grieche wie auch als Deutscher; ein bisschen mehr ist er vielleicht ein Deutscher. Er spricht Griechisch, interessiert sich für Geschichte – deutsche

4   5

Geschichte. Dass die Familie sich an einem Museumsprojekt über Familien in Neukölln beteiligt, gefiel ihm sichtlich. Der ältere Sohn Jordanis wurde Feinmechaniker und spielt in einer Band. Sangen die Schwestern noch die wunderschönen Lieder der griechischen Volksmusik, haben sich Sohn und Enkel ganz dem Blues verschrieben.

1975 kamen »Mutter Eleni« und Tochter Anna nach Berlin. Eleni im Rentenalter, Anna war 25 Jahre alt und hatte in Saloniki die Wirtschaftsschule besucht. Vassilis stand kurz vor dem Eintritt in die Rente. Alle Hoffnung auf einen Lebensabend in der Heimat, in Saloniki, hatte sich zerschlagen. Anna, das Nesthäkchen, die bis dahin ein glückliches Kind war, erkrankte schwer und konnte ärztliche Hilfe und Heilung nur in Deutschland bekommen. Auch waren die Ersparnisse für den Lebensabend gering. Es waren schwere Zeiten für die Familie. Ohne die energische Unterstützung der damaligen griechischen Sozialberaterin des Deutschen Gewerkschaftsbundes hätte Tochter Anna ohne Hoffnung nach Griechenland zurückkehren müssen.

Wir schreiben das Jahr 2003. Anna geht es gut. Sie hat ihre Krankheit überwunden. Die Sehnsucht nach Griechenland bleibt.

Jetzt zeigt sie ihrer nach der Wende neu gewonnenen Freundin aus Köpenick ihre alte Heimat. Der Freundin gefällt's. Und Anna auch. Gemeinsam reisten sie ebenso nach Österreich und Mallorca – für beide bisher unbekannte Ziele.

Der Artikel basiert auf Gesprächen mit Anna Kalaitzidou, Niki Sountoulidou und ihrem Sohn.

1 Hochzeit von Eleni und Vassilis Kalaitzidis, Drama (Nordgriechenland), 10. März 1940.
2 Goldene Hochzeit von Eleni und Vassili im »To Spiti«, 1990; v.l.n.r.: Anna, Ilias, Nikos, Eleni, eine Freundin von Jordanis, Jordanis, Niki und Vassilis.
3 Niki, die älteste Tochter von Eleni und Vassilis, Fasching in Saloniki, 1948.
4 Hochzeit von Niki, geb. Kalaitzidou, und Elias Sountoulidis, Lüdenscheid 1964.
5 Treffen der Familien Kalaitzidis und Sountoulidis in Kallipsaria in der Nähe von Saloniki, 1988.

Das Porträt von Anna Kalaitzidonu, Niki Soutoulidou und ihrem Sohn Nikos befindet sich auf Seite 35.

DER LANGE WEG VON KABUL NACH NEUKÖLLN

Gabriele Kienzl

Familie A. lebt seit einem halben Jahr in der Gropiusstadt. Der zwölfstöckige Plattenbau Westberliner Prägung steht direkt am ehemaligen Mauerstreifen, der Blick vom Balkon geht ins Brandenburgische. Ein Hügel, einige Einfamilienhäuser, ehemalige Felder. Sie haben sich mit günstig erstandenen gebrauchten Möbeln, Fernseher, Trimmrad, Kinderbetten und Gardinen eingerichtet. Die Eltern haben ihre Matratze erst einmal auf den Boden gelegt. An einem Wandschrank hängen die wenigen Familienbilder, die auf der Flucht vor den Taliban gerettet werden konnten: Amir A. als 18-Jähriger, der Mann einer Cousine, ein kleines Foto mit entfernteren Verwandten. Einen Ehrenplatz an der Wand hat das gerahmte Foto des vor 18 Jahren gestorben Vaters von Amir. Von der Familie seiner Frau Belgis gibt es keine Bilder.

Über ein Jahr hat die Familie gebraucht, um wieder in einer eigenen Wohnung zu leben, fern von ihrer Heimat Afghanistan zwar, aber in Sicherheit. Ihre Kinder sind an drei verschiedenen Orten zur Welt gekommen. Der älteste Sohn Abdul Majid wurde im Juni 2000 in Kabul geboren, die Tochter Sahar im Mai 2001 auf der Flucht, vermutlich in der Ukraine, und der jüngste Sohn Smarae im August 2002 in Neukölln: Stationen einer langen, traumatischen Flucht von Kabul nach Berlin-Neukölln.

Amir, 1973 geboren, hat in Almaty, Hauptstadt der ehemaligen Sowjetrepublik Kasachstan, Zahnmedizin studiert. Nach dem Diplom kehrt er nach Kabul zurück, heiratet im November 1998 die gleichaltrige Belgis und eröffnet in einer Kabuler Poliklinik seine eigene Zahnarztpraxis. Zwei Jahre zuvor hatten die Taliban die Herrschaft übernommen. Die Familie leidet unter der islamistischen, Frauen verachtenden Terrorherrschaft – die Eltern von Belgis müssen ins pakistanische Exil fliehen, sie selbst kann nach dem Abitur nicht studieren – aber sie haben wenigstens keine finanziellen Probleme.

Im Januar 2001, Belgis ist erneut schwanger, wird Amir von den Taliban aufgefordert, im Kabuler Fußballstadion Amputationen an Häftlingen durchzuführen. Er weigert sich und wird einen Monat lang in einem Militärgefängnis inhaftiert und gefoltert. Er wäre dort zu Tode gequält worden, wenn seine Mutter ihn nicht freigekauft hätte.

Da Frauen allein keine Geschäfte abschließen dürfen, verkauft seine Mutter über einen Mittelsmann Haus und Grundstück der Familie. Mit dem Geld löst sie ihren Sohn aus dem Gefängnis aus und bezahlt Schlepper für die Flucht ins sichere Europa. 30.000 Dollar kostet sie das.

Amir wird Mitte März 2001 aus der Haft entlassen, die Familie zieht sich an einen Grenzort zurück, wo er zunächst die schweren Folterverletzungen auskuriert. Im April, Belgis ist inzwischen im siebten Monat schwanger, beginnt ihre Flucht, die vier Monate dauern wird.

Tagsüber sind die Flüchtenden in engen Bussen eingesperrt, der Transport findet nur nachts statt. Einmal geht es 48 Stunden zu Fuß über die Berge, Belgis hochschwanger, Amir mit dem Säugling auf dem Arm. Die Begleitpersonen wechseln häufig und tragen stets schwarze Masken. Nie ist ein Gesicht zu sehen. Die Flüchtenden erhalten keine Informationen, wo sie sich befinden, wie lange es noch dauert, ob es Probleme gibt. In dieser verzweifelten Situation setzen Anfang Mai bei Belgis die Wehen ein.

Sie wird an einen unbekannten Ort gebracht, Amir weiß fünf Tage lang nicht, wo sie sich befindet, ob sie überhaupt noch lebt, ob das Kind lebt. Es gibt Komplikationen bei der Geburt. Belgis liegt drei Tage lang ohne ärztliche Betreuung mit Blutungen in einem Raum. Nach drei Tagen nimmt ein Arzt die nötige Operation ohne Narkose vor. Das Neugeborene hat einen unbehandelten Nabelbruch und schreit viel. Als Geburtsort der Tochter Sahar geben die Maskierten nach langem Bitten Kiew, die Hauptstadt der Ukraine, an. Ob diese Angabe stimmt, ist für die Eltern nicht nachprüfbar. Die Verwandten in Afghanistan müssen erneut Geld an die Schlepper-Organisation bezahlen, weil das Baby eine zusätzliche Person ist. Den Kindern werden auf der Flucht zweimal Beruhigungsmittel injiziert, über deren mögliche Nebenwirkungen sich die Eltern noch heute Sorgen machen.

Die traumatische Reise wird von der deutschen Polizei beendet. Die »Reisegruppe« wird im August 2002 im Süden Deutschlands von der Polizei aufgegriffen, die Familie A. nach Berlin transportiert. Am 17. August 2001 stellen sie einen Asylantrag. Der Antrag, volles Asyl nach § 16 des Grundgesetzes zu gewähren, wird

am 11. Oktober abgelehnt, weil alle auf dem Landweg in Deutschland eingereisten Flüchtlinge davon ausgeschlossen sind. Sie sind über einen sicheren Drittstaat eingereist, in den sie abgeschoben werden können. Die Familie erhält stattdessen nach § 51 Absatz 1 des Ausländergesetzes das so genannte »Kleine Asyl«, weil sie gemäß der Genfer Flüchtlingskonvention nicht in einen Staat abgeschoben werden darf, in dem ihr Verfolgung droht. Dieser Status kommt einem Flüchtlingsstatus nahe und Amir erhält problemlos eine Arbeitsgenehmigung. Sie sind nun staatenlos und erhalten einen blauen Flüchtlingspass – »gültig für alle Länder außer Afghanistan«.

Die Familie wird in einem DRK-Flüchtlingsheim im Bezirk Treptow untergebracht, das in trister, abseitiger Lage zwischen S-Bahn-Gleisen und Parkplatz eines Discounters liegt. »24 m²« lautet die Beschriftung an der Zimmertür, ein Name steht dort nicht. Der Zustand der Gemeinschaftsküche und Duschen ist unerfreulich. Die vierköpfige Familie wird fast ein Jahr lang hier leben. Als wir sie im Januar 2002 das erste Mal sprechen, sind ihnen die Schrecken der Folter, der Flucht, auch der Angst vor den deutschen Behörden noch deutlich anzusehen. Sie brauchen Zeit, das Erlebte zu verarbeiten.

Eine eigene Wohnung, das ist ihr nächstes Ziel – raus aus der Enge und dem Schmutz im Heim. Kurz bevor sie ausziehen, den Mietvertrag ab 1. Juli 2002 schon in der Tasche, besuchen wir sie ein zweites Mal. Sie freuen sich und kochen ein wunderbares Essen: Reis mit Rosinen, Hackfleischbällchen, Spinat. Es sind kaum genug Sitzplätze da, aber die Atmosphäre ist herzlich, die Vorfreude auf die eigene Wohnung groß. Amir antwortet auf unsere Frage, welche Träume und Wünsche sie mit der neuen Wohnung verbinden:

»Wir haben natürlich viele Wünsche und Träume, aber wir wollen es nicht übertreiben. Wir sind froh, aus diesem Heim rausgekommen zu sein. Für die Kinder war es besonders schwer, auch für uns, aber für die Kinder war es besonders eng und die hygienischen Verhältnisse nicht gut. Das große Kind war immer krank, hatte rote Flecken, jetzt ist das Kleine krank. Wir sind froh, dass die Kinder jetzt mehr Platz haben, dass wir unser Leben besser gestalten können. Das Wichtigste ist, dass die Kinder eine Zukunft haben.«

Die Wohnung zu finden war nicht leicht. Zunächst musste das Sozialamt, von dem die Familie zurzeit lebt, eine Mietgarantie übernehmen, dann ein Vermieter gefunden werden, der bereit ist, an einen nicht Deutsch sprechenden Sozialhilfeempfänger mit zwei, bald drei kleinen Kindern zu vermieten. Sie bekommen schließlich die Drei-Zimmer-Wohnung in der Gropiusstadt, mit der sie zufrieden sind.

Am 9. August wird der Sohn Smarae (»Löwe«) im Neuköllner Krankenhaus geboren.

Die eigene Wohnung tut der Familie gut. Die Kinder sind gesund und neugierig. Das Baby schläft im Kinderzimmer – ein Segen nach einem Jahr Leben auf 24 Quadratmetern.

Schwierig ist es jedoch, die soziale Isolation zu durchbrechen und Freunde zu finden. Die Nachbarn im Haus sind vor allem Russen, mit denen kein engerer Kontakt zustande kommt. Das könnte an der Geschichte liegen, glaubt Almir, schließlich hatte russisches Militär Afghanistan besetzt. Vielleicht ist das Verhältnis deshalb nicht so gut – aber man grüßt sich.

Die Wohnung ist sehr hellhörig, weshalb die Familie oft schon um acht Uhr ins Bett geht, um die Nachbarn nicht zu stören. Bisher gab es keine Beschwerden.

Von einer afghanischen Familie, die sie kennen gelernt und nach Hause eingeladen hatte, blieb die traditionelle Gegeneinladung aus. Belgis wundert sich nicht, denn sie kennt aus eigener Erfahrung die beengten Verhältnisse, in denen Flüchtlingsfamilien leben und die deshalb keinen Platz für Gäste haben. Trotzdem wäre es schön, Freunde zu finden. Belgis, die bei den ersten Begegnungen schüchtern und scheu wirkte, ist jetzt gesprächig und interessiert. Sie erholt sich langsam.

Amir hat sich vor ein paar Monaten für einen Intensivkurs Deutsch an einer staatlich anerkannten Sprachenschule angemeldet. Aus Gründen, die ihm unverständlich sind, werden die Kosten vom Arbeitsamt nicht übernommen. Das ist ein herber Rückschlag, denn Amir möchte wieder als Zahnarzt arbeiten. Sein Diplom wird in Deutschland nur teilweise anerkannt, er muss noch einmal drei Jahre studieren. Doch um studieren zu können, braucht er einen bestandenen Deutsch-Test und den gibt es nur mit entsprechenden

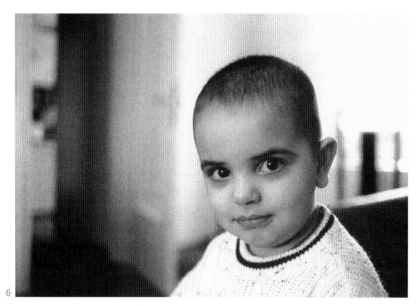

6

Deutschkenntnissen. All dies herauszufinden, ohne die Landes-
sprache zu beherrschen, war schwierig genug. Jeder Ämtergang ist
schon den meisten Deutschen unangenehm, wie viel mehr dann
einem Immigranten, der kaum etwas versteht. Aber: Die Familie hat
ein Telefon und wenn man anruft, antworten sie auf Deutsch.

Sie möchten bleiben, denn »das Leben hat uns in den letzten
zwanzig, dreißig Jahren zu Pessimisten gemacht. Es sind so viele
Menschen nach Afghanistan gekommen, haben dort ihre Interessen verfolgt und sind dann wieder verschwunden – und die armen
Leute blieben zurück«.

Ende November 2002 stirbt Belgis' Vater mit nur 55 Jahren an
einem Herzinfarkt in Peshawar/Pakistan, wohin er als Regierungs-
beamter ins Exil ging. Zur Beerdigung fliegt sie für drei Wochen hin,
ohne die Familie. Ihre Mutter hat zwei ihrer drei Enkelkinder noch
nicht gesehen.

Auf die gedankenlose Frage, ob das nicht alles sehr belastend
sei, antworten sie lapidar: »Ja, für uns ist das Leben belastend,
mehr als üblich.«

1 Amir und Belgis A. mit ihren Kinder Abdul Majid und Sahar im Flüchtlingsheim, Januar 2002.
2 Belgis und Amir in ihrer neuen Wohnung in der Gropiusstadt, Februar 2003.
3 Belgis mit ihrer Tochter Sahar, Januar 2002.
4 Amir mit seinem Sohn Smarae, Februar 2003.
5 Sahar, Smarae und Majid, Februar 2003.
6 Sahar, Februar 2003.

FAMILIEN-ERINNERUNGEN

Andrea Behrendt

(15) Hildburghausen (Thüringen), den 11. November 1945.
Markt 17 II bei Frau Völker.

Mein lieber Heinz-Jürgen!

Ja, der 9.11.45 war für uns ein großer Freudentag! Es erreichten uns durch Ursels Post Deine ersten lieben Zeilen vom 25.10.45, nachdem wir voneinander seit Ende April 45 nichts mehr wußten. Stets haben wir Deiner gedacht – und wußten nicht Genaues. Durch Deinen ersten Brief ersehen wir, daß Du lebst, was für uns die größte Freude ist. Nun läßt sich vieles besser ertragen; denn die Zeit lag wie ein trüber Himmel über Deutschland gespannt. Es ist alles so gekommen, wie ich es oft vermutete. Erinnerst Du Dich noch daran, wenn ich manchmal dies Thema anschnitt. Hitler hat der Volk so richtig an das Abgrund gebracht, es in Elend und Hunger, sowie in die größte Armut so jäh gestürzt. Wir alle sind von ihm an der Nase herumgeführt und nach Strich u. Faden belogen worden. Leider haben wir dies alles zu spät gemerkt. Heute kann ich nur das eine nicht verstehen...

Einen Ort zu verlassen und an einem anderen Ort anzukommen, bezeichnet in Familiengeschichten einen markanten Einschnitt und wird meist in besonderer Weise erinnert. Auch Gegenstände, die von einem Ort zum anderen mitgenommen werden, haben eine spezifische Bedeutung für die einzelnen Familienmitglieder. Schüler und Schülerinnen einer 10. Klasse der Albert-Einstein-Oberschule Neukölln wurden gebeten, sich auf die Suche nach Familienerinnerungen zu begeben und Objekte zu finden, die diese symbolisieren. Sieben Geschichten vom Weggehen und Ankommen wurden erzählt, verknüpft mit Objekten, die einen Blick auf unterschiedliche Familiengeschichten werfen.

Der Brief des Urgroßvaters (1)

Von Flucht und Vertreibung seines Urgroßvaters aus Pommern im Frühjahr 1945 weiß Ferdinand durch fotokopierte Briefe.

Der Briefwechsel zwischen Vater und Sohn schildert die Flucht und Ankunft in Thüringen. Nachdem die Familie Pyritz verlassen hatte, gelang sie nach Demmin, von dort ging die Flucht weiter nach Schleswig-Holstein: »Kranke werden mit Autos befördert. Alle anderen, ob 1 Bein und an Krücken, ob im Militär-Rock oder Lag. Anzug – sie gehen auf die Walze. [...] So warteten wir also wieder an der Straße [...] Das ständige Rollen der vielen Militärwagen nach rückwärts und die vielen Flüchtlinge zu Hunderten am Straßenrande! Plötzlich ertönt Motorengeräusch in der Luft. Zum Tiefangriff durchbrechen russ. Flieger die Wolkendecke u. beginnen mit ihrem Tack, Tack, Tack. Alles rennt, rettet sich u. flüchtet in das nächste Haus.« Die Schrecken jener Zeit sind in der Briefsammlung aufbewahrt und in der Familie bis heute nicht vergessen.

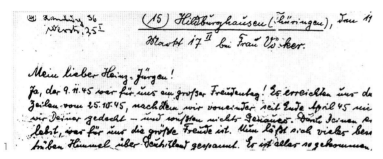

Der polnische Warengutschein (2)

An seinen Geburtsort in der Nähe von Kattowice kann sich Alexander nicht mehr erinnern. Er war erst zwei Jahre alt, als seine Mutter mit ihm im Land ihrer deutschen Vorfahren ein neues Leben beginnen wollte und Silvester 1988 in Berlin eintraf. Im Gepäck befand sich ein außergewöhnlicher polnischer Warengutschein, gültig nur in einer bestimmten Ladenkette in der Umgebung von Kattowice. Der Gutschein hat seine Gültigkeit längst verloren, doch erinnert er sie beide heute noch an ihre Ankunft in der Stadt.

Alexanders Eltern haben sich getrennt. Ein Teil der Familie lebt in der Nähe von Köln, der andere in Berlin. Das Einzige, was Alexander mit seiner polnischen Herkunft verbindet, ist eine strenge katholische Erziehung. Jahrelang war er Messdiener in einer katholischen Gemeinde in Neukölln. Heute ist er froh, dass seine Karriere als Ministrant zu Ende ist. Und immerhin kennt er fast die Hälfte des polnischen Wortschatzes.

Der Fez (3)

Wie das Kinderfest am 23. April in der Türkei gefeiert wird, weiß Emine nur aus Erzählungen ihrer Mutter: Die Kinder sind festlich gekleidet, tanzen zusammen und bekommen Geld und Süßigkeiten von den Erwachsenen geschenkt. Den vom Vater hergestellten Fez aus echten Silberdrähten trug Emines Mutter stets zu diesem Anlass und hat sich bis heute nicht von ihm getrennt. Ihn nahm sie mit, als sie von ihren Eltern mit dreizehn Jahren allein nach Berlin zu den dort lebenden Geschwistern geschickt wurde. Auch die Tän-

3

5

4

6

ze hat Emines Mutter nicht vergessen. Sie hat sie gern auf Festen und Hochzeiten in türkischen Kulturvereinen getanzt.

Emine tanzt lieber Ballett und hatte sogar die Idee, in Izmir eine Ballettschule zu gründen. Doch ihre gesamte Familie, die sich zu den Aleviten zählt, lebt in Berlin, sie selbst ist in Neukölln geboren. Auch wenn sie besser deutsch als türkisch spricht, fühlt sie sich als Türkin, obwohl ihr Herz an Deutschland hängt.

Der Springerstiefel (4)

Hätte Anne nicht die Unterstützung ihrer Eltern gehabt, wäre es ihr schwer gefallen, ihre Überzeugungen auch nach außen zu vertreten und ihre Springerstiefel zu tragen – in Treptow, wo heftige Auseinandersetzungen zwischen den Bewohnern eines Flüchtlingswohnheims und Deutschen stattfanden. Es gab Gebiete, die entweder nur für Deutsche oder nur für Ausländer frei zugänglich waren. Anne war gegen diesen »Krieg« und wurde von allen Seiten angegriffen: von den Ausländern, weil sie Deutsche war, von den Deutschen, weil sie nicht so wie diese dachte. Durch die Springerstiefel galt sie den einen als »links«, den anderen als »rechts«. Für Anne wurde es ein Wagnis, ihre Stiefel zu tragen. Vor zwei Jahren ist die Familie nach Neukölln umgezogen. Hier ist es nicht wichtig, ob Anne die »richtigen« Schuhe trägt. Die Springerstiefel sind für sie jedoch heute auch ein Ausdruck für die Rückendeckung, die sie durch ihre Eltern erfahren hat.

Der Geruch von Lavendel (5)

Lavendel erinnert Sarah an das Haus ihrer Großmutter in Mahlsdorf, das von diesem Duft erfüllt war. In den riesigen Räumen, die über zwei Stockwerke reichten, hat Sarah oft gespielt. Die Großeltern waren Musiker und im Wohnzimmer stand sowohl ein Flügel als auch ein Klavier. Sie erinnert sich auch daran, dass es ihr in einigen Räumen etwas unheimlich war, weil man sich in dem großen Haus verlaufen konnte. Am schönsten war jedoch, dass sie dort immer interessante Dinge wie altes Spielzeug gefunden hat. Heute besucht Sarah ihre Großmutter nur noch selten, doch Lavendelduft beschwört heute noch Kindheitserinnerungen und Bilder ihrer Großeltern herauf.

7

Der Wandschmuck (6)

Den Wandschmuck hat Pinars Mutter bei ihrer Hochzeit von der Schwiegermutter als Geschenk erhalten. Er wird traditionell der Braut als Mitgift gegeben, wenn sie zur Familie ihres Mannes zieht. Heute hängt der Schmuck im Flur der Neuköllner Wohnung und erinnert an Pinars Großmutter, die sie nie kennen gelernt hat. Seit die Türkei für die kurdische Familie ein Land ohne Zukunft ist und sie aus Angst vor Folter und Gefängnis, aber auch aufgrund mangelnder beruflicher Perspektiven ihre Heimat verließ, lebt sie in Großbritannien, Belgien und Frankreich verstreut – für Pinar eine willkommene Gelegenheit, die Verwandten in den anderen europäischen Ländern so oft wie möglich zu besuchen.

Der Handspiegel (7)

Von dem kleinen Handspiegel hat sich Silvanas Mutter bis heute nicht trennen können, obwohl er durch den losen Griff längst unnütz geworden ist. Sie hatte ihn als Kind ihrer Mutter entwendet und jeden Tag heimlich mit in die Schule genommen, um sich in ihm, unter Schulheften versteckt, zu betrachten.

Silvana, die 1992 mit ihrer Familie aus Zvornik (Bosnien) nach Deutschland kam, weiß viel über die Geschichte Bosniens und hat auch die Sprache gelernt. Als gläubige Moslemin verbringt sie viel Zeit in der Moschee und liest den Koran. Der Imam ist ihr ein wichtiger Gesprächspartner. Als Zeichen ihres Glaubens wollte sie ein Kopftuch tragen, was der Vater ihr jedoch verbot. Er möchte, dass sie sich in die Gesellschaft, die eine neue Heimat für sie werden soll, integriert.

Ich danke der Klasse 10 des Albert-Einstein-Gymnasiums, vor allem Alexander, Emine, Ferdinand, Sarah, Anne, Pinar und Silvana sowie ihrer Geschichtslehrerin, Frau Fischer, für die Unterstützung dieses Projekts.

SCHULE ALS FAMILIENERSATZ

Mechtild Polzhuber

Nach dem deutschen Grundgesetz teilen sich Staat und Familie die Aufgabe, Kinder zu Bürgern zu machen, die unsere Werteordnung vertreten und weitertragen. Während es das Recht und die Pflicht der Eltern ist, ihre Kinder zu erziehen, wacht der Staat über die Bildung und sorgt dafür, dass alle Mitglieder der Gesellschaft ihre Anlagen entfalten und in der Schule das dafür notwendige Wissen und Können erwerben können.

Wenn die Kinder in die Schule kommen, geht die Institution davon aus, dass ihre Schüler/innen über die hierfür erforderlichen Voraussetzungen verfügen, so dass die Lehrkräfte ihrer Aufgabe nachkommen können. Den größten Lernerfolg haben diejenigen Kinder, die über so genannte Primärtugenden wie Pünktlichkeit, Zuverlässigkeit, Ordnung und Fleiß verfügen; noch besser geht es denjenigen, die darüber hinaus soziale Fähigkeiten wie Freundlichkeit, Umsicht, Mitgefühl und Takt mitbringen.

Bislang herrschte Konsens unter allen Beteiligten des Bildungs- und Erziehungsprozesses darüber, dass es Aufgabe der Eltern ist, diese Voraussetzungen zu schaffen und auf deren Einhaltung zu achten. Auf dieser Basis gestaltete sich bisher der Lernprozess.

Weiterhin bestand Einigkeit darüber, dass Eltern sich darum kümmern, dass ihre Kinder auch körperlich soweit versorgt werden, dass sie den Schultag erfolgreich bestehen können, dass Eltern die Bedingungen für häusliches Lernen schaffen, also Hausaufgaben überwachen, Lernmaterial besorgen, sich für den schulischen Fortschritt ihrer Kinder interessieren und bei Problemen mit der Schule in Kontakt treten, um den Lernprozess zu unterstützen. Wer selbst Kinder hat, weiß, wieviel Kraft, Zeit und auch Geld diese Aufgaben kosten.

Mit zunehmendem Verfall von Familie und Familienstrukturen kommen immer mehr Kinder in die Schule, die die oben beschriebenen Voraussetzungen nicht erfüllen. Von der Schule wird nun gefordert, diese Aufgaben zu übernehmen. Es stellt sich die Frage, ob Schule die Familie ersetzen kann, an welcher Stelle sie es kann und ob sie hierbei überfordert ist, vor allem aber: Wenn Schule das tut, für welchen Preis?

Im Folgenden schildere ich einige Beispiele, die zeigen sollen, wie sich das Versagen von Familie auf die Schule auswirkt und wie wir in unserer Schule damit umgehen. Es sind Beispiele aus meinem Alltag als Hauptschullehrerin in Nordneukölln. Hierbei muss man bedenken, dass unsere Jugendlichen hauptsächlich aus so genannten bildungsfernen Elternhäusern kommen, die der Schule (oder vielleicht besonders der deutschen Schule?) eher distanziert gegenüberstehen. Die Beispiele betreffen natürlich nicht alle Schüler/innen, können jedoch als typische Erscheinungen eines Hauptschulalltags gesehen werden.

Der Morgen in unserer Schule beginnt mit der Überprüfung der Anwesenheit. Dabei ist es selten, dass alle Schüler/innen anwesend sind. Wenn keine Krankmeldung der Eltern vorliegt und wenn es sich nicht um einen Dauerschwänzer handelt, beginnen wir nun nach den Fehlenden zu forschen (zwei bis drei Schüler pro Klasse), das heißt, unsere Sekretärin ruft bei den Jugendlichen zu Hause an, um sich nach deren Verbleib zu erkundigen. Ein typisches Ergebnis ist, dass die Eltern noch geschlafen haben (viele Eltern sind arbeitslos) und nicht wissen, wo sich ihr Kind befindet, ob es noch schläft oder schon aus dem Haus gegangen ist. Der Anruf der Schule fungiert quasi als Weckruf für die ganze Familie. Die Begründung für das Fehlen des Schülers/der Schülerin erscheint uns nicht immer plausibel, oft haben wir das Gefühl, dass die Eltern das Schwänzen ihrer Kinder decken und eine andere Auffassung über die Schulpflicht haben als wir.

Vor diesem Hintergrund wird verständlich, dass es ebenfalls schwierig ist, die Norm »Pünktlichkeit« durchzusetzen. Nachdem jahrelang der Unterricht der ersten Stunden durch ständiges Zuspätkommen gestört wurde, legten wir fest, dass Schüler/innen nur zu Beginn der Stunden in den Unterricht dürfen. Kommen sie zu spät, müssen sie auf die nächste Stunde warten und eine unentschuldigte Fehlstunde in Kauf nehmen. Dieses Verfahren hat das Interesse an Pünktlichkeit etwas gesteigert und auf jeden Fall sichergestellt, dass der Unterricht für die Pünktlichen ungestört ablaufen kann.

Die Haltung der Eltern spiegelt sich auch darin, wie die Kinder zur Schule kommen. So fiel uns vor ein paar Jahren auf, dass die Anzahl der Schüler/innen, die in den Pausen unerlaubt die Schule verließen, um sich beim angrenzenden Bäcker etwas zu essen zu

kaufen, immer größer wurde. Bei Nachfrage stellten wir fest, dass kaum jemand zu Hause frühstückte und auch nur wenige ein Pausenbrot dabei hatten. Die meisten bekamen Geld mit, um sich etwas zu kaufen. Was gekauft wurde, blieb den Jugendlichen überlassen und entsprach dem typischen Bäckerangebot (zu fett, zu süß, zu wenig Essentielles).

Wir richteten daraufhin eine Cafeteria in der Schule ein und boten neben Brötchen auch selbst gemachte warme Mahlzeiten und Backwaren an. Neben dem erwünschten Effekt der Sättigung und einer länger anhaltenden Leistungsfähigkeit stellten wir fest, dass auch die Anzahl der gewalttätigen Auseinandersetzungen zurückging. Zufall?

Beim gemeinsamen Einnehmen von Mahlzeiten (zum Beispiel im Arbeitslehreunterricht) kommt weiterhin zum Vorschein, dass bestimmte Normen und Kulturtechniken erst gelernt und durchgesetzt werden müssen, so das gemeinsame Beginnen und Beenden einer Mahlzeit, wie ein schön gedeckter Tisch aussieht, mit welchem Besteck gegessen wird usw. Was das körperliche Wohl angeht, scheint es an unserer Schule zu gelingen, die Familie zu ersetzen und es stellt sich die Frage, ob sie nicht sowieso diese Aufgabe übernehmen sollte, um die Familien zu entlasten.

Was andere Ansprüche angeht, wie das von Eltern oft geforderte strenge Bestrafen (was auch körperliche Bestrafung mit einschließt), kann und will Schule diese Forderungen nicht erfüllen. Natürlich schafft die Schule äußere Strukturen und Regeln, die ein reibungsloses Miteinander ermöglichen sollen, aber die Durchsetzung dieser Regeln beschäftigt die Lehrenden zu einem Großteil während der Unterrichtszeit. Über die Mittel, wie für ein friedliches Miteinander im Klassenverband zu sorgen ist, gibt es teilweise unterschiedliche Vorstellungen in der Familie und in der Schule. Neben dem Unterrichten gehört es für die Lehrenden zum Alltag, Streit zu schlichten, Störenfrieden angemessenes Verhalten beizubringen, das Vorhandensein von Arbeitsmaterial und der Hausaufgaben zu kontrollieren oder anzumahnen oder deren Nichtvorhandensein zu sanktionieren. Und nicht immer erhält die Schule Unterstützung von den Eltern.

Was das Interesse an der Leistung der Kinder angeht, kann es nicht als selbstverständlich vorausgesetzt werden, dass sich Eltern für die Lernfortschritte der Kinder interessieren. Manchmal ist schon die Kontrolle von Hausaufgaben schwierig durchzusetzen und für sich spricht die Zahl der anwesenden Eltern beim Elternabend: Gut besucht ist ein Elternabend, wenn 40 Prozent der Eltern einer Klasse anwesend sind, üblich sind eher 20 Prozent.

Neben dieser von der Schule als Desinteresse erlebten Haltung fällt eine gewisse fehlende Fürsorge für das seelische Wohl im Alltag auf, wenn wir zum Beispiel bei morgendlichen Kreisgesprächen feststellen, dass auch 13-Jährige bis nach Mitternacht fernsehen und dabei keinerlei Einschränkung erfahren. Manche Kinder besitzen einen eigenen Fernsehapparat in ihrem Zimmer und sehen fern, wann immer sie wollen, auch Sendungen, die nicht jugendfrei sind. Dieses Material trifft ungefiltert und unreflektiert auf die Jugendlichen, die das in ihren Fantasien und Haltungen widerspiegeln. Manchmal kann im Unterrichtsgespräch dieser Sprengstoff teilweise entschärft werden, aber es ist unmöglich, die Überflutung aus den verschiedenen Medien aufzufangen.

Hier und in anderen Fällen bemüht sich die Schule, bestimmte Defizite auszugleichen – mit unterschiedlichem Erfolg. Für die Jugendlichen ist dies oft der einzige Ort, an dem sie staatlicher Autorität im positiven Sinne begegnen und an der sie sich abarbeiten können.

In der Regel kommen unsere Jugendlichen gern in die Schule. In ihrem festen Rahmen erfahren sie Orientierung und Sicherheit und durch die Lehrenden Zuwendung, auch wenn manche stark überforderten oder vernachlässigten Schüler sich diese durch Stören nur in negativer Form holen können. Durch die kleine Klassengröße an Hauptschulen (18–24 Schüler, von denen in der siebten Klassenstufe in der Regel nur 15 anwesend sind) können sie zu ihren Mitschüler/innen und Lehrer/innen einen guten persönlichen Kontakt entwickeln, der ihnen sozialen und emotionalen Rückhalt gibt und für dauerhafte und verlässliche Beziehungen sorgt (wir führen eine Klasse von der 7. bis zur 10. Klasse zu zweit).

Neben den Freundschaften zu Gleichaltrigen und dem Eingebundensein in ein soziales Gefüge kann sich ein Vertrauensverhältnis zu den Lehrenden entwickeln, auf dessen Basis sich Schüler/innen ihren Lehrer/innen bei Problemen anvertrauen und meist auch Hilfe in Form von Zuhören, Beraten, Trösten und manchmal auch ganz praktischer Art erhalten.

Die Klasse bedeutet für viele Jugendliche eine Art Heimat mit eigener Geschichte und eigenen Ritualen. So brachte ich zum Beispiel an Geburtstagen dem Geburtstagskind einen Schokoriegel mit, woraufhin alle Jugendlichen darauf achteten, dass jeder Geburtstag gleichermaßen so gefeiert wurde.

Alles, was die Gemeinschaft stärkt, wird gerne angenommen und zum Teil gefordert, sei es ein Adventskalender mit Büchern oder Süßigkeiten (diese Geschenke von der Lehrerin werden sehr stark als Zuwendung erlebt), sei es das gemeinsame Frühstück vor der Zeugnisausgabe, Wandertage, Klassenfahrten, Sportfeste, Discos, Wettbewerbe oder auch Kreisgespräche über die eigene Befindlichkeit in der Klasse bzw. Schule. Alles trägt dazu bei, Identität herauszubilden und zu stärken.

Für manche Schüler/innen ist die Zeit, die sie in der Schule verbringen, Erholungszeit. Hier sind sie von den Sorgen und Anforderungen der Familie befreit und können zeigen, was sie können und wer sie sind. Für manche arabische und türkische Mädchen bedeutet der Schulraum Freiraum von Verboten und Vorschriften, für Jungen eine Entlastung von Verantwortungen, die ihnen familienseits zugeschrieben werden. Auch sie können und müssen zum Teil andere Seiten zeigen als zu Hause und werden auf anderen Ebenen gefordert und gefördert.

Schule bietet in den Bereichen Zuwendung, Auseinandersetzung, Anerkennung, Grenzsetzung und Förderung (zwangläufig) Ersatz für familiale Prozesse, aber lange nicht mit dem Erfolg, der in der Familie damit erzielt werden könnte – und um den Preis der Inhalte. Die eigentliche Aufgabe der Schule, die Bildungsarbeit, bleibt dabei auf der Strecke.

1 Schülerinnen und Schüler in der schuleigenen Cafeteria, Februar 2003.
2 Mittagessen in der Cafeteria, Februar 2003.

BERATUNG FÜR FAMILIEN

Andrea Behrendt

Die Gründe, aus denen sich Menschen an den psychosozialen Dienst Neukölln-Nord wenden, sind vielfältig. Meist kommen Eltern auf Anraten von Lehrern bei Verhaltensauffälligkeiten der Kinder in der Schule, aber auch bei Beziehungsschwierigkeiten und Problemen, die aus Trennung und Scheidung resultieren. So vielfältig und unterschiedlich die Menschen sind, die sich in Krisensituationen an den psychosozialen Dienst wenden, so wenig verallgemeinerbar sind die Problemlagen der Einzelnen. Jeder von ihnen bringt seine eigene Geschichte mit.

In den ersten Gesprächen wird nach der Familiengeschichte gefragt, eine so genannte Familienanamnese erstellt. Hierbei geht es darum, das Problem herauszufinden und helfende Maßnahmen wie beispielsweise Therapien einzuleiten. »Wir sind wie Detektive, die zusammen mit den Familien schauen, was da sein könnte.«

Die Alltagsarbeit beim psychosozialen Dienst gibt einen Einblick in Neuköllner Familienwelten. Der am häufigsten genannte Grund für ein Beratungsgespräch beim Krisendienst sind Schulprobleme der Kinder. Sie weisen oftmals auf Konflikte innerhalb der Familien hin oder verursachen diese selbst in der Familie. Meist sind es keine Leistungsdefizite, sondern Hinweise von Lehrern, die den Anlass für einen ersten Termin geben: »Mein Kind ist in der Schule so schweigsam ... oder redet besonders viel. Die Lehrerin hat gesagt, wir sollen da mal was machen.«

Ein türkisches Mädchen zum Beispiel hatte sich extrem zurückgezogen. Es wurde viel gemutmaßt, als die Familie zum Beratungsgespräch kam. Zunächst waren keine besonderen Auffälligkeiten innerhalb der Familie auszumachen. Es stellte sich jedoch heraus, dass auch der kleine Bruder im Kindergarten aufgefallen war. Er hatte das Sprechen völlig eingestellt. Nach einiger Zeit wurde deutlich, dass sich der Vater ungewöhnlich ängstlich gegenüber der Außenwelt verhielt. So hatte er zum Beispiel Angst, dass sein Sohn während des Beratungsgesprächs aus dem Fenster springen könnte, obwohl sie sich im Parterre befanden und der Junge friedlich spielte. Die Angst des Vaters vor der Außenwelt hatte letztlich den Rückzug der Kinder in Schule und Kindergarten zur Folge.

Bezeichnend für die Beratungssituation in Neukölln ist der große Anteil allein Erziehender, an der Armutsgrenze lebender Mütter und eine große Anzahl von Migranten. Die Tatsache, dass ein türkischsprechender Kollege innerhalb des psychosozialen Dienstes im Jugendamt arbeitet, zeigt zumindest ein Bewusstsein für diese Situation.

Obwohl Neukölln im Rahmen des Bezirksausgleichs Stellen im psychosozialen Bereich hinzubekommen hat, bestehen im kinder- und jugendpsychiatrischen Bereich Defizite. Es gibt keinen niedergelassenen Kinderpsychiater, die einzige Kinderpsychiaterin arbeitet im psychosozialen Dienst des Jugendamts.[1]

Andererseits entwickeln sich aus dieser Versorgungslage auch Aktivitäten, die einzigartig in Berlin sind. Die Initiative »Aufbruch Neukölln« ist 1998 entstanden, um diese Notlage auch ohne oder mit wenig Geld zu verbessern. Entstanden aus der »Arbeitsgemeinschaft für Kinder, Jugendliche und Familien«, haben sich mittlerweile Arbeitsgemeinschaften und Gruppen aus den unterschiedlichsten gesellschaftlichen Bereichen gebildet, um Projekte zur Verbesserung der Situation zu initiieren. In Form einer Zukunftskonferenz diskutierten 64 Vertreter aus Bereichen der Kinder- und Jugendhilfe, der Polizei, Politik und Kunst sowie Bewohner des Kiezes im November 2002, wie Neuköllns Zukunft mit neuen Ideen, Kontakten und Projekten gestaltet werden könnte. So hat sich die Gruppe »Bildung« zum Ziel gesetzt, Deutschkurse für türkische Mütter in Eigenregie weiter anzubieten, falls diese finanziell nicht mehr unterstützt werden sollten. Projekte wie »Gute Zeiten«, eine begleitete Selbsthilfegruppe für Kinder und Jugendliche aus suchtkranken Familien, oder die Broschüre »Kinder brauchen Bewegung« haben ebenfalls Akzente gesetzt. Lieblingsidee einer der Sozialarbeiterinnen ist die Vorstellung, dass Künstler den Unterricht an Schulen mitgestalten. Die Schule sollte nicht nur eine abgeschlossene Vormittagsveranstaltung sein, sondern ein offener Ort werden, an dem lebenslanges Lernen mit Werkstätten, Café und anderem auch für Senioren möglich ist.

Auch die Ernährung ist ein großes Problem. Bei vielen Kindern und Jugendlichen ist festzustellen, dass sie sich falsch ernähren. Auch Bewegungsdefizite haben negative Folgen. Oftmals kann hier schon mit einfachen Mitteln eine Verbesserung geschaffen werden. Prävention ist meist der geeignete Weg, Abhilfe zu schaffen.

Der Anteil Jugendlicher und Erwachsener, der sich selbst an den sozialpädagogischen Dienst wendet, ist im Vergleich zu früher größer geworden. Grundlage seiner Arbeit ist das Kinder- und Jugendhilfegesetz. Der sozialpädagogische Dienst ist Anlauf-, Informations- und Beratungsstelle für Kinder, Jugendliche, junge Erwachsene und Familien. Er gewährt Unterstützung durch die Planung und Gestaltung umfangreicher Jugendhilfemaßnahmen. Wichtige Tätigkeitsbereiche sind Erziehungsprobleme, drohender Wohnungsverlust, Partnerschaftskonflikte, Schulverweigerung, Jugendkriminalität sowie Behinderung, Entwicklungsverzögerung oder Gefährdung von Kindern. Die hohe Zahl von Migranten, die im Bezirk leben, rufen darüber hinaus spezifische Probleme hervor, die gelöst werden müssen.

Gerade in Trennungssituationen, die heute auch in Familien ausländischer Herkunft häufiger als früher vorkommen, gibt es Probleme, wenn zum Beispiel die Trennung von den Männern nur widerstrebend akzeptiert wird. Es ist dann oft ein langer Prozess, bis eine Einigung über das Besuchsrecht für die Kinder zustande kommt. Differierende kulturelle Wertmaßstäbe können ebenso wie mangelnde Deutschkenntnisse eine Verständigung in der Beratungssituation erschweren.

Die genannten Problemlagen lassen keine Verallgemeinerung auf bestimmte Migrantengruppen zu. Sie geben jedoch einen Einblick in den Arbeitsalltag der Mitarbeiterinnen des psychosozialen und sozialpädagogischen Dienstes Neukölln.

Generell festzustellen ist jedoch, dass es sich bei den meisten Familien, die in Neukölln-Nord den sozialpädagogischen Dienst aufsuchen, um Menschen handelt, die von der Sozialhilfe abhängig sind.

Auffallend ist auch eine zunehmende Bindungslosigkeit: So zeigt sich, dass Eltern ihre Verantwortung zunehmend weniger wahrnehmen oder wahrnehmen können. Sie sind heute schneller bereit, sich von ihren Kindern zu trennen und beantragen Fremdunterbringungen in Kinderheimen oder Jugendwohngemeinschaften. So werden Konflikte weniger innerhalb der Familie ausgetragen. Auch ein Bruch mit den Kindern wird eher in Kauf genommen.

Die heutigen Jugendhilfeangebote beziehen die Ressourcen der Familien stärker mit ein. Es gibt kaum noch Dauerbetreuungen durch die Sozialpädagogen des Jugendamts. Die langfristigen Betreuungen werden von Familien- und Einzelfallhelfern der freien Träger durchgeführt (oder in Wohngemeinschaften und Heimeinrichtungen). Während früher eher nach dem Ansatz gearbeitet wurde, die Hilfe außerhalb der Familie zu suchen, wird heute in und mit ihr gearbeitet.

Der Text basiert auf einem Interview mit der Sozialarbeiterin des psychosozialen Dienstes Frau Herzig-Martens und einem Gruppeninterview mit drei Sozialarbeiterinnen des sozialpädagogischen Dienstes Neukölln. Für die fachliche Beratung danken wir Frau Dr. Hörning-Pfeffer vom Gesundheitsamt Neukölln.

[1] Die stationäre Versorgung erfolgte bisher im Wedding (Kinderpsychiatrie Wiesengrund) un seit Anfang 2003 in Marzahn-Hellersdorf im Griesinger Krankenhaus. Allerdings soll Ende 2003 bzw. Anfang 2004 endlich die kinderpsychiatrische Abteilung ins Krankenhaus Neukölln mit 20 stationären Plätzen und 20 Tagesklinikplätzen verlagert werden.
In Neukölln gibt es »neue« oder »Ersatz«-Familien auf Lebensdauer auch für erwachsene geistig Behinderte und Mehrfachbehinderte sowie für chronisch psychisch Kranke. Es geht um einen Personenkreis von ca. 800 Personen im Bezirk Neukölln. In den vielen Wohngemeinschaften leben diese Behinderten auf Dauer in Lebensgemeinschaften mit ihren Betreuern zusammen, gestalten ihr Leben gemeinsam, werden dort alt und sterben dort auch, ohne in Heime oder Krankenhäuser abgeschoben zu werden.

[1] Szenen aus Neukölln, 1997.

WOHNEN OHNE ELTERN

Patrick Baltzer, Ivonne Launhardt

Bei einem ersten Besuch einer betreuten Jugend-Wohngemeinschaft, die von freien Trägern finanziert wird, werde ich an der Wohnungstür eines Mietshauses in der Richardstaße von zwei Jugendlichen freundlich begrüßt. In einem gemütlichen Wohnzimmer darf ich auf dem großen Sofa Platz nehmen und bekomme Tee angeboten. Die Atmosphäre ist locker und die Jugendlichen scheinen sich untereinander gut zu verstehen. Es war jedoch nicht Freundschaft, die sie zusammengeführt hat, sondern die gemeinsame Erfahrung einer unerträglichen Familiensituation. Die hier lebenden vier Jugendlichen erzählen von unlösbaren Konflikten mit ihren Eltern. »Jeder hier hat voll krasse Sachen erlebt und kann ohne Ende Geschichten erzählen. Das ist ja der Grund, warum wir hier sind«, sagt Ömer*. Er wurde zu Hause oft geschlagen.

Auch sein Zimmernachbar Markus hatte Schwierigkeiten, vor allem mit seiner Mutter. Er erzählt von ihren extremen Gefühlsschwankungen und unberechenbaren Reaktionen. Mal sei sie ihm ganz nah gewesen, dann wieder abweisend und hart. Manchmal habe sie anderen gegenüber sogar Lügen über ihn erzählt.

Irgendwann wurde es für Ömer und Markus zu viel und sie wollten nur noch weg von zu Hause. Aber wohin? Unterschlupf bei Freunden oder ein Leben auf der Straße? Ömer traute sich, professionelle Hilfe zu suchen – und wurde zunächst abgewiesen: »Ich habe der Frau beim Jugendamt erzählt, dass ich zu Hause geschlagen werde. Doch sie meinte, es gäbe Kinder und Jugendliche, die zu Hause richtig misshandelt werden. Sie hat nichts unternommen. Später bin ich noch einmal mit einem Kumpel und dessen Mutter zum Jugendamt gegangen. Da haben sie mir richtig zugehört und mich aufgenommen.«

Für einige Jugendliche ist eine spezielle Notaufnahmeeinrichtung zur Vermeidung von Obdachlosigkeit eine Station auf dem Weg zur betreuten Wohngemeinschaft, die auch Markus kennen lernte: »Man bekommt den Schlüssel für ein Zimmer. Da stehen meistens zwei Betten drin. Total billig. Man hat einen Schrank und ein Bett. Sonst ist der Raum leer. Dann kriegt man noch einen Wecker und einen Korb für seine Bettwäsche, Zahnbürste, Zahnpasta. Wenn man einen Rasierer haben will, bekommt man diese

Wegwerfdinger, ein bisschen wie im Knast. Na ja, nicht ganz so, ist ja nur als Übergang gedacht«, erzählt er. Endlich angekommen in der Wohngemeinschaft, merkten Ömer und Markus schnell, dass sie nicht alles tun dürfen, was sie wollen.

»Das hier sind keine Wohngemeinschaften, in der man die Hängematte aufspannen kann«, erklärt mir Wilhelm Arndt, Betreuer einer Wohngemeinschaft in der Hermannstraße. »Es ist uns wichtig, dass jeder der Beteiligten weiß, worauf er sich einlässt. Hier ist ein gewaltfreier und drogenfreier Raum, was nicht bedeutet, dass unsere Jugendlichen keine Probleme mit Drogen haben. Aber es muss zumindest die Bereitschaft vorhanden sein, einen Schulabschluss zu machen, seine Probleme in den Griff zu bekommen, diese mit uns zu bearbeiten und sich unterstützen zu lassen.«

Herr Arndt und seine Kollegin Frau Grube sind in den Kernzeiten von 9 bis 20 Uhr für die Jugendlichen da. Wenn etwas Spezielles anliegt oder wenn Feiertag ist, dann bleiben sie länger oder sogar über Nacht. Für die Jugendlichen sind sie immer erreichbar.

Den Betreuern ist bewusst, dass ihnen von den Jugendlichen oftmals die Vater- oder Mutterrolle zugewiesen wird. »Wenn ein junger Mensch seinen Vater entbehren musste und in mir eine männliche Bezugsperson sieht, an der er sich abarbeiten kann, dann stehe ich zur Verfügung«, erklärt Herr Arndt. Und Frau Grube meint: »Stellvertretend für die Eltern müssen wir viele Konflikte ausbaden und aushalten. Zum Teil auch diejenigen, derentwegen die Jugendlichen nicht mehr nach Haus zurück wollen.« Trotz dieser Konflikte kommen Betreuer und Jugendliche in der Hermannstraße gut miteinander aus.

Auch die Jugendlichen in der Richardstraße haben mit ihren Betreuern überwiegend positive Erfahrungen gemacht. Markus findet es toll, dass er immer jemanden hat, der auf seine Probleme eingeht: »Die hören immer zu. Das würde meine Mutter ja voll stören. Die sagt dann immer: Ich kann jetzt nicht. Und die hier setzen sich halt hin und unterhalten sich mit dir.«

Im Zusammenleben in der Jugend-WG entsteht nicht nur zwischen Betreuern und Jugendlichen eine Beziehung, sondern auch zwischen den Jugendlichen untereinander. Fühlen sie sich als Freunde oder gar als eine Art Familie? Markus zögert: »Ja, schon, es dauert aber eine Weile, bis man zusammenfindet. Ein Problem entsteht zum Beispiel, wenn jemand auszieht, nachdem sich gerade eine Gemeinschaft entwickelt hat. Wenn man drei bis sechs Monate zusammen wohnt, kann etwas entstehen. Am Anfang hatte ich zum Beispiel mit Ömer weniger Kontakt. Dann kam der WG-Urlaub, da haben wir uns besser kennen gelernt. Mit dem einen versteht man sich gleich gut und mit dem anderen dauert es ein bisschen länger. Oder es klappt halt gar nicht.«

Petra findet auch, dass Freundschaften entstehen können, aber nicht müssen. Leute, die ihr nicht sympathisch sind, versucht sie auf Abstand zu halten. Sie berichtet von einem Mädchen, mit der das Zusammenleben unmöglich war, weil sie sich nicht an Absprachen hielt, nicht saubergemacht hat und einige Male völlig ausgerastet ist. Inzwischen verstehen sich jedoch alle sehr gut. Sogar die Freundschaftskreise mischen sich, weil Freunde zu Besuch kommen und man sich gegenseitig kennen lernt.

Nach zehn bis zwölf Monaten WG-Leben ziehen die meisten Jugendlichen in eine eigene Wohnung, in der sie weiterhin eine Zeit lang von ihren bisherigen Betreuern besucht werden. Mit einigen ihrer Schützlinge haben die beiden Betreuer aus der Hermannstraße auch später noch Kontakt. »Einige kommen, wenn etwas Tolles passiert ist oder wenn sie mal wieder Schwierigkeiten haben. Für viele ist das sehr wichtig, weil sie keinen familiären Hintergrund oder Kontakt zu ihrer Familie haben. Dann sind wir wichtige Ansprechpartner für sie. Wenn der Kontakt nicht abrupt abbricht nach dem Motto: Juhu, der Betreuerzwang ist weg – Freiheit!, dann freut mich das, denn es gibt mir das Gefühl, etwas richtig gemacht zu haben«, erzählt die Betreuerin.

Ivonne Launhardt

»... hier kann man sich richtig wohl fühlen«

Die Adresse einer weiteren betreuten Jugend-WG führt mich zu einer kleinen Vorstadtsiedlung, die nur wenige hundert Meter von den Hochhäusern der Gropiusstadt entfernt liegt. Das Haus unterscheidet sich äußerlich nicht von den es umgebenden zweistöckigen Einfamilienhäusern und als ich durch das Eingangstor mit dem Türschild »Wohngemeinschaft Der Steg« trete, entdecke ich sogar einen Garten hinter dem Haus. Die 17-jährige Vera, die hier zurzeit lebt, erklärt: »Der Garten hat mir sofort am besten gefallen. Als mir geraten wurde, in eine betreute WG zu ziehen, wollte ich auf keinen Fall in ein Haus, das wie ein Krankenhaus aussieht. Aber als ich dieses Haus gesehen habe, dachte ich, hier kann man sich richtig wohl fühlen.« Vor einem Jahr ist sie mit fünf weiteren Jugendlichen mit psychischen Krisensymptomen in das betreute Jugend-Wohnprojekt gezogen. Zwei Mädchen und vier Jungen haben hier jeweils ein eigenes Zimmer – ein privates Reich, was an vielen der Türen durch Aufkleber, Bilder oder einen Zettel mit Totenkopf und handgeschriebener Warnung »Vor Betreten anklopfen !!!!!!!!« deutlich gemacht wird. Es gibt eine Küche, einen gemeinsamen Wohnraum mit Sofas und Fernseher sowie einen Raum für die Betreuer. Im Flur hängt ein großer Sandsack und man versichert uns, dass es nicht nur für die Jugendlichen immer wieder eine Wohltat ist, ein paar heftige Fausthiebe in ihn zu versenken.

»Am Anfang war es voll krass«, berichtet Vera. »Wir konnten uns ja nicht aussuchen, mit wem wir hier einziehen. Erst hatten wir kaum Streit untereinander und haben uns vor allem gegen die Erzieher zusammengetan. Als später Sachen wegkamen, gab es Streit unter uns. Aber das haben wir hingekriegt und jetzt ist alles wieder normal.«

Das Haus ist das vierte Jugend-WG-Projekt des Trägervereins »Der Steg e.V.«, der schon seit 1983 psychisch beeinträchtigte Jugendliche in Berlin betreut und vom Jugendamt des Bezirksamts Neukölln finanziert wird. Die besondere Form der 24-Stunden-Betreuung einer relativ kleinen Gruppe mit integriertem psychologischen Dienst ist jedoch erst seit Anfang der 1990er Jahre durch eine Änderung im Kinder- und Jugendhilfegesetz möglich geworden. »Bei uns wohnen Jugendliche, die besondere psychische Problemstellungen mitbringen. Das Zusammenleben mit den Eltern war der psychischen Entwicklung der Jugendlichen, aber auch der gesamten familiären Entwicklung nicht mehr förderlich«, erklärt der Leiter der therapeutischen Wohngruppe. Viele Jugendliche zwischen 12 und 18 Jahren, um die sich die Betreuer kümmern, kommen aus der Kinder- und Jugendpsychiatrie oder sind in ihrem Lebensumfeld auffällig geworden. Auch in diesem Haus hatten drei der Jugendlichen mit

Beginn der Pubertät – teilweise durch Drogen – Psychosen entwickelt, was zu Schulproblemen und Schulängsten führte. Vera, die nach nur einem Jahr in der WG ihr Leben wieder in den Griff bekommen hat und bald in eine eigene Wohnung zieht, erzählt:

»Ich war zehn Jahre alt, als ich nach Deutschland kam. Wir haben in Pankow in einer Gegend gewohnt, wo nur Deutsche lebten. Als einzige Ausländerin wurde ich immer gehänselt. Das war richtig krass für mich. Ich habe dann einen Hass auf alle Leute entwickelt. Mit 14 wurde ich schwanger. Am Anfang dachte ich noch, o. k., jetzt habe ich mein Kind und das ist gut. Der Vater meines Sohnes hat aber nicht zu mir gestanden und auf einmal kam es wie ein Schlag für mich und ich dachte, jetzt verpasst du alles. Keine Parties, keine Freunde. Ich hatte zwar immer ältere Freunde, wollte mit ihnen mithalten. Das habe ich dann auch gemacht. Ich habe zu meinen Eltern, zu meinem Kind und allem gesagt, leckt mich am Arsch. Ich habe es krass übertrieben. Es war so schlimm, dass mich meine Eltern nicht mehr aushalten konnten. Ich wollte auch nichts mit dem Kind zu tun haben. Die Ärzte bezeichnen das als Persönlichkeitsstörung. Ich würde das zwar nicht so sagen, aber ich bin leicht hoch zu kriegen und mir war das alles zuviel.«

In der betreuten Jugend-WG arbeitet auch ein Psychologe, der die Jugendlichen und ihre Eltern regelmäßig zum Familiengespräch einlädt. Neben ihm sind noch eine Sozialarbeiterin sowie drei Frauen und zwei Männer in wechselnder Schicht als Ansprechpartner für die Jugendlichen da. »Ich finde das richtig cool, ich wünschte, es wären noch mehr«, meint Vera. »Jeder Erzieher hat was zu erzählen. Alle fünf sind ganz unterschiedliche Menschen, das ist interessant. Es gibt Erzieher, auf die ich mich richtig freue, wenn sie Dienst haben.«

Die Jugendlichen lernen, wie man sich selbst versorgt, wie man mit Geld umgeht, Formblätter für Ämter ausfüllt, dass man aufstehen und zur Schule gehen muss. »Der eine wird früher geweckt, der andere später. Ich werde zum Beispiel gar nicht geweckt, weil ich bald ausziehe, ich muss allein aufstehen können. Es gibt solche Regeln hier«, erzählt Vera. Manche lassen sich gern freundlich wecken und freuen sich, wenn der Betreuer morgens eine Tasse Tee gekocht hat. Die Jugendlichen lernen hier Dinge, die früher ihre

Mütter gemacht haben: Tisch decken und hinterher wieder abräumen, Küchenmaschinen bedienen, kochen, einkaufen, Preise und Mengenangaben vergleichen. Jeder Jugendliche hat einmal wöchentlich Küchendienst und soll für die WG einkaufen und kochen – das klappt nicht immer.

Ab 16 Uhr darf der Fernseher eingeschaltet werden, gegen zehn Uhr abends ist Bettruhe, am Wochenende spätestens um zwölf. Wenn die Jugendlichen weggehen, müssen sie sich abmelden und sagen, wann sie wiederkommen. »Es gibt bei uns sicherlich mehr ausgesprochene Regeln als in einer Familie. Das sind Mechanismen, die in einer normalen Familie von selbst funktionieren. Bei uns werden die Regeln aufgeschrieben, das wirkt natürlich institutionalisiert. Einige Jugendliche vertreten nach außen sehr deutlich, dass sie nur übergangsweise hier sind, was ich nicht verkehrt finde. Denn wenn hier einer möglichst schnell etwas erreichen und schnell rauskommen möchte, dann halte ich das für ein lohnenswertes Ziel. Erst muss derjenige aber zeigen, dass er sein Leben in den Griff bekommt«, erläutert der Leiter der Einrichtung.

Vera ist das am Anfang schwer gefallen: »Unser Zimmer kann im Prinzip sein, wie es will. Aber wenn jemand hier ausziehen möchte, dann muss er morgens allein aufstehen können oder mit dem Geld klar kommen. In diese WG zu ziehen, war jedenfalls die beste Idee meines Lebens. Ich glaube nicht, dass ich es sonst gepackt hätte. Durch die Strenge der Erzieher habe ich das dann doch geschafft.«

Das Besondere dieser Jugend-WG ist die Eingebundenheit der Eltern in den Erziehungsprozess. Gemeinsam mit ihnen und ihren Kindern werden regelmäßige Besuchs- und Gesprächszeiten vereinbart und der therapeutische Fortschritt transparent gemacht. Oft haben die Eltern überhöhte Vorstellungen davon, was ihr Kind erreichen soll. Hier gilt es, realistische Perspektiven zu entwickeln. »Wir wollen Alternativen im Leben aufzeigen und gemeinsam Lösungen entwickeln: Wie kann man anders miteinander umgehen, wenn die bisherige Art und Weise nicht erfolgreich war«, erklärt der Leiter. »Wir wollen keinen Konkurrenzkampf mit den Eltern und der bessere Vater oder die bessere Mutter sein. Die meisten Jugendlichen vermissen ihre Eltern. Manche wollen nach Hause zurück und müssen dann aber erkennen, dass sie wieder in die alten Mechanismen zurückfallen und bleiben dann doch hier.« Gerade Weihnachten ist immer wieder eine emotional sehr anstrengende und belastete Zeit, die vom Psychologen in Gesprächen aufgefangen werden muss.

Viele Eltern sind überfordert. Manche können oder wollen traditionelle Erzieherrollen nicht länger übernehmen. »Eltern haben heute oft den Anspruch, sich selbst zu verwirklichen oder müssen beruflich flexibel sein. Viele sagen: Ich bin 40 und mein Kind 15, mein eigenes Leben ist noch nicht vorbei, ich will mich nicht nur mit Kindererziehung befassen, sondern will auch etwas Eigenes erleben«, meint der Leiter. Wer heute Arbeit hat, ist oft einer größeren Arbeitsintensität ausgesetzt. Manche schaffen es nicht mehr, sich abends auch noch mit ihrem rebellierenden oder gar psychisch kranken Kind auseinander zu setzen.

Betreute Jugend-WGs bieten die Chance, durch eine Lebensgemeinschaft mit Gleichaltrigen soziale Kompetenz zu entwickeln und ihr Leben in die eigenen Hände zu nehmen. Skepsis ist jedoch angebracht: »Sicher hat die Jugend-WG ein wenig den Charakter einer Großfamilie. Früher war es eine Entlastung für die Eltern, wenn sich Geschwister umeinander gekümmert haben. Die Ebene der Anforderungen, was es zum Beispiel bedeutet, erwachsen zu werden und Verpflichtungen zu übernehmen, können Gleichaltrige allein untereinander jedoch kaum vermitteln.«

Auch wenn das Konzept von »Steg e.V.« Eltern der psychisch beeinträchtigten Jugendlichen entlastet, entbindet es diese doch nicht von ihrer Erziehungsverantwortung: »Die Eltern können ihr Kind nicht wie bei der Autowerkstatt am Eingang abliefern und sagen: Ich hätte es gerne repariert. Die Eltern müssen am Erziehungsprozess weiter mitwirken«, erklärt der Leiter weiter.

Vera hat in kurzer Zeit wieder ein gutes Verhältnis zu ihrer Familie entwickelt und besucht sie mehrmals wöchentlich. Sie möchte so schnell wie möglich wieder für ihr Kind sorgen. Bald zieht Vera in eine eigene Wohnung. »Auf jeden Fall will ich in Neukölln wohnen. Hier fühle ich mich nicht so sehr als Ausländerin. Hier bin ich eine unter vielen.«

Patrick Baltzer

*Die Namen der Jugendlichen wurden verändert.

Wir danken den Betreuern Herrn Arndt, Frau Grube sowie Herrn Girnth, dem Leiter der therapeutischen Jugendwohneinrichtungen des Vereins »Der Steg e.V.«. Vor allem aber gilt der Dank den Jugendlichen, die uns aus ihrem Leben erzählt haben.

Ein Foto der Jugendlichen befindet sich auf Seite 32.

AUTOREN

Patrick Baltzer, Studium der europäischen und außereuropäischen Ethnologie in München, Leiden und Berlin, wissenschaftlicher Mitarbeiter des Museumsverbandes Brandenburg e.V., Mitredakteur der Zeitschrift »Museumsblätter«.

Andrea Behrendt, geb. 1969, Studium der Pädagogik, Soziologie, Schwerpunkt Medienarbeit, zurzeit wissenschaftliche Mitarbeiterin im Heimatmuseum Neukölln.

Jörg Beier, geb. 1965, Dipl. Politologe, zuletzt wissenschaftlicher Mitarbeiter der Rosa-Luxemburg-Stiftung, Schwerpunkt Einwanderungspolitik.

Katja Döhnel, geb. 1971 in Jena, Studium der Museumskunde in Berlin, tätig im Kunst-Depot der Gedenkstätte und Museum Sachsenhausen, zurzeit wissenschaftliche Mitarbeiterin im Heimatmuseum Neukölln.

Udo Gößwald, geb. 1955, Dipl. Politologe, Leiter des Heimatmuseums Neukölln.

Christa Jancik, geb. 1950, Studienrätin für Geschichte und Französisch, seit 1986 Museumslehrerin des Heimatmuseums Neukölln.

Gabriele Kienzl, geb. 1964, Historikerin und Erziehungswissenschaftlerin, freischaffende Autorin.

Dr. Dorothea Kolland, geb. 1947, Musikwissenschaftlerin, Leiterin des Kulturamts Neukölln.

Cornelia Kühn, M.A., geb. 1974, Studium der Europäischen Ethnologie, Französisch, Germanistik, Deutsch als Fremdsprache in Berlin und Paris; Forschung zu Migration, Osteuropa und Religion.

Ivonne Launhardt, Studium der Soziologie und Empirischen Kulturwissenschaft in Tübingen und Puebla (Mexiko), Schwerpunkt Jugend- und Migrationsstudien.

Susanne Lehmann, geb. 1979, Studentin der Museumskunde an der FHTW Berlin, Praktikantin am Heimatmuseum Neukölln 2002/03.

Christiane Necker, geb. 1964, Studium der Geschichte und Kunstgeschichte, Schwerpunkt Museumsarbeit.

Prof. Dr. Michael Opielka, Professor für Sozialpolitik an der Fachhochschule Jena, FB Sozialwesen; Geschäftsführer des Instituts für Sozialökologie in Königswinter. Zuvor u.a. Abteilungsleiter am Staatsinstitut für Familienforschung an der Universität Bamberg und Vorstandsmitglied der Karl Kübel Stiftung für Kind und Familie in Bensheim.

Mechthild Polzhuber, geb. 1953, Studium von Englisch und Arbeitslehre an der PH Freiburg und PH Berlin. Seit über zwanzig Jahren Lehrerin an verschiedenen Schulen in Berlin, seit vierzehn Jahren an einer Neuköllner Hauptschule.

Rainer Pomp, geb. 1960, Studium der Neueren Geschichte an der TU Berlin, zurzeit wissenschaftlicher Mitarbeiter im Heimatmuseum Neukölln.

Dr. Rita Röhr, geb. 1966, Studium der Geschichte, Musikerziehung und Polonistik in Berlin und Warszawa, wissenschaftliche Mitarbeiterin im Heimatmuseum Neukölln 2001/02.

Bärbel Ruben, geb. 1960, Diplomhistorikerin, 1991–2002 Leiterin des Heimatmuseums Hohenschönhausen, seit 2002 wissenschaftliche Mitarbeiterin im Heimatmuseum Neukölln.

Kay Sauerteig, 1960 im Rheinland geboren, seit zwanzig Jahren überwiegend in Berlin lebend. Diplom-Soziologin, Erwerbs- und andere Tätigkeiten zunächst in Wissenschaft und Forschung, dann im Verlagswesen und redaktionell in den Bereichen Medien und Literatur.

Raymond Wolff, geb. 1946, Germanist, zurzeit wissenschaftlicher Mitarbeiter des Heimatmuseums Neukölln.

BILDNACHWEIS

S. 8: Claus-Peter Gross: ... verliebt ... verlobt ... verheiratet, Berlin 1986, S. 41.

S. 12: Rosmarie Beier und Bettina Biedermann (Hg.): Lebensstationen in Deutschland 1900–1993, Katalog- und Aufsatzband zur Ausstellung des Deutschen Historischen Museum, Berlin 1993, S. 270.

S. 16: Heimatmuseum Neukölln, Fotografie: Christine Karallus

S. 19–22: Fotoarchiv der ARD

S. 23: Hanne Landbeck: Daily Soap – Der Weg zum Glück. Eine Kulturgeschichte der Seifenoper, Katalog zur gleichnamigen Wanderausstellung des Filmmuseums Potsdam, Potsdam o. J., S. 43.

S. 56–61: Heimatmuseum Neukölln

S. 103: Berliner Abendblatt Neukölln, 25.9.2002, Fotografie: Kurt-Dieter Müller

S. 129: Heimatmuseum Neukölln, Fotografie: Bruno Braun

S. 152, 154, 156: Heimatmuseum Neukölln, Fotografien: Nelly Rau-Häring

S. 158–160: Heimatmuseum Neukölln, Fotografien: Friedhelm Hoffmann

S. 162, 164: Mechthild Polzhuber

S. 166: Ruth Zuntz

Alle anderen Abbildungen stammen aus Privatbesitz.

IMPRESSUM

Dieses Buch erscheint als Begleitband zur Ausstellung
»Familiendinge«
10. Mai 2003 bis 3. April 2004
Heimatmuseum Neukölln
Ganghoferstraße 3–5
12043 Berlin
www.museum-neukoelln.de

Ausstellung

Gesamtleitung: Udo Gößwald
Konzeption und Ausstellungsleitung: Dorothea Stanić, Markus Steffens
Wissenschaftliche und konzeptionelle Mitarbeit: Andrea Behrendt, Jörg Beier, Katja Döhnel,
Susanne Lehmann, Christiane Necker, Rainer Pomp, Bärbel Ruben, Kay Sauerteig, Raymond Wolff
Gestaltung: Joachim Stanitzek
Ausstellungseinrichter: Oliver van den Berg und Mitarbeiter/innen
Redaktion Ausstellungstexte: Kirstin Grunert, Kay Sauerteig
Gestaltung Ausstellungstexte: Otto Reitsperger
Ausstellungskoordination: Katja Döhnel, Brigitte Martinke
Künstlerische Arbeiten
      Klanginstallation im Atrium: Jens-Uwe Dyffort, Roswitha van den Driesch
      Fotografien: Claudia Charlotte Burchard, Henrik Drescher, Nelly Rau-Häring, Sabine Schründer
Multimedia »Migrationserfahrungen«: Konzept und Gestaltung: Andrea Behrendt, Thomas Beier
Familienserien: Konzeption: Jörg Beier, Filmschnitt: Anna Henckel-Donnersmarck
Ausstellungsbau: Dieter Schulz und Mitarbeiter
Tontechnik: Gunther Birnbaum-Wenske
Reproduktionen: Friedhelm Hoffmann
Scans: Mit freundlicher Unterstützung von Labor Pixel Grain, Berlin
Mitarbeit: Bruno Braun, Claudia Heckel, Georg Kreuzer, Wolfgang Müller, Alexandra Prenzel

Katalog

Herausgeber: Udo Gößwald im Auftrag des Bezirksamts Neukölln von Berlin, Abteilung Bildung,
Schule und Kultur, Kulturamt/Heimatmuseum
Lektorat und Redaktion: Barbara Hoffmann
Gestaltung: Sabine Golde, Otto Reitsperger
Umschlag: Sabine Golde und Otto Reitsperger unter Verwendung des Fotos von Henrik Drescher und Sabine Schründer
Herstellung: Klingenberg Buchkunst Leipzig

ISBN 3-00-011433-5